하나님 말씀과 대화 설교

루시 앳킨슨 로즈 지음
이 승 진 옮김

기독교문서선교회

기독교문서선교회(Christian Literature Crusade: 약칭 CLC)는 1941년 영국 콜체스터에서 켄 아담스에 의해 시작되었으며 국제 본부는 영국의 쉐필드에 있습니다.

국제 CLC는 59개 나라에서 180개의 본부를 두고, 약 650여 명의 선교사들이 이동도서차량 40대를 이용하여 문서 보급에 힘쓰고 있으며 이메일 주문을 통해 130여 국으로 책을 공급하고 있습니다.

한국 CLC는 청교도적 복음주의 신학과 신앙서적을 출판하는 문서선교기관으로서, 한 영혼이라도 구원되길 소망하면서 주님이 오시는 그날까지 최선을 다할 것입니다.

Sharing the Word
Preaching in the Roundtable Church

by
Lucy Atkinson Rose

translated by
Seung-Jin Lee

Copyright © 1997 by Lucy Atkinson Rose

Originally published in the U.S.A. under the title as
Sharing the Word by Westminster John Knox Press.

Translated and used by the permission of Westminster John Knox Press,
100 Witherspoon Street, Louisville, Kentucky 40202-1396

All rights reserved

Korean Edition
Copyright © 2010 by Christian Literature Crusade
Seoul, Korea

추천사 1

이 책의 저자 루시 A. 로즈(Lucy A.Rose)는 독자들이 이 책을 어떻게 읽어야 할지에 대해서 자기가 직접 나서서 설명하기를 꺼리면서도, 내가 그 한 가지 방법을 제안하는 것에 대해서는 매우 적극적이다. 이 책의 주제는 물론 설교에 관한 것이지만, 저자가 이 책에서 다루려는 진짜 주제는 설교가 아니라 교회이다. 그래서 독자 여러분은 설교단 보다는 교회에 대한 관심을 가지고 이 책을 읽어보길 바란다. 또한 루시가 이 책에서 염두에 두고 있는 교회의 이미지도, 말씀과 성례전을 인도하는 권위적인 목회자를 우러러 바라보면서 마주하고 앉은 수동적인 회중이 아니다. 그렇다고 1960년대 등장한 평신도 운동의 차원에서 '권위적인 설교단과 수동적인 회중석을 모두 없애고 목회자와 평신도가 똑같이 예배당 마룻바닥에 함께 앉자!'는 것도 아니다. 이 책에서 저자가 강조하는 교회의 이미지는 청중과 구도자들 그리고 하나님과 신자 서로를 사모하는 공동체가 함께 모여든 원탁형 테이블이다. 이들은 이 테이블에 둘러 앉아 함께 성경을 읽으며 예수 그리스도를 통해서 밝히 드러난 하나님의 놀라운 사랑에 함께 반응하며, '주여 믿나이다! 우리의 믿음 없는 것을 도와주소서!'라고 여전히 기도하는 신앙 공동체에게 베푸시는 하나님의 사랑에 대한 반응과 헌신을 함께 나눈다. 이 테이블 주위에 모인 이들은 자신의 신앙에 대한 책임을 덜어줄 권위 있는 목소리를 간절히 기다리는 자들이며, 교회 안의 진부한 말장난에 질린 나머지 새로운 말씀을 찾아 시인들과 이야기꾼에게 발길을 돌리는 사람들이고 또 교회 속으로 깊이 들어가는 것에 대해서 걱정한 나머지 예배당 입구에서 여전히 서성거리는 사람들, 교회가 세워진 첫날부터 계속 출석해오고 있으면서도 왜 그래야하는지의 이유를 알지 못하는 사람들 그리고 성경 말씀과 거룩한 것들을 존중하면서도 그것에 대해서 좀 더 자세히 연구하기를 꺼려하는 사람들이다. 그래서 이 중에 어떤 이들은 성경 말씀 보다는 자기 내면의 목소리를 따르는 것에 익숙해진 이들도 있고, 또 다른 이들 중에는 겉으로는 오랫동안 침묵하고 있지만 실은 자기 내면의 목소리에 대해서 섬짓 놀라면서도 이 소리로부터 용기를 얻는 사람들이다.

바로 이런 이들 가운데 설교자 한 사람이 앉아 있는데 이 중에 과연 누가 진짜 설교자일까? 최근에 이 교회를 방문해본 방문객이라면 함께 모여든 사람들 중에서 누가 진짜 설교자인지를 즉시 알아보기란 쉽지 않을 것이다. 왜냐하면 이 교회에서 진행되고 있는 활발한 대화에 여러 사람들이 관여하고 있기 때문이다. 그래서 이 책에서 저자가 제시하는 교회의 이미지는 다음과 같은 한 가지 질문을 야기한다. 이 책에서 저자 루시는 설교의 역할을 축소시키는가? 내가 판단하기에 저자는 결코 그렇지 않다. 굳이 말한다면 이 책에서 저자는 설교의 역할을 더욱 확대시키고 있다고 말할 수 있다. 왜냐하면 저자는 설교를 설교자 개인 한 사람의 임무가 아니라 전체 교회의 사역으로 간주하기 때문이다.

그럼에도 불구하고 설교에 대한 전통적인 입장을 고집하는 설교자들이나 설교학자들은 저자가 제시하는 교회의 이미지에 대해서 불쾌한 생각이 들어서 저자가 제안하는 원탁형 교회를 빨리 떠나버리고 싶어할 수도 있다. 이들의 반발에 대해서 저자 루시 로즈만큼 잘 이해할 사람도 많지 않을 것이다. 왜냐하면 저자 역시 전통적인 입장에 따라서 설교자로 훈련받았으며, 덕분에 그녀 역시 설교에 대한 전통적인 이미지를 그대로 지니고 있으며 이 점에 대해서 감사히 생각하고도 있다. 저자는 전통적인 설교학의 대표적인 학자인 존 브로더스(John Broadus)로부터 현대 설교학에 이르기까지의 전체 설교학의 범위 안에서 중요한 이론들에 모두 귀를 기울이면서 이들의 통찰에 자신이 빚지고 있음에 감사하고 있다. 사실 이전의 유명한 설교학자들에게서 발견한 많은 통찰들은 저자가 제안하는 미래의 새로운 설교학 이론들 속으로 스며 들어와 있다. 이 책에서 저자는 설교학의 어미와 아비도 모르고 족보가 없는 설교 이론을 말하는 것이 결코 아니다. (저자는 매우 친절한 사람이라 논쟁이라는 표현은 부적합하겠지만) 저자가 이 책에서 과거와 현대의 설교학자들과 쟁론을 벌이는 중요한 논쟁점은 이들은 자신들이 주장하는 설교학 이론과 설교 신학 속에 내포된, 실제 설교를 위한 함축적인 의미들을 올바로 직시하지 못했거나 그 이론을 일관되게 실행에 옮기는 데 실패했다는 것이다. 그래서 루시는 교회 안과 밖의 여러 설교학자들과 실제 설교자들로부터 얻은 통찰을 더욱 발전시키는 데 적극적일 뿐만 아니라, 그렇게 함으로써 자신의 입장에 대한 다른 이들의 반응과 비평에 대해서도 열린 자세로 들을 준비가 되어 있다. 그녀가 우리에게 요청하는 것은 결국 열린 마음이다.

저자 루시가 설교는 대화라고 말할 때 의미하는 것도 바로 이것이다. 만일 그녀가 이 대화를 계속 활력 있게 지속할 수 있다면 얼마 지나지 않아서 그녀도 만족스런 결과에 도달할 것이고 이를 통해서 우리도 다 함께 행복을 맛볼 것이다.

프레드 크래독

추천사 2

오현철 박사
성결대학교 설교학교수·한국설교학회 임원

도대체 왜 설교하는 것인가? 이것은 저자가 어린 시절 들었던 아버지의 설교, 아버지와 설교에 대해 나누었던 대화들 그리고 설교학 교수가 되어 방대한 설교학 도서들을 섭렵한 후 갖게 된 질문이다. '개인적인 위기'로 명명한 그 질문으로부터 저자는 기본으로 돌아가기를 결정한다. 그것은 다름 아닌 설교학의 지배적인 견해들과 혁신적인 견해들 사이의 대화를 의미한다. 그 대화의 산물이 바로 『하나님 말씀과 대화설교』이다.

교회의 핵심적인 대화들이 촉진되고 강화되는 하나님의 말씀주위로 신앙공동체를 불러 모으는 설교, 설교자 혼자가 아니라 공동체 전체가 책임지는 설교, 교회와 세상에서 타당하면서도 다른 설교, 공동체적·비교권적·자서전적 삶의 실존에 대한 새로운(성경적) 담론으로서의 대화설교를 근현대 설교학의 거장들을 꼼꼼히 추적해 대화를 시도한 끝에 결국 그려낸 설교학의 지도와 함께 명쾌하게 제시한 이 책의 지평에 그리고 저자의 대화요청에 이 땅 모든 설교자들을 초청한다.

저자 서문

　이 책은 공동체적이고 발견적이며 비권위적인 관점의 설교에 대해서 서술하고 있다. 이 책은 또한 우리가 함께 모여 설교를 하고 또 그 설교를 들을 때 그 자리에 모인 이들이 설교로부터 기대하고 희망하는 것을 글로 정리해보려는 하나의 시도이자 노력의 결과물이다.

　나는 지난 25년 동안 교회에서 실제로 설교를 해 오고 있으며 동시에 다른 설교학자들이 설교에 대해서 주장하는 이론들을 읽어오면서도 최근까지도 이들의 설교 이론과 실제 설교 사역이 서로 잘 결합되지 않았다고 판단한다. 내가 교회 안에서 하고 있는 것이 설교라고 명명할 수 있다면 나의 실제 설교 사역은 설교에 관하여 이론적으로 설명하고 있는 도서들 속에서는 제대로 찾아볼 수 없다. 거꾸로 내가 설교학 도서들로부터 읽고 배운 것들이 정말 사실이라면, 지금 내가 하고 있는 것은 사실 책에서 말한 대로의 설교가 아니다. 그렇다고 실제 내가 감당하고 있는 설교 사역도 포기할 수 없고 또 설교에 관한 비평적인 반성과 성찰도 포기할 수 없는 가운데, 이론과 실제 양쪽 모두를 탐색하다가 결국 '대화적인 설교'(conversational preaching)라고 명명한 설교의 관점에 도달하게 되었다.

　이 책에서 본인이 바라는 것이 있다면 그것은 본인이 제안하는 대화적 관점의 설교가 설교의 목적이나 내용 그리고 방법에 관한 다른 이들의 관점과 대립하지 않고 서로 융합되는 것이다. 설교에 대한 학문적 논의의 반경이

나의 제안을 중심으로 축소되는 것도 원하지 않는다. 그보다는 설교에 대한 본인의 추가적인 논의를 통해서 설교 사역에 관한 서로 상이한 여러 관점들의 집합체로서의 설교학을 더욱 풍요롭게 하고 싶다.

이 책을 저술하는 동안 나는 밀려오는 고독과 두려움에 맞서야만 했었다. 그 이유는 이 책에서 내가 설교에 대해서 서술하는 바가 그동안 설교학계에 형성된 유력한 입장들과 때로는 정면으로 충돌하기 때문이다. 물론 이 책을 저술하는 동안 나를 지원해 준 분들 뿐만 아니라, 지금 내가 이렇게 한 사람의 설교자로서 설교사역을 감당하며 설교에 대하여 학문적으로 성찰할 수 있도록 이끌어 주고 도와준 분들을 나에게 보내주신 하나님께 진심으로 감사드린다.

그런 분들 중에 먼저 나의 스승이자 이 책의 모태가 되었던 박사학위논문을 지도해 주셨던 프레드 크래독(Fred B. Craddock) 교수님께 진심으로 감사드린다. 친절하시고 지혜로우신 크래독 교수님은 하나님께서 나에게 허락하신 은사를 잘 활용하여 내 스스로 사고할 수 있도록 늘 격려해 주셨다.

이 자리를 빌어 두 번째로 감사의 말씀을 드리고 싶은 설교학 멘토는 유진 로우리(Eugene L. Lowry) 교수님이다. 설교에 대한 나의 입장은 설교를 내러티브의 관점에서 접근하는 그의 통찰에 전적으로 의존하고 있으며 그분과의 우정 속에서 나누었던 여러 대화들을 소중히 간직하고 있다.

북미설교학회(the Academy of Homiletics)의 여러 친구들과 동료들 역시 내가 설교자와 학자로서 성장해 가는 데 많은 격려와 아울러 귀한 통찰들을 제공해 주었다. 그 중에 상당수의 학자들에 대해서는 이 책의 3장에서 좀 더 자세히 소개할 예정이며, 설교학 이론과 관련하여 앞으로도 이들과 계속해서 대화를 소중히 이어갈 것이다. 그분들 중에 특별히 나처럼 2세대 여성 설교학자들의 어머니와 같은 에드위나 헌터(Edwina Hunter)와 조앤 델라플레인(Joan Delaplane) 그리고 나의 친구이자 설교학 분야의 동료인 예나 차일더스(Jana Childers)에게도 감사의 말씀을 드린다.

이 책을 저술하면서 새로운 설교학 이론을 재구성하는 데 특별히 다음 네

권의 책을 주로 참고하였다. 그 책의 저자들로는 로버트 브라운(Robert E. C. Browne, 1958)과 크리스틴 스미스(Christine M. Smith, 1989), 조셉 시틀러(Joseph Sittler, 1966), 조지 스웽크(George W. Swank, 1981)이다.

이 외에도 내가 감사하게 생각하는 여러 학자들이 설교학 분야 밖에서 활동하고 있다. 나는 몇 해 전에 기독교 여성신학자들의 학문 세계에 대해서 동질감을 느끼고 있는 자신을 발견하게 되었다. 그 중에 레티 러셀(Letty M. Russell)과 필리스 트리블(Phyllis Trible), 로즈마리 류터(Rosemary R. Ruether), 엘리자베스 쉬슬러 피오렌자(Elisabeth Schussler Fiorenza)와 같은 학자들은, 내가 그동안 경험했던 것들이 여성으로서의 나의 존재와 내가 행동하는 모든 것들 속에서 정당하고도 필연적일 수밖에 없다는 확신에 도달하는 데 큰 도움이 되었다.

좀 더 최근에 서로 상충하는 듯하면서도 다양한 견해들을 함께 수용하는 포스트모던 학문 세계에 대해서도 동질감을 느끼는 내 자신을 발견하게 되었다. 설교에 대한 나의 대안적인 견해 역시 이 속에서 함께 수용될 수 있기 때문이다. 하지만 일부 주변 사람들은 나를 그저 중산층에 속하여 전문 교육을 받은 후 학교에 고용된 유럽계 미국인 여자로만 이해하는 현실을 깨달으면서, 이런 현실을 애석해 하고 때로는 그럴 위험을 기꺼이 감당해야 하기 때문에 동시에 마음이 불편하기도 하다.

이런 학자들 외에 매 주일 내가 강단에서 설교하며 함께 예배드리면서 하나님의 백성으로서 함께 모여 삶에 대해서 배울 수 있었던 몇몇 교회 회중들에 대해서도 감사드린다. 1975년에 남장로교회에서 안수받기 이전부터 그리고 안수 받은 이후로 8년 동안 나는 노스캐롤라이나의 몇몇 장로교회들을 두루 섬겼다. 그 중에 특히 살리스베리(Salisbury)에 위치한 존 칼빈 교회(the John Calvin Church)와 릴링톤(Lillington)의 섬머빌 교회(the Summerville Church), 샌포드의 제일장로교회(the First Church), 록키마운트(Rocky Mount)의 제일장로교회(the First Church), 아버딘(Aberdeen)의 벳세다 교회(the Bethesda Church)에 대해서 하나님께 감사드린다. 그리고 조지아 애틀랜타

(Atlanta, Georgia)에 위치한 클립튼장로교회(Clifton Presbyterian Church) 성도님들과 조지아 디케이터(Decatur, Georgia)의 호스피탈리티 커뮤니티 교회(the Community of Hospitality)를 통해서 설교에 대한 나의 여러 확신들이 더욱 발전될 수 있었다.

1983년부터 컬럼비아신학대학원(Columbia Theological Seminary)의 교수들 중에서나 학생들 가운데 알게 된 여러 동료들이 나를 개인적으로 지원해 주었을 뿐만 아니라 설교학에 대한 본격적인 연구에 많은 관심을 보여주었다. 그들은 내 의견을 듣고 점검해 보고 주변에 널리 알려주었을 뿐만 아니라 나의 설교학을 함께 만들어간 공동의 협력자들이기도 하다. 그 중에 설교학 분야에서 특히 많은 도움을 주었던 웨이드 휴이(Wade P. Huie)와 찰스 켐벨(Charles L. Campbell)에게 감사의 말씀을 드린다.

마지막으로 나의 부모님과 가족을 인하여 하나님께 진심으로 감사드린다. 나의 아버지 벤 레시 로즈(Ben Lacy Rose)와 어머니 앤 톰슨 로즈(Anne Thompson Rose)는 지금도 내가 가장 사랑하는 스승이시다. 이분들은 나를 성경적이고 교회를 귀히 여기는 영적인 신앙인으로 양육하셨다. 어머니께서는 내가 태어난 날부터 지금 이 순간까지 내가 하나님 앞에 하나 밖에 없는 아이로 성장할 수 있도록 끊임없는 격려와 사랑을 아끼지 않으셨다. 또 아버지께서는 내가 어렸을 때부터 신앙과 설교에 대한 수 많은 토론에 나를 참여시켜 주셨다. 그 덕분에 이제 나는 설교하는 목회자이자 설교를 가르치는 교사로서 아버지께서 보여주셨던 길을 뒤따라 걷고 있으며, 다른 이들이 하나님으로부터 받은 은사를 칭찬하고 격려함에 있어서 어머니께서 보여주셨던 길을 뒤따라 걸어가고 있다.

그리고 나의 사랑하는 남편 게리 쿡(Gerry Cook)과 딸 루시 맥 쿡(Lucy Mac Cook), 그리고 우리 집안의 한 식구인 딘 셜리(Dean Shirley)와 루이 도위스(Louie Dowis)에게도 감사의 말씀을 드린다. 가족들은 내가 컴퓨터 앞에 여러 시간 앉아서 연구에 집중할 수 있도록 도와주었으며, 스스로 식사를 준비하기도 하고 간식을 챙겨주는가 하면 때로는 잠깐 휴식을 취하라고 말해

주기도 하였으며, 그리스도인의 제자도를 실제 삶으로 구현해야 하는 더 크고 중요한 세상이 있음을 나에게 계속 알려주었다. 그 중에 특히 남편 게리 쿡의 도움이 없었더라면 나는 결코 여기까지 오지 못했을 것이다. 그는 설교에 대한 전통적인 관습에 전혀 얽매이지 않으면서도 탁월한 설교 비평가이자 평신도 신학자로서 그리고 내가 고통 중에나 두려움에 붙잡혀 있을 때 평안히 쉴 곳을 마련해 준 분으로서 이 책에서 내가 목표한 설교의 휴식처를 향한 전체 여정 가운데 지성적이고 정서적인 동반자로 함께 동행해 주었다.

루시 앳킨슨 로즈

역자 서문

　본서는 지난 2천년 동안 수많은 설교자들과 설교학자들이 설교의 내용과 형식 그리 설교의 목적과 방법에 대하여 어떻게 고민해왔는지를 보여주는 설교학의 지도이다. 이 설교학의 지도를 펴 놓고서 어느 지점에서 어느 맥락에서 설교하고 있는지 자신의 설교사역의 위치와 지향점은 어디인지 현재 위치(설교학 이론)의 장점과 약점이 무엇인지를 파악할 필요가 있다.

　본서에서 루시 A. 로즈는 설교학의 계보를 '전통적인 설교학'과 '케리그마 설교학', '변혁적인 설교학'의 3단계로 선명하게 정리한 다음에 기존의 설교학적인 이론들에 대한 대안으로 "대화설교"를 제안하고 있다. 개혁주의적인 설교학의 전통에 비추어 볼 때 저자가 제안하는 대화 설교는 설교자가 확신을 가지고 선포해야 할 하나님의 말씀의 절대적인 권위에 대한 회의의 문제나 인간의 언어를 통한 하나님의 말씀 선포의 가능성에 대한 비판적 입장 등등이 문제로 남아 있다.

　하지만 저자가 3단계로 정리하는 기존의 설교학의 이론들을 살펴보면 과연 설교학의 전체 지형도 안에서 어느 지점에 위치해 있는지에 관한 자신의 설교사역의 좌표를 발견할 수 있을 것이다. 그 지점의 계보가 어떤 설교학자들의 통찰의 도움을 받아서 어떻게 발전되어 오고 있으며 어느 부분이 장점이고 어느 부분이 약점인지를 이해할 수 있을 것이다.

2010년 봄 역자 識

Contents

목 차

추천사 1: 프레드 크래독 · 5

추천사 2: 오현철 · 8

저자 서문 · 9

역자 서문 · 14

서론 · 17

제1장 설교학의 원로들 · 39

제2장 케리그마 설교학의 주장 · 83

제3장 변혁적인 설교학의 등장 · 121

제4장 새로운 설교학을 위한 대안의 목소리 · 171

제5장 확장 중인 설교학의 대화 · 231

참고문헌 · 255

저자 색인 · 262

주제 색인 · 267

서 론

　언제부터인가 나는 설교의 목적과 내용 그리고 방법에 관한 기존의 설교학 이론들의 타당성에 점점 의심을 두기 시작하였다. 그 이유는 기존의 이론들은 내가 주일날 아침에 교회에서 설교할 때나 또는 다른 설교자들의 설교를 들을 때 그리고 신학교에서 신학생들 각자가 설교를 위하여 하나님으로부터 받은 은사를 더욱 효과적으로 발전시키도록 도울 때, 내가 기대하는 바를 잘 다루고 있지 못하다는 생각이 들었기 때문이다. 게다가 신학생들이나 목회자들과 설교에 대해서 더 많은 대화를 나누는 가운데, 설교라는 교회의 실천사역을 명확하고도 현실성 있게 설명해 줄 통찰이 더 필요하다고 느끼는 사람이 단지 나 혼자만은 아님을 더욱 분명히 알게 되었다.
　만일 설교학(homiletics)이라는 것이 설교라는 실제 행위에 대한 학문적인 성찰이라면, 우리 중 적지 않은 사람들은 설교학에 관한 저서들 속에서는 설교에 관한 우리의 경험들을 실제적으로 성찰하고 있는 내용들을 찾아보기가 그리 쉽지 않다는 점을 인정할 수밖에 없을 것이다. 설교학에 관한 최근의 이러한 비현실적인 경향에 대해서 아쉬움을 느끼는 가운데 나는 설교학계에서 잃어버린 조각을 찾아보고자 탐구여행을 시작하게 되었다.
　그래서 이 책은 먼저 현대 설교학 도서들 속에서 내가 발견한 여러 이론들과 그에 대한 나의 평가를 담고 있으며, 둘째로 이론과 현실의 괴리를 극복할 수 있는 설교학을 위하여 공동체적이며 발견적이고 비권위적인 관점

의 설교에 대한 본인의 제안을 담고 있다.[1]

1. 개인적인 위기

이 책의 열매로 마무리가 된 나의 설교학에 관한 탐구 여행은 개인적인 위기에서부터 시작되었다. 부교역자로서 그리고 담임 목회자로서 8년간의 목회 사역을 거치고 다시 신학교에서 설교를 가르치는 교수 사역에 전념한 지 7년 정도가 되던 1990년 봄에 나는 그동안 설교에 관한 일관성 있는 이론을 분명히 정립하지 못하고 있음을 자각하게 되었다. 어떤 학생이 설교학 과목을 한 학기 수강한 다음에 내린 강의 평가를 계기로 내가 처한 딜레

---

[1] 내가 제안하는 대화적인 설교(a conversational preaching)는 존 맥클루어의 공동(제작)의 설교(또는 상호 협동 설교, collaborative preaching)와도 이런 특징들을 함께 공유한다. 그는 공동 제작의 설교의 특징을 가리켜서 '공동체적인 사건'이며 '특권층의 목소리가 배제되고'(1995, 51), '목적을 향하여 진행 중인 과정'으로 설명한다(52). 본인도 설교를 설교자가 최종 결론을 내리지 않고 설교의 대화를 향하여 개방된 진행 과정으로서 이해하는 입장에 동감한다. 하지만 설교의 목적과 교회 내 목회자의 리더십을 설명하기 위하여 '설득'(persuasion)이라는 단어를 계속 사용하는 것에 대해서는 마음이 다소 불편하다. 그동안 많은 교회에서 설득력 있는 설교와 리더십이 강력하게 발휘되는 동안에 이런 설교와 리더십에서 소외당한 사람들의 경험과 확신은 계속 무시당하며 간과되어왔던 것도 사실이다. 맥클루어가 제안한 공동 제작의 설교는 그런 권력의 남용에 대한 적절한 대안이 될 수 있겠지만, 설득이라는 단어를 계속 사용할 경우 이 용어에 담긴 이전의 정의와 실행을 그대로 묵인할 위험이 잠재해 있다.

그래서 내가 제안하는 대화적인 설교와 맥클루어의 공동 제작의 설교에는 최소한 다음 두 가지의 차이점이 있다. 첫째로 맥클루어는 설교자와 예배참가자들(또는 회중)의 관계를 함께 모인 신앙 공동체가 어떻게 이 세상 속에서 신앙을 올바로 구현해 낼 것인지에 대해서 함께 고민하며 노력하는 '사랑하는 이방인들'로 그리고 있다(54). 하지만 내가 제안하는 대화 설교에서 설교자와 회중의 관계는 맥클루어가 거부하는 명칭인 '일단의 무리'에 더 가깝다(53). 둘째 차이점은 맥클루어는 공동 제작의 설교를 말할 때 설교 이전의 토의 그룹에서 함께 토의했던 과정들을 그대로 담아내는 설교와 그런 설교 형식에 초점을 맞추고 있다. 물론 이런 형식도 본인이 대화 설교에서 강조하는 잠정적인 해석이나 제안을 설교 내용으로 담아낸다면 대화 설교를 위하여 충분히 가능한 한 가지 형식이 될 수 있다. 하지만 맥클루어가 제안하는 이 특수한 설교 형식은 내가 믿기에 대화 설교를 실제로 실행함에 있어서 가장 중요한 한 가지 요소인 인격적인 차원을 약화시킬 수 있다. 대화 설교의 인격적인 차원에 대해서는 5장을 참고하라.

마가 무엇인지 더욱 분명해지게 되었다. 그 학생은 자기에게 설교 전달 방법에 대해서 가르쳐준 나와 내 동료 교수에게 감사하면서 다음과 같은 질문 하나를 덧붙였다. "그런데 이전에 물어본 적도 없고 해답을 얻은 적도 없는 질문 하나가 있습니다. 우리는 왜 설교해야 하죠?" 괴롭지만 분명한 사실은 설교학 교수인 나로서는 이 질문에 뭐라고 대답해야 하는지 전혀 알 수 없었다. 그 학생의 질문을 계기로 내 마음 속에 진지한 고민들이 시작되었다. 도대체 설교의 목적은 무엇인가? 교회의 삶 속에서 설교가 감당해야 할 기능은 무엇인가? 교회 안에서 나와 내 학생들이 설교자로서 감당해야 할 역할은 무엇인가? 그리고 설교자 반대편에서 회중의 역할은 무엇인가? 설교에 대해서 내가 믿고 있는 것은 무엇인가? 그리고 이런 질문들에 대한 한 가지 명확한 해답은 무엇인가?

그 이전에 나는 설교에 대해서 잘 몰랐기 때문에 이런 질문도 떠오르지 않았다. 어린 시절 나는 아빠가 목회하시던 교회에서 전하셨던 설교를 계기로 설교와의 인연이 시작되었다. 그 당시 나는 아빠의 설교를 주의 깊게 듣곤 했다. 부모님께서는 우리 네 자녀들이 주일날 설교의 중요한 요지나 예화를 잘 기억하고 있다가 저녁 식탁에서 그 요지를 다시 말해주면 5센트부터 최고 25센트까지 용돈을 주겠다고 약속하셨기 때문이다. 어린 마음에라도 만일 내가 설교의 다섯 개 요지 전부를 잘 기억하게 된다면 25센트를 받을 수 있을 것이라는 데까지 생각이 미쳤다. 1950년대 초반에 25센트는 어린 나에게 결코 적은 돈이 아니었기 때문에 부모님의 약속에 금방 귀가 솔깃해졌다. 그리고는 마음속으로 벌써 이렇게 주판알을 튕기고 있었다. "설교 요지를 말해야 할 첫 번째 순서는 분명 남동생부터 시작할꺼야. 그는 주로 가장 기억에 잘 남는 요지나 예화를 하나 정도 말할 것이기 때문에 5센트를 받겠지. 그 다음 순서는 나인데 나는 남동생이 말한 것에 또 다른 하나를 더 기억해 내니까 5센트를 받겠지. 그 다음 순서는 두 언니 차례인데 두 언니가 내놓는 이야기도 내가 기억했던 것들에 하나씩 덧붙여질 것이기 때문에 또 5센트씩 받겠지. 그 다음은 다시 남동생 차례인데 남동생은 다섯째 요지까지는 잘 기억하지 못하겠지. 그래서 다시 내 순서가 되서 내가 마지막 요지나 예화를 기억해 내면 앞의 5센트에 5센트를 더해서 10센트를 받겠지." 이렇게 생각이 이어지면서 다음과 같은 일이 곧 현실이 될 것만 같은 기대감에 휩싸였다. "만일에 남동생이나 언니들이 설교를 전혀 듣지 않는다면, 결국 내가 다섯 개의 요지를 혼자서 다 기억해 낼 수 있을테니 그러면 25센트를 받겠구나!" 그래서 나는 매 주일 설교에 귀를 기울이기 시작하였으며 다섯 개의 요지나 이야기 전부를 각각 확인하여 기억하려고 설교 전체를 세심하게 듣기 시작하였다. 그렇게 해서 다섯 개의 요지 전부를 기억하면서 용돈을 받아내곤 했던 주일날 저녁 행사의 짜릿한 기쁨이 지금까지도 내 마음속에 남아 있다. 주일 저녁 식사 시간에 그렇게 최소한 10센트라도 용돈을 받게 되었을 때의 기쁨과 또 내가 그렇게 설교를 기억해내는 모습을 바라보시면서 기뻐하셨던 부모님의 감탄과 환호하는 소리가 지금도 내 귀에 맴돌고 있다.

  10대가 되면서 설교에 대한 나의 관심은 더욱 깊어졌다. 설교를 듣는 것이 단순히 내용을 잘 기억해서 용돈을 받는 수준에서 점차로 설교를 평가하는 단계로 발전한 것이다. 5학년이 시작되기 전 여름에 아버지는 버지니아의 리치몬드에 위치한 유니온신학교에서 설교학 교수로서 설교를 가르치기 시작하셨다. 이제 아버지는 이전에 목회하시던 교회에서 더 이상 정기적으로 설교하지 않으셨지만 근처의 여기 저기 교회에 초청 설교자로 방문하여 말씀을 전하곤 하셨다. 그럴 때마다 나도 아버지를 따라다니면서 그의 설교를 계속 들었으며 집으로 돌아오는 길에서는 아버지와 함께 설교에 대해서 함께 이야기를 나누곤 했다. 그렇게 해서 설교를 듣고 또 설교를 평가하는 일이 점점 내 몸 속에 깊숙이 뿌리 내리게 되었다. 이렇게 오래전부터 내가 설교와 맺은 끈끈한 인연을 생각하다가 1990년에 설교에 관한 근본적인 질문들이 갑자기 떠오르자 나는 매우 당황할 수밖에 없었다.

  만일 실제로 설교를 듣고 설교하는 것이 이렇게 내 몸 속에 깊이 각인되어 있다면 당연히 설교에 대한 이론은 아주 오래전부터 내 머리 속에 들어 있었을 것이다. 하지만 앞서 언급했던 설교에 관한 근본적인 질문들은 내가 설교에 관한 이론들을 전혀 몰라서 생긴 것은 결코 아니다. 버지니아의 유니온 신학교의 신학생으로서 그리고 컬럼비아신학교의 설교학 교수로서 그동안 나는 설교학 이론에 대해서 깊고도 방대하게 수많은 설교학 도서들을 섭렵했다. 그렇다면 도대체 왜 설교하는 것인가? 1990년에는 이 질문에 대해서 나는 그저 다른 설교학자들이 말하는 해답을 그대로 인용하여 대답할 수 있었다. 하지만 당시 나에게는 설교에 대한 내 자신의 분명한 믿음과 경험에서 우러난 해답이 없었다. 당시 임기응변식 해답 속에는 무언가 중요한 것이 빠져 있었다.

2. 기본으로 돌아가기: 다시 듣고 다시 평가하기

개인적인 위기를 계기로 나는 최근 설교학자들 중에서 설교 언어와 설교의 형식과 같은 기교적인 요소들뿐만 아니라 설교의 목적과 내용과 같은 설교학의 기본적인 쟁점들에 대해서 자세하게 설명하고 있는 학자들의 저서를 다시 살펴보기로 결심하였다. 그러한 설교학 도서들을 다시 읽어가면서 처음에는 설교에 관하여 내가 고민하면서 해답으로 생각하고 있었던 것을 이미 그대로 말하고 있는 설교학 동료 학자들을 만날 수 있기를 기대했었다. 흔히 설교학의 고전이나 전통적인 설교학 이론으로 알려진 입장들을 넘어서서 기존의 설교학의 영역을 확장시키고 발전시켜줄 새로운 설교학 이론들에 마음이 이끌렸다. 기존의 설교학 이론들은 설교에 대한 나의 실제 경험들을 충분히 설명해주지 못하고 있었기 때문에 새로운 설교학 이론이나 정통이 아니라 변방의 이론들을 찾고 있었던 것이다. 그러면서도 내가 계속 부딪힐 수밖에 없는 기존의 지배적인 이론들 역시 나의 흥미를 자극하였다.

방대한 설교학 이론들과의 씨름은 지배적인 견해들과 변방의 혁신적인 견해들 사이를 서로 번갈아 오가는 대화의 형태를 띠기 시작하였다. 때로는 대부분의 설교학 도서들에서 다루고 있거나 전제로 깔고 있는 이론들을 자세히 파헤치며 그 입장을 들어보기도 했다. 또 내가 가르치던 신학생들 일부나 여러 설교자들이 자신의 설교 사역의 발전에 도움이 되었다는 그러한 이론들을 무시하거나 얕잡아 보거나 깔보려는 목적이 아니라, 진지하게 배우려는 자세로 세심한 주의를 기울이려고 애썼다. 그러한 이론과 견해들에 귀를 기울이면서 나는 왜 이러한 입장들이 나 다른 여러 목회자들과 신학생들 그리고 학자들이나 평신도들에게는 그렇게 문젯거리가 될 수 있는지에 대해서 시간을 들여 깊이 생각해 보았다. 설교에 대한 기존의 주도적인 견해와의 비평적인 대화 내용이 이 책의 1-3장의 내용과 흐름을 구성하고 있다.

기존의 전통적인 설교학 이론들 이외에 좀 더 혁신적이고 대안적인 관점을 제시하는 설교학 이론들도 탐색해 보았으며, 이런 이론들이 그동안 내가 설교에 대해서 고민하던 해답에 더 가깝다는 생각이 들었다. 그래서 이러한 대안의 목소리들을 함께 모아서 설교에 대한 나와 다른 사람들의 경험과 확신을 좀 더 분명하게 정립해 줄 하나의 관점으로 통합시켜보려고 노력하였다. 그 과정에서 도출된 결과물이 이 책의 4장의 핵심을 이루고 있다.

기존의 설교학 이론들을 자세히 읽고 평가하며 설교에 대한 나만의 대안적인 관점을 모색하는 동안에 나는 여성신학의 방법론적인 특징인 '기존의 프락시스에 대한 비평적 성찰'을 시작하였다(Halkes, 1980, 114). 그리고 방대한 설교학 도서들과 씨름하며 대화하는 과정은 점차 설교에 대한 나나 다른 이들의 경험에 대해서 좀 더 분명하게 이론적으로 정립하며 성찰하는 계기가 되었다. 그리고 설교학 분야 밖의 다른 신학자들 역시 '대화 설교'(conversational preaching)에 대한 나의 연구에 부합하는 실천과 희망사항들을 그대로 다루고 있음을 깨닫게 되었다. 그래서 이 책의 5장에서는 설교학에 관한 전통적인 기존의 대화의 테이블 밖의 목소리들과 그런 신선한 이론들에 대한 나의 평가를 담고 있다.

'기존의 프락시스에 대한 비평적 성찰'은 우리의 경험과 실천을 올바로 평가하는 데 매우 중요할 뿐만 아니라 우리의 관심사인 설교학을 새롭게 묘사하고 더욱 풍부하게 하는 데 도움이 된다. 신학자인 캐서린 할케스(Catherina Halkes)는 신학에서 비평적인 성찰과 분석의 목표에 대해서 이렇게 설명한다. "기존의 프락시스에 대한 분석 작업을 통해서 신학에 대한 비평적인 질문들이 제기되며 이를 통해서 신학을 재구성하며 억압으로부터의 해방과 아울러 신학의 깊이가 더욱 풍요로워진다"(114).

기존의 설교학 이론들을 점검하는 과정에서 설교학계의 지배적인 견해에 귀를 기울였으며, 나와 다른 사람들은 실제로 교회에서 어떻게 설교하는지를 성찰해 보았다. 그리고 이를 통해서 다양한 다면체로 이루어진 설교학계의 학문적 대화를 더욱 풍요롭게 하는 데 나의 제안이 기여할 수 있기를 희망하면서 설교에 대한 대안적인 제안(an alternative proposal)을 제시하였다. 내가 제시하는 제안은 설교를 대화적인 관점에서 이해하는 것으로서 기존의 관점을 대체하는 것이 아니라 이를 더욱 풍요롭게 하는 하나의 부가적인 관점으로서 설교학의 학문적인 대화의 장에 참여하고자 한다.

설교를 비평적으로 재고하는 나의 학문적인 여정에서 필수적인 전제가 있다면 다음과 같다. 이미 일부 설교자들의 설교 사역에서도 찾아볼 수 있는 바와 같이 설교자와 예배 참가자 사이의 상호 연관성과 상호 의존성에 근거하여 비권위적이고 발견적이며 공동체적인 설교가 이미 존재하고 있다는 점이다. 이 책의 4장에서는 설교에 대한 본인의 대안적 관점이 제시되는데 이는 이전의 1-3장에서 간략하게 정리하고 평가한 기존의 지배적인 입장과 대조적인 관점의 설교의 목적과 내용 그리고 언어와 설교 형식의 기술적인 요소들을 담고 있다. 이제 본인이 제안하려는 대화적 관점의 설교의 윤곽을 먼저 간략하게 소개하고자 한다.

3. 대화 설교의 목적

본인이 제안하는 대화 설교의 목적은 교회의 핵심적인 대화들(the central conversations, 또는 중추적인 대화)이 촉진되고 강화되는 하나님의 말씀 주위로 신앙 공동체를 불러 모으는 것이다. 대화 설교에서 설교자와 회중은, 자신들의 삶뿐만 아니라 그보다 더 큰 교회 회중들의 삶과 온 세상을 위한 하나님의 말씀의 신비를 함께 탐구하는 동료이다. 설교자와 회중은 상징적으로 말하자면 목회자와 평신도와 같은 계급구조가 사라진 둥그런 원탁에 함께 모여서 신앙과 불신앙의 갈등에 관하여 함께 대화를 나누는 것이다. 이 자리에서 설교자는 성경 해석의 전문가도 아니고 신앙에 관한 모든 문제에 해답을 제공하는 전문가도 아니다. 이 원탁에서 설교자는 성경 본문과 그에 대한 해석의 한 가지 견해인 설교를 특정한 예배를 위하여 함께 모인 신앙 공동체 가운데 내놓는 책임을 맡은 사람일 뿐이다. 물론 이 설교자는 설교를 위하여 할당된 시간 동안에 주로 혼자서 말하기는 하지만, 하나님의 말씀을 해설하고 그 의미와 주장과 적용점을 탐색하는 것은 설교자 혼자가 아니라, 만인제사장의 원리에 비추어 볼 때 신앙 공동체 전체의 책임이다. 그래서 본인이 제안하는 대화 설교의 목적은 매 주일 매번 예배로 모일 때마다 하나님의 말씀 주위로 특정 지역의 신앙 공동체를 불러 모으는 것이다.

대화 설교의 또 다른 목적은 교회의 핵심적인 대화들을 촉진시키는 것이다. 대화 설교에서 의도하는 교회의 핵심적인 대화들은 다차원적이다.

이 대화에는 먼저 하나님과 인간 사이의 대화(the divine-human conversations)가 포함된다. 즉 한쪽에서는 독특한 정체성과 공동체적인 의제를 지닌 신앙 공동체와 또 다른 쪽에서는 난해함과 심원함으로 가득 찬 성경 본문에서 들려오는 하나님의 말씀 사이의 대화가 여기에 포함된다. 하나님과 인간 사이의 대화, 즉 신앙 공동체와 하나님 간의 대화는 이 땅에서 하나님의 언약 백성으로 살아가는 과정에서 계속 파생되는 여러 작은 이야기들의 근간을 이루는 가장 중요한 요소이다. 그리고 이 하나님과 인간 사이의 대화에는 당연히 개개인 신자들과 대화의 관계에 있는 하나님의 말씀이 포함된다. 그래서 하나님의 말씀과 신앙 공동체의 상호 대화를 통해서 다시금 반복될 수 없는 독특한 신앙 공동체 그들만의 개별적인 이야기들이 만들어지며 상호간의 이야기로 이루어진 관계망들이 만들어진다.

교회의 핵심적인 대화들 속에는 하나님과 인간 사이의 대화 이외에 인간과 인간 사이의 대화(human-human conversations)도 포함된다. 인간 사이의 대화 역시 다양한 면으로 이루어져 있으며 매번의 설교 사건을 통해서 계속 그 대화의 반경이 확장된다. 교회의 핵심적인 대화의 한 축을 구성하는 인간들 사이의 대화에 참여하는 참가자들은 매우 다양하다. 여기에는 설교하는 사람과 설교를 하지 않는 사람이 함께 포함될 뿐만 아니라 신앙의 문제에 확신을 가지고 있는 사람들과 자신의 신앙에 확신이 없고 힘들어 하는 사람들도 포함하며, 교회를 자기 집처럼 편안하게 느끼는 사람들과 제도화된 거룩한 공간 속에 좀처럼 발을 들여놓은 적이 없는 사람들, 우리와 같은 사람들뿐만 아니라 그 생각이 저 담장 밖이나 급진적인 진영에 속한 사람들 그리고 대화에서 입심이 좋은 사람과 조용히 침묵을 지키는 사람들, 세상 사람들의 눈에 보기에 성공한 사람들과 반대로 짓밟히고 침묵을 강요당한 사람들까지도 포함한다.

대화설교는 이렇게 과거와 현재의 모든 사람들 그리고 지역과 전 세계의 모든 이들의 목소리를 함께 담아내려고 하며, 그 중에서도 이 세상의 둥근 테이블이나 사각형 테이블 가장자리에서 시끄러운 소리들에 파묻혀 제 목소리를 내지 못하고 있는 사람들에게 특별히 관심을 기울이며, 사람들의 외치는 소리가 사라진 곳에서 그나마 미약하게 들리는 휘파람 소리와 한숨 소리에까지 특별한 관심을 쏟으려고 한다. 대화 설교는 또한 하나님의 말씀과 사람들의 말과 씨름하며 하나님의 침묵과 사람들의 침묵과도 씨름하며, 하나님의 백성들에게서 만들어지는 지속적인 이야기들을 태동시키는 대화, 즉 생명을 주는 대화(life-giving conversations)에 참여하도록 모든 사람들을 불러 모으려고 한다.

이렇게 교회의 핵심적인 대화들이 촉진되고 강화되는 하나님의 말씀 주변으로 신앙 공동체를 불러 모으기 위한 대화 설교의 목적을 위해서는 새로운 설교 내용과 방법이 필요하다.

4. 대화 설교의 내용과 방법

전통적인 관점의 설교학에서 설교 내용을 이해할 때 보편적이거나 선포적 혹은 실존적인 차원의 다양한 맥락에서 설명될 수 있겠지만 결국 진리(truth)를 설교하는 것으로 간주한다. 하지만 언어의 한계에 대한 근래의 통찰에 비추어 볼 때나 또는 진리나 하나님의 말씀에 대한 이전의 입장들이 결국 설교학의 발전을 위한 건설적인 대화의 장에서 여러 사람들을 배제시켜 왔음을 고려할 때, 진리는 결코 객관적이거나 절대적이고 존재론적으로나 원형적으로 완벽하지 않다는 확신에 도달하게 되었다. 내가 진리에 대해서 말할 수 있는 유일한 방법이 있다면 그것은 종말론적이다. 그날이 되면 비로소 우리는 진리를 이해할 수 있겠지만 그날이 오기까지 우리는 모호함이 털끝하나도 없을 정도로 분명한 지식과 명확한 사실과 진리로 사는 것이 아니라 다만 진리에 대한 믿음과 소망을 붙잡고 살아갈 뿐이다.

그렇다면 은혜와 복음에 대한 경험을 포함하여 우리의 모든 영적인 경험과 신앙에 대한 모든 설명들이, 그 경험 안에서 신앙을 설명하려는 자들 자신의 인종과 성별, 계층, 국가, 나이, 개성, 교육 수준 등등에 의하여 채색되고 변질된다면 도대체 객관적이고 보편적인 진리를 말해야 하는 설교의 내용은 과연 무엇일까? 그렇게 채색되고 변질된 것을 가리켜서 진리라고 말할 수 있을까? 모든 것이 불확실하고 믿을 수 없는 상황에서 그렇다면 설교의 내용은 절대성을 부인하고 상대주의의 수렁에 빠지도록 내버려둘 것인가? 설대 그럴 수 없다. 그래서 대화 설교의 관점에서 볼 때 설교의 내용은 신앙 공동체를 위한 추가 사항들이나 교정 사항 또는 반대 제안으로 제시되는 한 가지 제안(a proposal)이다. 대화 설교의 내용에는 당연히 성경이 포함되지만 그 내용은 성경 본문에 대한 잠정적인 해석으로서 그 한계와 편견을 솔직하게 인정한다. 대화 설교의 내용과 관련하여 가장 중요한 점은, 설교자 편에서 볼 때 그 설교 내용은 일종의 도박(혹은 내기, a wager)이나 다름이 없다. 듣는 사람들에게 때로는 위로가 될 수도 있고 도전할 수도 있는 새로운 통찰을 담고 있기 때문이며, 비록 오래된 신앙에 관한 것이지만 새로운 삶의 정황 속에 급진적으로 파고 들어오는 메시지일 수도 있고, 또 성령과 함께 진행되는 회중의 또는 설교자의 순례 여정 속에서 종종 만나는 휴식처나 오아시스 혹은 경치 좋은 전망과도 같은 메시지이기 때문이다. 대화 설교에서 설교자는 성경 본문과 인생의 무수한 경험들 간의 상호 작용으로부터 생겨나는 참된 의미를 찾아낸다. 또 설교자는 삶을 살아갈 힘을 공급해 주며 성령의 비밀한 사역으로 말미암아 우리의 삶을 은혜로 충만하게 만들어 줄 의미를 찾아낸다. 설교자가 찾아낸 이런 의미들은 그 다음에 설교를 통해서 신앙 공동체에게 전달된다. 설교자가 발견한 의미가 설교를 통해서 신앙 공동체에게 전달되면, 회중의 마음과 심령을 자극하고 고취시키는 성령의 역사하심으로 말미암아 한 가지 의미는 여러 의미를 산출하게 되고, 설교자가 경험한 한 가지 은혜에 대한 경험은 설교 사건을 통해서 은혜에 대한 여러 경험들을 만들어 내며, 복음에 대하여 한 가지 제안하는 설명은 설교를 통해서 복음에 대한 무수한 설명들을 파생시킨다.

이렇게 대화 설교를 통해서 하나로부터 여러 개로 파생되는 설교의 원심적인 움직임에 관한 질문들은 다시 교회의 핵심적인 대화를 지향하는 설교의 구심적인 움직임으로부터 그 해답을 찾을 수 있다. 매 주일 설교와 예배가 반복되는 가운데 성령께서는 우리의 삶과 죽음 속에서 가장 가치 있는 것은 결국 하나님이 약속하신 평화임을 믿는 공통의 믿음과 소망을 삶으로 증거하고 보여주는 하나님의 백성들을 세워 가신다. 시간이 흐르면서 성령은 다양한 의미들과 은혜에 대한 다채로운 경험들 그리고 복음에 대한 여러 생각의 실타래를 함께 엮어서 예배 참가자들을 결국 하나님 나라에 속한 사람들로 만들어 세우고 다시금 새롭게 회복시켜 가신다.

　이렇게 대화 설교는 믿음과 소망으로부터 흘러 나와서 다시 믿음과 소망을 향하여 흘러가면서, 하나님의 말씀과 진리, 복음 또는 계시라고 부르는 거울이지만 지금 이 땅에서 우리가 보는 것은 여전히 희미하고 왜곡될 수밖에 없는 그 거울 속에서 변화무쌍한 패턴들을 분간해 내려고 노력하는 것이다. 하지만 대화 설교를 신뢰할 수 있는 이유는 하나님의 말씀이나 진리, 복음 또는 계시의 객관적이고 절대적인 표준 때문이 아니라, 하나님의 얼굴을 마주 대하고 보게 될 것이라는 믿음과 소망이 담긴 마지막 종말의 날을 향하여 나아가는 우리 모두의 순례 여정 중에 하나님의 백성들을 일으켜 세우고 다시 회복하는 데 기여하는 이 모든 다양한 대화들의 역동성 때문이다.

　대화 설교의 목적과 내용에 대한 재구성 작업은 자연히 설교의 방법에 대한 재구성으로 이어진다. 설교 방법과 관련하여 먼저 설교 언어에 대해서 간략하게 언급한 다음에 설교 형식에 대해서 살펴볼 것이다.

　본인이 제안하는 대화 설교는 설교 언어에 관한 두 가지 규범의 한계를 극복할 수 있는 대안을 제시한다. 전통적인 설교학에서 이해하는 설교 언어의 규범에 의하면, 설교자의 메시지가 회중들에게 정확하게 전달되는 것을 보장하기 위하여 설교 언어는 최대한 분명하고 정확해야 한다. 좀 더 최근에 등장한 이야기 설교학에 의하면 설교 언어는 시적(poetic)이어야 하고 회중의 마음 속에 어떤 이미지를 떠올릴 정도로 환기적(evocative)이어야 하며 실행적(performative)이어야 할 것을 주장한다. 다시 말해서 성경 본문에 대한 설교자의 경험이나 또는 그 본문 속에 암호화되어 있을 것으로 추정되는 경험을 회중도 설교를 통하여 그대로 경험할 수 있도록 하는 언어여야 한다는 것이다. 하지만 본인이 판단하기에 설교 언어에 대한 이러한 관점은 설교자의 지식이나 경험을 회중의 지식이나 경험보다 우위에 놓는 교권적인 계급 제도를 전제하고 있다.

　물론 대화 설교도 시적이며 환기적인 언어의 중요성을 인정하지만 이는 전혀 다른 이유 때문이다. 이러한 언어는 원탁형 설교 테이블 주변에 모여든 사람들뿐만 아니라 그렇지 못한 사람들 모두의 경험과 생각들을 설교가 행해지는 원탁형 설교 테이블로 끌어들일 수 있는 언어이다.

대화 설교는 시적이고 환기적인 언어뿐만 아니라 신앙 공동체의 고백적인 언어(the confessional language) 역시 중요하게 여긴다. 왜냐하면 하나님의 역사에 대한 공동체적인 경험과 확인이 담긴 고백적인 언어는 시간이 흐르면서 다시 새로워지고 계속 교정되면서 교회의 핵심적인 대화를 촉진시키기 때문이다. 그래서 시적인 동시에 고백적인 설교 언어는 예배 참가자들에게 끊임없이 자신의 삶과 한계에 대해서 그리고 죄악과 은혜의 순간들과 성령의 역사에 대한 분명한 이해와 불분명한 느낌들 모두를 계속 상기시켜 준다. 대화 설교에서 설교의 은유(metaphors)와 시적인 이미지들은 우리가 하나님의 신비라고 알고 있는 것들의 중심부가 아닌 변방 가장자리에서 작용하면서 회중을 하나님의 신비 속으로 안내한다. 하나님 앞에서 더욱 신실해지려고 애쓴 신자들의 오랜 경험에서 우러난 고백적인 언어는 다시 최근의 인간 경험들과 함께 결합되고 우리 마음 깊은 곳으로부터 표면으로 그리고 다시 주변에서 중심으로 오가면서, 하나님의 신비가 결국 우리 일상의 아주 작고 사소한 이야기의 일부분과 결합되도록 이끈다.

대화 설교의 방법에는 설교의 형식에 관한 논의도 포함된다. 프레드 크래독이 제안한 귀납적 설교(inductive sermons)와 유진 로우리가 제안한 내러티브 설교는 회중들로 하여금 성령과 함께 협력하여 각자의 삶의 의미를 찾아내도록 인내하는 발견적인 형식(heuristic form)으로 짜여져 있다. 그래서 이런 설교 구조에서 예배 참가자들은 설교자가 제시하는 특정한 설교의 여정을 일방적으로 따라가거나 그대로 받아들일 필요가 없다. 귀납적인 설교나 내러티브 설교의 형식은 획일적이지 않고 다양한 가능성이 담긴 여러 대안들을 회중에게 제시하는 편이다.

그리고 이야기 설교(story-sermon)는 예배 참가자들로 하여금 다양한 의미를 지닌 제안이나 해석을 어깨너머로 엿듣는 것을 허용하는 발견적인 형식을 갖추고 있으며, 성령의 도움으로 예배 참가자들이 스스로의 결론에 도달하는 것을 허용한다. 회중에게 스스로의 결론을 제안하거나 환기시키는 여타의 다른 설교 형식 역시 잠재적으로는 대화 설교의 특성을 갖추고 있다.

이상의 내용이 본인이 제안하는 설교에 대한 대화적 관점이다. 본인이 제안하는 대화 설교는 이미 최근에 출간되는 여러 설교학 도서들 속에서 찾아볼 수 있는 통찰들에 기초하고 있으며 신앙 공동체 안에서 설교하며 예배를 인도하는 우리 대부분의 실제 사역에도 근거한 것이다. 대화 설교를 제시할 때 본인이 사용하는 '제안'(proposal)이란 단어는 나에게는 중요한 단어이다. 그 이유는 제안이라는 단어는 설교학이라고 불리는, 설교에 대한 방대한 학문적 대화의 장에서 설교에 대한 기존의 설명들에 대해서 맹목적으로 만족하지 않고 이에 대한 일종의 교정일 뿐만 아니라 더 나아가서 기존의 설명들에 대한 지속적인 확장과 반성적인 성찰의 필요성을 암시해 주기 때문이다.

5. 대화로서의 설교학: 증거 하나

이 책의 서론에서 나는 설교의 실제에 대한 성찰과 설명으로서의 설교학을 가리켜서 다양한 이론들과 제안들 간의 대화라고 말했다. 나는 그 어떤 단일한 이론이나 이해 체계 하나로 설교와 그 임무를 완전히 규명할 수는 없으리라고 확신한다. 그래서 설교학을 대화로 표현하는 이미지에 대해서 좀 더 자세히 살펴볼 필요가 있다.

'대화로서의 설교학'이란 표현에서 내가 말하려는 것은 무엇인가? 이 표현은 20세기의 설교학 이론에서 발견되는 특정한 이야기 하나를 암시한다. 20세기 설교학 이론에 관한 한 편의 이야기에는 설교에 대한 첫 번째 합의점에서 두 번째 합의점으로 발전하다가 마지막 합의점을 찾기 어려운 상태로 진행되는 변화의 과정이 포함되어 있다. 이러한 변화를 간략히 설명하자면 이렇다. 20세기 전반기까지는 존 브로더스(John A. Broadus)의 『설교의 준비와 전달』(On the Preparation and Delivery of Sermons)라는 책이 설교학 교과서로서의 독보적인 지위를 누리고 있었다. 19세기가 끝나갈 무렵인 1897년 무렵에 이 책은 "이 시대에 가장 유명하고도 널리 읽히는 설교학 교과서"로 널리 인정을 받았다(Broadus and Weatherspoon 1944, vii). 1944년에 이 고전을 다시 개정했던 제시 버튼 위더스푼(Jesse Burton Weatherspoon)은 이 책의 가치를 이렇게 평가했다. "이 책은 처음 출판된 이래로 지속적으로 그리고 점점 더 많이 사용해 오고 있으며, 설교학 분야의 탁월한 교과서로서 널리 인정받고 있다"(v). 하지만 1958년이 되자 이 책의 독보적 지위는 심각한 도전을 받게 된다. 그래서 그 이전까지 즉 20세기 전반기까지의 설교학은 브로더스의 시대였다고 평가할 수 있으며 설교에 대한 그의 입장은 반세기가 흐른 지금에도 현대 설교학 이론을 태동시킨 중요한 모판으로서 그 영향력을 과시하고 있다고 평가할 수 있다.

한편 1958년에 그레디 데이비스(Grady Davis)의 『설교의 구상』(*Design for Preaching*)이 출간되면서 설교학의 두 번째 시대가 문을 열었다. 이 책의 등장으로 브로더스의 설교학 교과서 오랫동안 누려왔던 설교학의 독보적 지위를 내놓을 수밖에 없었다. 1974년 한 설교학 교수의 통계조사에 의하면 응답자의 절반 이상이 데이비스의 『설교의 구상』을 자신의 설교 사역을 위한 교과서로 선택하고 있는 것으로 나타났다(Chatfield, 1984, 2). 데이비스의 책이 출판된 1958년부터 1974년 사이에 브로더스의 관점을 중심으로 형성되어 있던 설교학의 합의점이 점차로 사라지면서 데이비스를 중심으로 한 또 다른 합의점이 새롭게 나타났다.

데이비스는 무엇보다 설교의 형식에 대한 이론가이자 해박한 지식의 소유자였다. 그의 책 『설교의 구상』은 특정한 설교학의 입장을 특징적으로 보여주는 설교의 형식에 대한 다양한 이론들과 견해들을 제시하면서 앞으로의 발전적인 설교 형식을 예상하였다. 앞으로 3장과 4장에서는 설교에 대한 그의 변혁적인 견해와 아울러 설교 형식에 대한 그의 혁신적인 사상에 대해서 좀 더 자세히 살펴볼 것이다.

1974년 당시 데이비스의 『설교의 구상』이 가장 유명한 설교학 교과서로 널리 인정을 받았다면, 그로부터 10년 후 1984년이 되면 이 책의 영향력도 점차 쇠퇴하면서 설교학계 안에서의 단 한 권만의 독보적인 지위도 점차 사라진다. 1984년에 설교학 교과서와 관련된 두 번째 통계 조사에 의하면 응답자의 12퍼센트만이 데이비스의 『설교의 구상』을 설교학 수업에 교과서로 사용하고 있는 것으로 나타났다(ibid). 하지만 데이비스를 중심으로 형성되어 있던 설교의 합의점이 그렇게 사라진 이후로 그 자리를 대신할만한 다른 책은 아직 등장하지 않았다. 이 설문조사에서는 "그 밖의 다른 어떤 기본적인 교과서를 사용하고 있습니까?"라는 질문도 함께 주어졌다. 이 질문과 함께 대략 115권 정도의 설교 관련 도서들이 나열되어 있었다. 하지만 설교학 교과서로서 일곱 번 이상 추천된 도서는 한 권도 없었다(ibid., 1). 이러한 혼란스러운 상황 속에서 1985년부터 1989년 사이에 대략 열 권 정도의 교과서들이 출판되면서 서로 최고의 자리를 놓고 경합을 벌였다.[2] 그럼에도 불구하고 데이비스의 독보적 지위를 대신할 새로운 합의점은 나타나지 않았다.

설교학의 조류에 대한 이상의 이야기는 지난 20세기의 7, 80년 동안에 대부분의 학자들과 설교자들이 올바른 설교학에 관하여 동의했던 합의점이 무엇인지를 잘 보여준다. 먼저 브로더스는 이 이야기의 초반부 합의점을 대표한다면 데이비스는 후반부를 대표한다. 그러다가 1974년부터 1984년 사이에 그러한 합의점이 점차로 사라졌다.[3] 1980년대에 들어서 일부 설교학

---

2) 출판 연대순으로 소개하자면 다음과 같다. James W. Cox, *Preaching* (San Francisco: Harper & Row, 1985); Fred B. Craddock, Preaching (Nashville: Abingdon Press, 1985); Deane A. Kemper, *Effective Preaching: A Manual for Students and Pastors* (Philadelphia: Westminster Press, 1985); John Killinger, *Fundamentals of Preaching* (Philadelphia: Fortress Press, 1985); Ian Pitt-Watson, *A Primer for Preachers* (Grand Rapids: Baker Book House, 1986); Ronald E. Sleeth, *Proclaiming the Word* (Nashville: Abingdon Press, 1986); David G. Buttrick, *Homiletic: Moves and Structures* (Philadelphia: Fortress Press, 1987); Clyde E. Fant, *Preaching for Today*, rev. ed. (San Francisco: Harper & Row, 1987); Thomas G. Long, *The Witness of Preaching* (Louisville: Westminster/John Knox Press, 1989); Don M. Wardlaw, ed., *Learning Preaching: Understanding and Participating in the Process* (Lincoln, Ill.: The Academy of Homiletics, Lincoln Christian College and Seminary Press, 1989).
3) 설교학의 합의점이 사라지게 된 원인으로는 여러 요인들을 지적할 수 있다. 폭 넓은

자들은 초기의 합의점을 중심으로 설교 이론을 다시 정립하려고 노력하였고 또 다른 설교학자들은 새로운 합의점을 이끌어 낼만한 새로운 이론을 탐구하였다. 하지만 그런 노력에도 불구하고 새로운 합의점을 이끌어낸다는 것은 여전히 어려운 과제였다.

그래서 현대 설교학 이론의 발전에 관한 이상의 이야기는 결국 모두가 동의하는 합의점이 없는 상태로 끝나버렸고 또 일부 진영에서는 여전히 그 합의점을 찾기 위한 노력을 계속하고 있다. 그래서 이 여정에 동참한 나 역시 설교에 대한 대안적인 관점의 개략적인 윤곽을 파악하기 시작했으면서도, 내 스스로의 확신을 가지고 정립한 견해일지라도 일단 새로운 공감대에 대해서는 그 타당성을 다시 한 번 더 의심해보곤 하였다. 새로운 설교학의 대안 이론을 찾아서 그동안 여러 설교학 도서들을 독파하면서 정립한 '대화 설교'는 설교에 대한 유일한 견해가 아니란 점을 나는 잘 알고 있다. 이 관점은 설교가 결국 무엇인지를 설명하려는 수 많은 시도들 중의 하나일 뿐이다. 대화 설교는 우리가 설교단에서 그리고 회중석과 교회 그리고 이 세상

관점에서 볼 때 여기에서 다루는 설교학 이론은 그 이전의 여러 학자들의 공감대가 계속해서 후 세대로 이어져 발전되지 못하고 정체되거나 점차 소실되는 여러 입장들을 그대로 반영하고 있다. 장 프랑스와 리오타르(Jean-Francois Lyotard)는 이런 현상을 안타까워하는 여러 학자들과 예술가, 과학자 그리고 학생들의 애통스런 확신을 이렇게 대변한다: "오늘날 합의점이란 결코 도달할 수 없는 지평선과 같다"(1984, 61). 사실 오늘날 많은 사람들이 보기에 "합의점은 시대에 뒤떨어졌으며 의심스런 가치가 되어버렸다"(66). 합의점에 대한 이런 부정적인 의구심은 그동안 권력 구조 바깥으로 밀려나서 합의점이란 항상 지배 계층 문화의 견해를 대변할 뿐임을 깨닫게 된 사람들로부터 제기되었다. 그리고 백인의 권력 구조 밖으로 밀려났던 여러 소외 집단들이 자신들만의 목소리를 내기 시작하면서, 그동안 기존의 권력 구조를 지탱했던 기둥과 같은 이전의 합의점들이 점차 무너지기 시작했다. 그래서 모두가 동의했던 거대담론들(grand narratives)은 이제 '작은 담론들'(little narratives)에게 길을 내 주고 말았다(60). 자세히 살펴보면 설교학 이론들 속에도 '작은 담론들'로의 변화를 감지할 수 있다. 예를 들어 "설교와 이야기"라는 주제로 열렸던 1979년의 설교학회 발제 논문에서 아더 반 시터스(Arthur Van Seters)는 "역사나 신학 그리고 성경적인 기초나 그 밖의 무엇이든 - 한때 존 브로더스와 그레디 데이비스의 설교에 대한 공감대를 지탱했던 합의점들이 오늘날 신학생들에게 설교를 가르치는 출발점으로 그대로 동원될 필요는 없다"고 하면서, "각자가 독특한 존재인 신학생 자신들 그리고 그들만의 고유한 이야기와 인간 됨됨이로부터" 시작할 것을 제안하였다("The Preacher's Own Story as Integral to Preaching the Torah/Jesus Story," *Preaching and Story* [Academy of Homiletcs, meeting at Cabrini Contact Center, Des Plaines, III., Dec. 8-9, 1991],8).

에서 경험하는, 타당하면서도 서로 다른 설교의 실제를 제시해보려는 독특한 모델이다. 또 대화로서의 설교학의 이미지는 설교에 대한 다양한 견해들을 서로 간의 의견 교환의 자리로 초청하는 여유를 담고 있다.

6. 대화로서의 설교학: 증거 둘

"대화로서의 설교학"(homiletics as a conversation)이란 표현에서 또 내가 말하고자 하는 것은 무엇인가? 이 표현은 대화라는 단어에 담긴 몇 가지 특정한 의미들을 암시한다. 돈 브라우닝(Don Browning)은 한스-게오르그 가다머(Hans-Georg Gadamer)로부터 좋은 대화의 다음 네 가지 요소를 빌려오고 있다.

첫째로 대화에 참여하는 사람들은 그들만의 독특한 사회적 및 역사적 위치에 속해 있다. 이들은 그들만의 독특한 관심사와 경험을 가지고 있으며 그들만의 독특한 질문을 품고 있다. 그리고 그들만의 상황 속에서 겪은 경험과 질문들을 대화로 가지고 오기 마련이다. 둘째로 대화에 참여하는 사람들은 일반적으로 그들끼리의 공통점을 함께 공유한다. 그 공통점이란 것이 주로 공통의 인간성이겠지만, 대화 중에 서로가 공유하고 또 참고하는 공통의 역사적 경험일 수도 있다. 셋째로 대화에는 참가자들끼리 무언가를 주고받는 상호간의 교환의 특성이 있다. 바로 이 점에서 대화는 마치 놀이(play)와 비슷하다. 넷째로 대화에 참여하는 사람들은 상대방에 대해서 열린 자세로 경청해야 하며 상대방은 무언가 중요하거나 또는 변화를 가져올 만한 것을 말할지도 모른다는 모험도 기꺼이 수용할 수 있어야 한다. 변화를 수용할 자세가 필요하다는 말은 반대로 우리 자신의 경험과 질문 그리고 관심사를 억눌러야 한다는 의미가 아니다. 그보다는 오히려 대화 중에 상대방이 말한 진리는 다만 우리 자신의 관심사와 질문에 비추어 볼 때 비로소 우리에게 의미가 있고 실제적이며 적실하고 참으로 계시적인 진리로 받아들여질 수 있다는 의미이다(1994, 131).

대화에 대한 브라우닝의 설명은 벨렌키의 『여성의 앎의 방식』(Woman's Ways of Knowing)에서 다루고 있는 '참말하기'(really talking)와 유사하다.

> 참말하기(really talking)란 대화 참가자들이 발전적인 대화를 위한 최적의 환경을 함께 만들어 내고 있다는 상호간의 합의점을 암시한다. 비록 미숙하거나 방금 떠오른 생각이라도 바로 이러한 최적의 환경을 통해서 더욱 발전될 수 있는 것이다. 그래서 참말하기를 통해서 대화 참가자들은 서로를 더욱 깊게 알아가는 경험의 자리로 나아갈 수 있다. 참말하기는 또한 서로에 대한 분석적인 능력도 발전시켜 준다… 대화에는 담화와 탐구, 이야기하기, 경청하기, 질문, 논쟁, 숙고 그리고 공유와 같은 다양한 것들이 포함된다(Belenky and others 1986, 144).

『여성의 앎의 방식』에서는 대화를 "비인격적이기 보다는 친밀하며, 명확한 공식적 규칙에 얽매이기 보다는 오히려 비공식적이고 체계적이지 않은 것으로" 설명하고 있다(114).

나는 대화에 대하여 내가 말하고자 하는 의미와 데이빗 트레이시(David Tracy)가 제시한 좀 더 전문적인 의미(1987)를 구분하기 위하여 대화라는 단어에 대한 이상의 두 가지 설명에 집중하고자 한다. 트레이시는 대화에 대한 가다머의 견해를 브라우닝에 비해서 좀 더 좁은 맥락에서 받아들이면서, 대화 참가자들이 함께 고려하고 있는 공통의 주제나 특정한 질문에 집중된 담화로 대화를 정의한다(19, 20). 트레이시에서는 대화란 몇 가지 강력한 규칙의 통제를 받는 게임이다(19). 이 게임에서 참가자들 사이에 우정이 싹트고 핵심 주제가 나타나며 진리를 추구하는 데 몰두한다(19). 그리고 트레이시에 의하면 이 게임의 최종 목표는 참가자들 사이에 새로운 합의점을 이끌어내는 것이다(98).

그런데 대화에 대한 나의 입장은 트레이시의 견해에 비해서 좀 더 비공식적이고 인간적일 수 있다.[4] 대화에 대한 내 입장의 강조점은 대화 참가자들의 역사적이고 사회적인 위치로 말미암은 독특한 경험을 서로 인정하고 수용하려는 적극적인 자세뿐만 아니라 특히 대화에 대한 개방성과 상호 존중의 분위기이다. 그래서 내가 희망하는 것은 대화라는 이미지로 설교학을 설명하는 대화 설교가 설교학내의 다양한 견해들을 서로 확인하고 더 나아가 서로의 견해를 존중하는 데 기여할 수 있기를 바라며, 설교에 대한 다양한 경험과 신학 그리고 교회론을 폭 넓게 반영하는 다양한 설교학 이론들을 발전시킬 수 있는 여지를 마련해보자는 것이다.

나는 이 책에서 제시하는 대화 설교를, 교회와 신학계의 거대한 공동체와 대화에 새롭게 참여하는 입장에서 하나의 '방금 떠오르는 제안'(emergent proposal, Belenky and others, 1986, 144)으로 제시하고자 한다. 트레이시도 이렇게 말한 적이 있다. "텍스트에서건 내 자신에서건 또는 이 둘 사이의 의심스러운 상호 작용에서건 더 이상의 적실성 있는 질문이 떠오르지 않으면… 그 때 나는 해석 공동체에게 과연 적실성 있는 새로운 질문이 있는지 알아보기 위하여 나의 해석을 해석 공동체에게 제시한다"(1987, 25).

트레이시의 표현을 빌리자면 나는 (해석 공동체로서의 설교학계와 나) 둘 사이의 의심스러운 상호 작용 과정에 개입한 셈이다. 나는 이 상호 작용 과정에서 한편으로는 설교학 이론에 관한 도서들과 상호 작용하면서 그 속에서

---

4) 대화라는 단어와 관련하여 다른 학자들 역시 이와 비슷한 주장을 제기한다. 1992년 9월 16일 개최된 컬럼비아 신학대학원 총회에서 "Hackshem"이란 제목으로 행한 연설에서 에모리 대학교 켄들러 신학대학원 학장 케빈 라그리(R. Kevin LaGree)는 영국의 철학자 마이클 오크샷(Michael Oakeshott)에 관하여 이렇게 설명했다.
오크샷에 의하면 대화는 사람들이 "비권위적이고 비지시적이며 단정적이지 않은 방식으로" 서로 배우며 존재하는 한 가지 방식입니다. 그는 이렇게 말합니다. "대화에서 참가자는 어떤 심리나 논쟁에 관여하는 것이 아니다. 여기에는 반드시 발견되어야 하는 어떤 진리도 없고 증명되어야 하는 명제가 있는 것도 아니며 반드시 도달해야 할 결론이 있는 것도 아니다. 대화 참가자들은 서로에게 무언가를 알려주고 상대방을 설득하며 반박하는 데 관심이 없다. 그래서 대화 중에 이들이 하는 말의 설득력은 참가자 모두가 동일한 용어를 사용하는 데 달려 있는 것이 아니다. 이들이 서로 동의하더라도 그렇다고 획일적으로 같은 것도 아니다. (2, quoted in Martin E. Marty, ed., *Context: A Commentary on the Interaction of Religion and Culture*, 25 [August 15, 1991]:3).

지배적인 목소리와 주변의 목소리를 함께 경청하였고, 또 다른 한편으로는 회중석에 앉아서 설교를 듣거나 설교를 직접 하면서도 자신들의 실제 경험이 현재의 설교학 이론들 속에서 잘 다뤄지고 있는 모습을 전혀 찾아볼 수 없었던 사람들의 곤혹스런 경험과 현실도 함께 고려하였다. 하지만 나는 트레이시와 달리 모든 질문들을 다 충분히 검토했다고 주장할 수는 없다. 새로운 설교학을 모색하기 위한 나의 여정을 촉발시켰던 초기의 질문들에 대한 최종의 해답을 찾아낸 것도 아니다. 그보다는 그 질문들에 대한 몇 가지 잠정적인 해답들로 내 제안이 이루어져 있다고 말해야 할 것 같다. 그런 의미에서 나는 트레이시의 표현을 다시 빌리자면 도대체 설교가 무엇인지에 대해서 계속 성찰해오고 있는 다른 사람들에게 "나의 해석을 제시할" 준비가 되어 있는 셈이다. "한 가지 주장을 제시한다는 것은 다른 사람들이나 또는 그 주장에 대한 새로운 비평 작업에 의해서 내 주장이 도전받게 될 때, 자신의 주장을 기꺼이 방어할 준비가 되어 있음을 의미한다"(ibid). 이제 나는 내 주장을 기꺼이 방어할 준비가 되어 있으며, 다른 이들과의 대화 속에서 나의 주장들을 다시 재고할 수 있기를 희망한다.

7. 독자들에게

만일 설교에 대한 여러 지배적인 견해들 중의 하나를 받아들이고 있는 독자들이라면 나의 제안에도 귀를 기울여볼 것을 부탁드린다. 다른 신학자들을 신학의 대화 자리로 초대했던 할케스(C. Halkes)의 초청을 다시금 상기시키고자 한다. 이 대화의 목표는 상대를 물리치고 승리를 거머쥐는 것이 아니라 "상호간의 이해를 통한 상호간의 유익을 증진시키는 것"이다(121). 나 역시 대화 참가자들 상호간의 유익을 증진시키기 위하여 교회와 학문의 현장에서 서로에게 귀를 기울이고 반응하는 자리로 동료들을 초대하고자 한다(ibid).

일부 독자들은 나처럼 설교에 대한 새로운 대안을 모색하면서 대안적인 관점을 구축하고 있는 사람들도 있을 것이다. 그런 분들이라면 나의 제안을 살펴본 후의 응답과 평가를 환영한다. 이 책에서 나는 때로는 여전히 불완전하지만 우리가 이미 열정적으로 믿고 있는 바를 나름대로 글로 체계적으로 정리하려고 노력하였다. 그래서 나는 나의 제안 속에서 흡사 우리 모두가 생각하고 고민했던 내용들을 그대로 발견할 수 있기를 기도한다.[5]

---

5) Letty M. Russell도 이와 유사한 희망을 피력한다. "이 책에서 교회를 설명하는 가운데 내가 희망하는 목표가 있다면, 그것은 기독교 여성해방론자의 관점에서 이 책을 읽는 독자들이 '예! 이것이 바로 내가 그동안 기대했던 교회이며 이것이 바로 내가 지향할 교회임을 깨달았다'라고 고백할 수 있기를 바란다"(1993, 14).

제 1 장

설교학의 원로들

여러분은 주일날 아침에 회중석에 앉아 있다. 잠시 후 설교자가 설교단에 오른다. 이때 여러분은 앞으로 선포될 설교에 대해서 무엇을 기대하는가? 나중에 알고 보니 그 설교는 매우 의미 있는 설교였다고 치자. 그런 경우에는 설교 내용이나 용어 또는 형식이 기억하기 쉬웠거나 도발적이었기 때문인가?

또는 여러분은 설교 메시지를 전하려고 설교단에 서 있다. 이때 설교 사역에 대해서 여러분이 믿는 것은 무엇인가? 잠시 후에 누군가가 설교에 대한 여러분의 관점에 대해서 질문을 한다고 치자. 그럴 때 여러분은 설교의 목적과 내용, 언어, 또는 형식에 대해서 어떻게 설명하겠는가? 실교라고 부르는 이러한 교회의 실천(ecclesial practice)은 도대체 무엇인가?

오늘날 설교에 대한 단 하나의 설명만으로는 이런 질문들에 모두 응답해 줄 표준적인 해답을 제시할 수 없다. 과거와 같은 합의점만으로는 즉석에서 응답 가능한 해답을 마련할 수 없다.

오늘날 설교에 대한 고찰은 흡사 다양한 관점들 사이의 대화와 같다. 앞에서도 거듭 밝힌 바와 같이 나의 희망은 설교학의 대화를 통해서 모두가 동의하는 새로운 합의점이나 논쟁의 승자 중심의 선언문을 만들어내는 것이 아니라 설교에 대한 다양한 견해들 속에서 차이점과 공통점에 대한 서로 간의 이해의 폭을 넓히는 것이며 이를 통해서 설교 실제와 설교에 대한 이론적 성찰을 더욱 확대시키는 것이다.

오늘날 설교학계의 대화에는 대략 세 가지 지배적인 목소리들이 있다. 그래서 나의 추가적인 관점을 밝히기 전에, 먼저 과거 수십 년간 나름대로 설교를 설명하려고 했던 이러한 지배적인 견해들을 경청해 볼 것을 제안한다. 말하자면 설교학적인 대화는 본인이 새롭게 시작하는 것이라기보다는 이미 오래 전부터 진행되고 있음을 인정하자는 것이다. 하지만 이들 목소리에 귀를 기울이는 동시에 이들의 목소리를 액면 그대로 받아들이는 것이 아니라, 설교에 대한 내 자신과 다른 이들의 경험과 확신에 비추어 보면서 이들 지배적인 견해들의 주장을 평가하려고 한다. 앞에서도 지적한 바와 같이, 이미 진행 중인 설교학의 대화는 설교에 대한 우리의 경험과 신념을 심각하게 고려하지 않았음이 분명하다.

설교학의 대화 테이블에서 가장 오랫동안 영향력을 행사한 지배적인 목소리들 중의 하나가 바로 설교학적인 수사학에 기초를 둔 전통적인 또는 고전적인 설교 이론이다. 이번 장에서 집중적으로 다룰 주제이기도 한 이 이론은 기본적으로 존 브로더스(John A. Broadus)가 남긴 유산에 상당부분 의지하고 있다. 그가 1870년에 출판한 설교학 교과서는 20세기 전반기 동안 설교가 무엇인지를 규명하는 데 지배적인 영향력을 행사하였다. 전통적인 설교 이론의 역사적 궤적을 과거로 좀 더 정확하게 추적한다면, 기독교 설교와 고전 수사학을 함께 결합시킨 성 어거스틴(Augustine 354-430)과 그의 설교학 이론까지로 거슬러 올라간다. 그래서 기독교 설교의 역사에서 거의 2천년 동안 설교에 대한 논의의 범위와 강조점이 주로 전통적인 설교학 이론에 의해서 결정되었으며, 그 점은 지금도 상당부분 바뀌지 않은 채로 남아 있다.

전통적인 설교학 이론은 앞으로도 당분간은 신학생들을 위한 설교학 교과서에서든 아니면 경험 많은 설교자들을 위한 설교학 참고도서에서건 유행에 뒤처진 것으로 푸대접받을 것 같지는 않다. 물론 전통적인 설교학 이론들은 그동안 명확하고도 확정적인 주장들을 제시해왔지만, 변화무쌍한 세상과 교회 현실과 조우한 결과로 그 이론도 계속 변화해왔다. 전통적인 설교학 이론들은 앞으로도 매주 그리고 매해 설교를 전하는 설교자들에 의해서 계속 변화해갈 것이다.

전통적인 설교학 이론은 현장 설교자들의 도전에 의해서 스스로를 변화시킬 뿐만 아니라 설교를 새롭게 배우는 신학생들에 의해서도 변화한다. 일부 신학생들은 전통적인 설교 전달 방식에 능숙한 상태로 신학교에 들어오는 경우도 있다. 또 이들이 시도하는 새로운 설교 스타일은 자신들과 교회 그리고 하나님의 말씀에 대한 경험과 확신과 서로 일치하는 경우도 있다. 하지만 여전히 발전 과정에 있는 설교자로서 이들은 최고의 전통적인 설교학 이론에 따라서 각자의 설교 기술을 부단히 연마해야 한다.

일부 신학생들이나 현장 설교자들에게 전통적인 이론이 잘 맞는 경우도 있고 반대로 우리 중 어떤 이들에게는 그렇지 않을 수도 있다. 그 이유는 전통적인 설교학 이론이 모든 이들에게 다 맞추려고 하는 만능 신발처럼 획일적이라는 느낌이 들었기 때문이다. 하지만 전통적인 이론은 오늘날의 우리 발에는 잘 맞지 않는 유리구두 같다. 또 그동안 우리는 전통적인 설교학 이론 앞에서 마치 큰 발가락은 잘라내고 싶어 하거나 넓은 발뒤꿈치를 억지로 신데렐라의 구두에 끼워 맞추고 싶어 안달 난 이복자매들 같았다.[1] 혹은 이

---

1) 신데렐라 이야기는 그림 형제[the Brothers Grimm, 형 야콥 그림(Jacob Ludwig Karl Grimm, 1785-1862), 동생 빌헬름 그림 (Wilhelm Karl Grimm, 1786-1859)]에 의하여 새롭게 개작되었다(그림 형제의 신데렐라는 프랑스 아동 문학의 아버지라고 불리는 샤를 페로[Charles Perrault, 1608-1703]의 원작과 비슷하지만 일부가 다르며 왕자의 무도회 부분에서 왕자는 신데렐라를 누군지 알기위해 구두를 벗기려고 일부러 계단에 끈적끈적한 역청을 발라 놓는다. 그렇게 해서 왕자는 신데렐라의 신발을 얻게 되고 이후 신데렐라를 찾아 나서는데 신데렐라의 언니들이 구두를 신어보는 부분에서는 다소 끔찍하게 이야기를 전개하여 계모는 딸들의 발이 신발에 맞지 않자 큰딸에게 엄지발가락을 자르라고 하고 둘째 딸에게는 발뒤꿈치를 깎으라고 한다. 신발이 발에 맞자 왕자는 약속대로 언니들을 신부로 맞이하려 하지만 그때마다 계속된 출혈로 거짓임을 알게 되고 결국 신데렐라가 왕자의 신부가 된다는 내용이나 - 역주). See, *The Complete Fairy Tales of the Brothers Grimm*, trans.

야기를 바꾸어 모든 여행자들을 잡아다 억지로 키를 맞추려고 했던 프로크루스테스의 침대와도 흡사하다. 그리스 신화에서 발견되는 이 이야기에서 프로크루스테스는 모든 여행자들의 키가 자신의 침대에 꼭 들어맞기를 강요했다. 그래서 그들의 키가 침대에 비해서 너무 크면 그는 그들의 다리를 잘라냈다. 반대로 그들의 키가 너무 작으면 침대 크기에 맞게 이들을 잡아 늘였다.

그러나 전통적인 설교학 이론을 주장하는 설교학자들이나 교수들의 의도는 결코 폭력이나 자기 희생적인 절단과 분명 거리가 멀다. 그럼에도 불구하고 우리와 같은 어떤 이들이 보기에 전통적인 설교학 이론의 규범적인 영향력은 저항하기 어려운 것이었다.

그렇다면 설교학의 대화로부터 발견되는 전통적인 설교학의 강력한 입장은 도대체 무엇인가? 그리고 이 이론이 때로는 어떤 이들에게 잘 들어맞지 않는 이유는 무엇인가? 이런 질문들에 대한 해답을 찾아가는 과정에서 본인이 희망하는 것이 있다면 마치 고객들의 취향에 맞게 다양한 모양과 크기의 구두나 침대를 제공하는 백화점처럼 모두에게 골고루 어울리는 다양한 견해들을 제공하는 것이다.

1. 전통적인 이론에 귀 기울이기

전통적인 설교학 이론은 설교의 목적과 내용 그리고 설교 언어와 형식과 같은 기교적인 차원에서 나름대로의 독특한 기준을 갖고 있다. 이러한 일

Jack Zipes (Toronto and New York: Bantam Books, 1987), 86-92. 지나가는 여행자들을 잡아다 자기 침대 길이에 맞추도록 강요했던 거인 프로크루스테스에 관한 그리스 신화의 이야기는 컬럼비아신학대학원의 신학생이었던 린다 쉐러(Linda Shere)가 지적해 준 이야기이다. 그녀는 여성의 입장에서 설교를 배우는 일이 신데렐라 이야기처럼 스스로 수족을 잘라야 하는 것은 아닐지라도 프로크루스테스의 이야기처럼 때로는 강압적인 느낌이 든다고 했다. 설교학의 대화 테이블에서는 어느 한 목소리가 설교하는 모든 이들을 위한 유일한 목소리처럼 주장하려든다면 전혀 의도하지 않더라도 자기 절단이나 폭력은 계속될 수밖에 없을 것이다.

련의 기준 뒤에는 브로더스의 이론이 기초하고 있으며 그의 이론은 다시 1944년에 제시 버튼 위더스푼(Jesse Burton Weatherspoon)에 의해서 개정되었다. 이후로 전통적인 이론이 계속 발전되고 확장되는 과정에서 이 이론을 구성하는 핵심적인 기준들도 계속 개정되었다.

1) 전통적인 설교의 목적

브로더스와 위더스푼에 의하면 설교의 목적은 마치 수사학(rhetoric)이나 웅변술의 목적처럼 한마디로 청중을 설득(persuasion)하는 것이다. 전통적인 설교학 이론에서는 설교자를 권위적인 인물(the authority figure)로 묘사하는데, 이 설교자의 "일차적인 임무는 사람들에게 무엇을 믿어야 하며 왜 그것을 믿어야 하는지의 이유를 말해주는 것"이다(1944, 157). 설교자는 또한 '하나님의 말씀을 가르치는 것'을 목표 삼아야 한다(16). 그들의 일차적인 목표는 '하나님의 말씀에 따라서 사람들을 가르치고 권면하는 것'이다(24). 설교의 목적을 청중의 설득과 가르침에 두었던 브로더스와 위더스푼은 설교자의 권위를 인정하면서도 '열등한 사람들에게 권위로 말하는 위엄 있는 인물'로 설교자를 묘사하는 이미지에 대해서는 반대했다(213). 이들에 의하면 설교자는 회중과 거리를 두기보다는 '증인이자 예배에 함께 참여하는 예배 동무'(10)가 되어야 할 것을 강조하였다. 설교자의 그러한 자세는 청중을 설득하는 설교자의 능력에도 도움이 된다. 왜냐하면 회중을 이해하고 그들과 공감할수록 설교자의 설득력도 그만큼 높아지기 때문이다.

전통적인 설교학 이론을 그대로 소개하고 있는 오늘날의 설교학 도서들에서 '설득'이라는 단어는 설교의 목적을 설명하는 데 여전히 인기 있는 개념이다. 이와 거의 흡사하게 대중적인 용어가 바로 전송(혹은 전달, transmit)이다. 다시 말해서 설교자의 목표는 설교 메시지나 진리를 회중에게 전달하는 것이다.[2] 설교의 목적에 대한 이러한 이해와 결부된 또 다른 용어로는

---

2) '도덕적인 지혜'(moral wisdom)를 전달하는 흑인여성들의 문학작품이나 이야기 그리고

'확신시키다'(convince)와 '정보를 알리다'(inform), '설명하다'(explain) 그리고 '소통하다'(communication)가 있다. 말하자면 설교자는 회중이 이해하고 받아들여야 할 필요가 있는 어떤 통찰이나 신앙을 갖고 있다는 것이다. 전통적인 설교학 이론의 현대적인 개정판에서는 설교자는 설교 메시지나 진리를 받아서 이를 그대로 회중에게 전달하는 사람으로 설명하고 있다. 이 경우에 설교자는 한쪽 편에 하나님의 말씀이나 성경, 교회 전통 혹은 성령과 또 다

예술작품들의 역할에 관한 캐이티 캐넌(Katie G. Cannon)의 논의는 전달(transmission)의 개념에 대하여 내가 느꼈던 불편함을 좀 더 세밀하게 연구하도록 하는 촉매제가 되었다(Black Womanist Ethics, *American Adademy of Religion Academy Series*, ed. Susan Thistlethwaite, no. 60 [Atlanta: Scholars Press, 1988], 4). 캐넌에 의하면, 흑인 여성들은 독자들에게 영감을 줄 뿐만 아니라 가르치고(85) 또 정보를 제공하도록(90) 글을 쓴다고 한다. 이 작가들은 "남성 중심의 사회 질서 속에서 인종적인 제국주의를 지지하는 백인 남성들로부터 자신들에게 강요된 윤리와 도덕의 남용에 대항하도록 이전 세대로부터 생존을 위한 도덕적인 가르침을 전수받아서 다음 세대에게 암암리에 전해 준다"(7). 그래서 이런 여성들은 "흑인 공동체의 여성 구성원들에 의하여 인정되어 오는 가치에 대한 지속적인 상징적 전달자이자 개혁자로서의 역할을 감당한다"(7-8).

"흑인 여성 공동체"(Black female community, 6) 안에서의 지혜의 전달에 대한 캐넌의 긍정적인 평가는 설교학 이론의 한 가지 개념으로서의 전달(혹은 전송, transmission)에 대하여 내가 느끼는 불편함의 두 가지 속성을 잘 설명한다. 첫째로 나는 그동안 내 자신의 경험과 아울러 나와 마찬가지로 다른 이들의 경험을 일방적으로 무시했던 진리나 케리그마의 핵심적인 선언문을 전달하는 것만을 모든 설교의 가장 중요한 목표로 간주하는 배타적인 주장들을 거부했다. 둘째로 나는 설교자는 모든 진리를 다 알고 있으며 설교에 의하여 계몽될 때까지 늘 무지한 채로 남아 있는 예배 참가자들에게 설교자가 그 진리를 전달해야 한다는 때로는 명백한, 또 때로는 암시적인 주장을 거부했다. 그런데 캐넌에 의하면 흑인 여성 작가들은 결코 자신을 공동체로부터 분리시키지 않는다고 한다. 오히려 이들이 전달하는 가치나 '도덕적인 조언'(4), 혹은 '도덕적인 지침'(2)은 공동체의 삶에 기초하고 있으며 흑인 공동체의 여성 구성원들이 잘 인지하고 있는 것들이라고 한다(8; see also 5, 9, 151). 설교에서 '진리의 전달'이라는 개념 속에는 '오만한 제국주의적인 유혹'이 깔려 있기 때문에(Craddock 1974, 65) 나는 전달이라는 용어에 계속 염려하지만 그럼에도 불구하고 억압당한 사람들 사이에서의 진리의 전달에 관한 캐넌의 긍정적인 평가에 흥미가 간다. 공동체에게 계속 전승되는 유산과 같은 지혜를 전달하는 일은 공동체의 생존을 위해서 꼭 필요한 전략이다. 그래서 나도 설교와 진리의 전달 사이의 상관관계에 대해서 계속해서 다시 생각해보아야 할 필요를 느낀다. 하지만 그와 동시에 그동안 교회가 물려받은 진리를 전달하는 데 목표를 두었던 그동안의 상당수의 설교가 많은 사람들에게 다소 억압적이었다는 견해에 대해서는 앞으로도 계속 다시 평가해 볼 것이다. 왜냐하면 진리를 전달하는 방식이 그동안 지나치게 권위적이었으며, 교회가 물려받은 진리를 규명하는 그동안의 대화 작업은 때로는 힘이 없는 약한 자들과 여성들, 인종적으로나 윤리적으로 약자의 위치에 있던 사람들과 억압받아온 사람들의 목소리를 소외시켰기 때문이다.

른 쪽 편에 회중의 양자 사이에 설치된 수도관과 같다고 할 수 있다.

성공적인 설교란 간단히 말하자면 방해받지 않은 성공적인 의사소통인 셈이다. 로이 피어슨(Roy M. Pearson)은 설교자의 임무에 대해서 다음과 같이 설명한다. 설교자는 "설교 메시지를 설교자 자신이 이해한 그대로 회중도 이해하기를 원하며 설교자 자신이 해석한 그대로 회중도 해석하기를 원한다"(1962, 162). 제임스 콕스(James W. Cox)도 이런 입장을 그대로 따르고 있다.

> 설교의 목적은 설교자의 마음과 생각 속에 있는 것을 그대로 청중의 마음과 생각 속으로 집어넣는 것이다. 이에 비추어 볼 때 설교는 일방향으로 통행하는 길이자 일차원적인 의사소통이다. 설교는 일방향의 의사소통이다. 그래서 우리 설교자들은 메시지를 받아서 다시 청중에게 그대로 전달해야 한다(1985, 51).

설교의 목적에 대한 이러한 견해는 설교단과 회중석 사이의 간격(gap)을 전제한다. 이 간격은 설교자와 회중 각자에게 부여된 역할에서 아주 결정적으로 중요하다. 설교자는 발송자(sender)이자 의사소통자로서 설교를 통해서 회중에게 전송해야 할 메시지나 진리를 가지고 있는 자이다. 반대로 회중은 수신자들로 이루어져 있다. 비록 일부 전통적인 설교학 이론에서 이들 회중을 가리켜서 설교 현장에 동참하는 능동적인 참여자로 묘사하기는 하지만, 이들의 일차적인 임무는 설교자가 일방적으로 전송하는 설교 메시지에 동의하는 것뿐이다.[3] 전송자와 수신자 사이의 간격을 가로질러 설교 메

---

3) 예를 들어 해럴드 프리먼(Harold Freeman)은 "설득력 있는 의사소통이란 마치 양방향으로 왕래하는 길과 같아야 한다"고 주장한다(1987, 89). 달리 말하자면 설교의 양방향의 차원은 실제 설교에서 한 방향으로 진행되는 설득력 있는 소통을 지원해 준다.
 이와 마찬가지로 제임스 콕스(James W. Cox, 1985)도 설교에 대한 회중의 여러 반응들에 대해서 설명한다. 설교 중의 회중의 여러 반응은 회중과 설교자 사이의 대화를 만들어내는데 이 대화에서 "말과 감정들이 앞뒤로 비등하기 시작한다"고 하면서 설교자와 회중 사이의 양방향의 대화에 대하여 긍정한다(51). 그런데 이 점에 대한 콕스가 이끌어가는 결론은 "설교자의 메시지에 대한 믿음과 순종이든 아니면 불신과 불순종"의 선택뿐이라고 하면서 회중의 선택을 설교자 중심으로 귀속시킨다(51).

시지가 전송되기 때문이다.

이러한 의사소통 과정을 묘사하는 한 가지 이미지는 설교자와 회중을 야구경기의 투수와 포수로 묘사하는 것이다(Cleland 1965, 104; Freeman 1987, 11). 일부 학자들의 표현은 이보다 더 강렬하다. 예를 들어 로이 피어슨(Roy Pearson)과 같은 학자는 유명한 설교자인 헨리 워드 비처(Henry Ward Beecher)가 설교를 설명하는 데 즐겨 사용했던 이미지를 끌어오기도 했다. 피어슨에 의하면 설교는 마치 사냥꾼의 엽총과 같다. "매번 총을 쏠 때마다 (사냥꾼으로 비유되는 설교자는) 자신의 사냥감이 쓰러지는지를 확인해야 한다"(1954, 24). 랄프 루이스(Ralph L. Lewis)와 그렉 루이스(Gregg A. Lewis)는 마치 사냥꾼이 사냥감을 겨누듯이 회중이란 목표물을 겨누는 자로서의 설교자의 이미지를 발전시켰다(1983, 135). 그리고 설교자들로 하여금 회중을 향하여 설교의 초점을 겨누는 데 충분한 시간을 들이도록 격려하였다. 왜냐하면 그렇게 회중의 목표물을 향하여 정조준하는 시간을 통해서 '때로는 작은 사냥감을 사냥하기 위한 탄약을 장전한 샷건(shotgun)과 큰 사냥감을 위한 라이플 총 간의 확연한 차이가 만들어지기 때문이다'(135).

전통적인 설교학 이론에서 볼 때 설교의 목적은 "메시지를 청중에게 전송하는 것이며(Cox 1985, ix), 설교자의 임무는 설교 메시지를 가능한 분명하고도 효과적으로 전달하여 청중이 그 메시지를 이해하거나 믿거나 느끼거나 또는 실천할 수 있도록 하는 것이다"(202).

2) 전통적인 설교의 내용

전통적인 설교학 이론은 설교의 내용에 대해서도 그 나름의 독특한 견해를 가지고 있다. 브로더스와 위더스푼은 설교 내용은 '하나님의 진리'(divine truth, 1944, 6)나 또는 '종교적인 삶에 영향을 미치는 중요한 진리'(50)여야 한다고 보았다. 설교의 핵심 주제를 구성하는 이 진리는 '성경의 일반적인 가르침'과도 일치해야 한다(47). 그런데 흥미로운 점은 설교 내용을 가리키는 케리그마(kerygma)나 하나님의 말씀 그리고 계시와 같은 신학적인 용어가 전통적인 입장 속에서는 그리 많이 등장하지 않거나 거의 찾아보기 어려운 반면에 다른 입장들로부터는 아주 빈번하게 발견된다는 점이다. 그 이유는 설교에 대한 브로더스와 위더스푼의 논의의 일차적인 맥락은 하나님의 말씀이나 계시와 같은 주제를 다루는 신학이 아니라 메시지의 전달에 관한 수사학과 웅변술이기 때문이다.

한편 전통적인 설교학 이론에 대한 가장 저명한 현대적인 개혁가 중의 한 사람이 제임스 콕스(James Cox)이다. 그가 저술한 교과서인 『설교』(Preaching)의 3부의 제목은 '설교의 내용'이다. 여기에서도 브로더스와 위더스푼의 입장을 따라서 설교의 내용을 설명하기 위하여 자주 등장하는 용어가 바로 '진리'라는 단어이다. 설교를 준비하려고 설교자가 설교의 특정 내용을 결정하는 단계에서 설교자에게는 두 가지 과제가 있다. 첫째는 오늘날의 상황에 적합한 진리를 발견하기 위하여 성경 본문을 주의 깊게 연구해야 한다. 이 과정에는 '일반적이거나 보편적인 진리'를 특정한 삶의 정황 속에 적용시키는 작업도 포함된다(70). 둘째 과제는 본문의 진리를 설교의 중심 사상으로 재구성하여 그 진리가 회중에게 분명하게 전달되거나 소통되거나 나누어질 수 있도록 해야 한다. 콕스의 주장에 따르면 설교 내용으로서의 진리가 잘 전달되거나 소통되기 위해서는 설교자와 회중 모두는 '그러한 객관적이고 절대적인 진리가 존재한다는 사실을 인정하거나 단정해야 한다'(54). 진리가 설교자와 별개로 독립하여 존재하며 이 진리는 설교의 중심사상을 통해서 명확하게 표현될 수 있다는 전제 때문에 나는 전통적인 설교학 이론에서 말하는 설교의 내용을 '객관적이고 명제적인 진리'(objective, propositional truth)로 분류하여 부르고자 한다.[4]

---

4) 나는 설교 전체 내용이 구성되는 핵심 문장을 가리키는 설교학의 전문 용어로서의 명제(proposition)와 명제적인(propositional)이란 용어를 구분하여 사용하고자 한다. 제임스 콕스는 앞의 의미로서의 명제에 대한 정의를 분명히 거부한다(1985). 하지만 여기에서 내가 사용하는 '명제적인'(propositional)이란 단어의 의미는 '그것이 표현되는 방식과는 대조적으로 한 문장으로 표현되는 것'으로서의 명제를 말한다(*The American Heritage Dictionary*[2d College ed.]). '한 문장으로 표현되는' 진리는 명제적이다.

브로더스나 위더스푼과 다른 입장에서 설교의 내용을 이해하고 있는 제임스 콕스의 견해를 뒷받침하는 것이 바로 케리그마와 하나님의 말씀 그리고 계시에 대한 그의 독특한 관점이다. 그런데 이런 개념들이 콕스에게서 완전히 발전된 것도 아니고 또 설교에 대한 그의 이론 속에서도 일차적인 비중을 차지하고 있지는 않다. 그에 의하면 케리그마는 복음이며 '기독교 메시지의 핵심'(12)이고 '결코 변하지 않는 본질적인 메시지'이다(11). 콕스의 이해 속에서 때로는 케리그마와 진리가 같은 개념으로 쓰일 때도 있다. 케리그마는 진리처럼 최대한 설교자가 먼저 받아서 '바꾸거나 가감이 없이 그대로 전달해야' 할 정도로 객관적이고 명제적이다(8).

전통적인 설교학 이론에서 이해하는 설교의 내용에 대해서 더 살펴볼 필요가 있는 중요한 신학적 및 설교학적 개념이 바로 하나님의 말씀과 계시이다. 콕스에 의하면 하나님의 말씀은 케리그마와 진리처럼 설교자로부터 독립하여 객관적인 실체로 존재한다. 하나님의 말씀은 곧 하나님의 능력으로서 피조계 속에서 역사와 자연 속에서, 구약의 선지자들의 메시지와 기록된 성경 말씀 속에서 그리고 설교 속에서 역사한다. 그리고 하나님의 가장 결정적이고 탁월한 계시의 말씀이 바로 예수 그리스도이다(7). 계시는 하나님의 말씀과 인간 사이의 의사소통의 방편이자 그 내용이다. 제임스 콕스는 계시에 대한 개념을 성경과 관련지어서 잘 설명하고 있다. 성경 본문은 '하나님의 마음과 생각'을 다양한 방식으로 계시한다(66). 성경이 하나님에 대해서 계시하고 있는 것들은 추호도 의심이 없이 확실하고 분명하기 때문에 콕스는 성경의 확실성에 근거하여 드와이트 무디(Dwight L. Moody)의 설교에서 언급되는 무디의 사랑의 개념을 평가할 수 있을 뿐만 아니라 다음과 같은 결론도 내리고 있다. "사랑에 대한 무디의 개념은 사랑의 하나님께서 성경에 자신을 드러내신 방식과 내용에 따르고 있다"(66).

전통적인 설교학 이론에서 염두에 두고 있는 설교 내용으로서의 진리는, 객관적이며 하나님의 말씀인 성경으로부터 케리그마나 계시로 설교자에 의하여 새롭게 발견되기를 기다리고 있다. 그리고 일단 그렇게 발견된 진리는 명제적이다. 다시 말해서 설교자는 그 진리를 설교의 중심 사상으로 정리할 수 있으며 효과적인 설교를 통해서 회중에게 전달될 수 있다.

3) 설교의 언어

설교의 목적과 내용에 대한 전통적인 설교학의 입장은 설교 언어에 대한 전제들과도 긴밀하게 연관되어 있다. 전통적인 설교학의 대변인인 브로더스와 위더스푼의 지속적인 영향력은 설교의 언어에서도 예외가 없다.

브로더스의 위더스푼의 주장에 의하면 "설교의 언어에서 가장 중요한 점은 명확성과 명쾌함"(clearness and perspicuity)이다(1944, 240). 설교 언어에서 의도하는 그러한 명료성은 메시지의 전달을 돕기 위함이다. 설교자로서 "우리는 사람들이 우리를 그저 이해하는 것이 가능하도록 최선을 다해야하기 보다는 오해하는 것이 절대 불가능하도록 최선을 다해야 한다"(96). 그래서 설교자가 사용하는 단어와 구절들은 "그들의 생각하는 바를 가장 정확하게 표현할 수 있어야 한다"(244). 이를 위해서 설교자가 명심할 일반적인 규범은 "설교에서 사용되는 용어들은 정확해야 하며… 그렇게 함으로써 설교자의 생각과 입으로 나오는 표현이 서로 정확하게 일치하도록 해야 하고, 그 어느 용어 하나라도 원래 의도하지 않은 다른 생각을 담는 일이 결코 있어서는 안 된다"는 것이다(244).

브로더스와 위더스푼은 설교 언어의 중요한 특징으로서 명확성과 아울러 설교의 스타일과 설득력(style and force)을 강조한다. 언어의 스타일은 설교 언어에 담긴 에너지나 활력 혹은 열정을 나타내는 것으로 회중의 마음을 움직이는 효과가 있다. 설교자는 설교에서 은유나 제유법(synecdoche, 일부로써 전체를, 특수로써 일반을 나타내는 표현법 또는 그 반대를 뜻하기도 함)과 같은 수사적인 문체를 사용함으로써 회중의 의지를 이끌어내기도 한다. 설교 언어의 스타일과 관계된 규칙에 의하면 "언어의 명쾌함이나 설득력에 도움이 되지 않은 것을 그저 언어의 장신구 차원에서 도입하려고 해서는 안 된다. 왜냐하면 이러한 장신구와 같은 언어는 앞에서 살펴본 바와 같이 시에 어울릴 뿐 실제적이고 심각한 결론을 겨냥하는 담화에는 부적합하다"(275).

　브로더스와 위더스푼의 전통적인 설교학 이론의 유산을 물려받으면서도 이를 새롭게 발전시킨 콕스는 이전 학자들과 마찬가지로 설교 언어는 명확해야 한다는 점을 가장 중요한 요소로 간주하였다. 언어의 명확성에 대한 이러한 관심은 설교의 목적에 대한 그의 견해와도 밀접하게 관련되어 있다. "표현의 명확성은 이해의 명확성을 결정한다"(1985, 219). 그래서 콕스는 설교자들이 "원래 마음 속에 의도한 의미를 가장 빠르고도 정확하게 전달해 줄 단어들"을 선택하는 규칙들을 제시했다(219). 콕스가 생각하기에 직유나 은유와 같은 수사적인 표현들은 설교의 중심 사상을 전달하는 데 도움이 될 때만 비로소 유용한 것이다. 수사적인 문체의 유용성에 대한 콕스의 견해의 저변에 깔린 생각은, 만일 설교 언어가 명확하다면 설교자가 전달한 것은 결국 회중이 전해 받은 것과 동일하다는 것이다. 설교자가 전달한 것과 회중이 받은 것은 결국 설교자가 사용하는 정확한 언어들 속에서 즉 그 언어들이 담고 있는 진리를 정확하게 나타내는 언어들 속에서 서로 일치해야 한다. 그리고 그렇게 정확한 언어가 객관적인 진리를 붙잡아서 회중에게 정확하게 전달해 줄 수 있다는 것이다.

　전통적인 이론을 수용하는 또 다른 설교학자들 역시 설교 언어에 대해서 때로는 명확하게 때로는 암시적으로 이와 비슷한 입장들을 공유하고 있다. 그리고 그 밑바닥에는 다음과 같은 확신들이 자리하고 있다: 설교자는 "자신의 생각과 표현이 정확하게 일치하는" 그러한 언어들을 선택할 수 있다(Broadus and Weatherspoon 1944, 244). 언어는 진리를 전달할 수 있으며, 언어가 명확하기만 하다면 이를 통한 의사소통 과정은 충분히 신뢰할 수 있다는 것이다.

4) 설교의 형식

전통적인 설교학을 대표할만한 단 하나의 설교 형식은 없다. 전통적인 설교학 이론을 대표하는 설교 형식으로 잘못 알려진 부당한 모델이 바로 "3대지와 한 편의 예화"(three points and a poem)이다. 전통적인 설교학 이론을 따르는 학자들의 설교 형식에 대한 최근 논의에서 두 가지 쟁점이 특히 주목할 만하다. 첫째 이들은 설교의 내용이나 진리를 하나의 문장이나 핵심적인 사상으로 압축하여 표현하는 것을 매우 중요하게 여긴다는 점이다.[5] 둘째는 내러티브와 귀납적 설교 형태에 대한 소극적인 입장이다. 브로더스와 위더스푼 그리고 그 밖의 대부분의 전통적인 설교학자들은 이야기와 귀납법 논리가 설교의 형식 속에서 종속적인 기능만을 감당한다고 보았던 반면에, 몇몇 전통적인 설교학자들은 설교 전체를 구성하기 위한 과정으로서 내러티브와 귀납 논리의 활용 방안에 대해서 논의하였다. 이 점에 대해서는 잠시 후에 자세히 살펴볼 것이다.

먼저 전통적인 설교학에서는 설교자가 설교의 메시지나 진리를 하나의 문장으로 분명하게 요약해 낼 때 설교의 효과가 더욱 강화된다고 보았다. 설교자들에게 이 핵심 문장이 도움이 되는 이유는 이 핵심 문장은 설교의 형식에 일관성과 방향성을 부여하기 때문이다. 설교 전체를 요약하는 핵심 문장이 회중에게도 도움이 된다. 이 문장은 회중들이 설교자의 메시지를 좀 더 쉽게 이해할 수 있도록 돕기 때문이다. 설교 전체 메시지를 요약하는 이 핵심 문장을 가리켜서 브로더스와 위더스푼은 '명제'(the proposition)라는 명칭을 부여했다(1944, 54). 이 명제는 "설교자가 설교의 핵심 주제를 발전시키기 위하여 채택하는 것으로 설교 전체의 주제를 정리한 진술문이다. 이 명제는

---

5) 모든 설교의 요점은 반드시 한 문장으로 표현되어야 한다는 확신은 전통적인 설교 이론에만 국한되지 않고 현대 설교학 역시 강조한다. 하지만 이 주장은 브로더스와 위더스푼의 설교학 이론에서 매우 중요한 요소로 간주되었으며 전통적인 설교학에서는 결코 부인할 수 없는 중요한 설교학적인 유산으로 남아 있다. 다음 4장에서는 하나의 사상이 아니라 한 가지 플롯 안에서 통일성과 일관성을 확보하는 설교 형식에 대해서 다룰 것이다.

주어(핵심 사상)와 이를 설명하는 술어를 담고 있으며, 주어는 설교의 질문, 즉 이 설교는 무엇을 다루고 있는가 하는 질문에 응답한다"(54). 그래서 주어와 술어가 함께 "하나의 완벽한 선언 문장을 구성한다. 이 문장은 단순하고 명료하며 설득력을 지녀야 하며(55), 설교의 요점을 담아내야 한다"(56).

브로더스와 위더스푼의 '명제'(proposition)에 대응하는 콕스의 용어는 '중심사상'(central idea)으로 이 역시 주어와 술어로 이루어져 있다(1985, 79). 그런데 콕스도 브로더스와 위더스푼의 입장을 따라서 주어는 "설교자는 지금 무엇에 대해서 말하고 있는가?"라는 질문의 응답이어야 한다고 주장한다(79). 그래서 주어와 술어가 함께 "설교의 요점, 즉 설교 전체의 요약을 담고 있다"(79).

이렇게 설교의 핵심 진술문(focus statement)이나 명제, 중심 사상에 대한 중요성은 전통적인 설교학이 남긴 중요한 유산으로서 설교를 이해할 때 거의 논박할 여지가 없는 중심축을 이루고 있다. 그래서 어떤 학자는 이렇게 주장한다.

> 가장 확고한 설교학적인 원칙들 중의 하나는 설교자는 설교 메시지의 핵심을 한 문장에 담아낼 수 있어야 한다는 것이다. 이 문장을 가리켜서 설교의 주제나 명제, 생성시키는 사상(generative idea), 중대한 진리, 주제 문장, 설교의 요약 혹은 설교의 요지라고 부른다. 이렇게 설교 전체를 압축시킨 중심적이고 지배적인 사상(the central, controlling idea)은 설교를 준비하는 설교자에게는 선택이 아니라 꼭 필요한 필수사항이다(Thompson 1981, 91).

전통적인 설교학 이론에서 주장하는 설교의 형태에 대한 논의로부터 주목할만한 둘째 쟁점은, 설교에서의 이야기(narration)와 귀납법(induction)의 역할이다. 이에 대한 전통적인 설교학의 입장은 브로더스와 위더스푼의 견해로서 이들에 의하면 이야기와 귀납법은 설교를 만들어가는 과정에서 주도적이지 못하고 종속적인 역할에 머물러 있어야 한다. 브로더스와 위더스푼은 설교의 전개 과정에 동원되는 네 가지 수단으로서 논증(argument)과 설명(explanation), 적용(application) 그리고 예증(illustration)을 제시한다(1944, 155). 이 입장에서는 귀납법은 논증에 종속된다. 또 이야기도 때로는 설교자가 진리나 중심 사상을 적용하거나 예증하는 데 잠시 도움을 줄 수 있겠지만, 설명이 차지하는 역할에 비하여 종속적인 자리에 머물러 있을 뿐이다.

브로더스와 위더스푼의 입장에서 볼 때는 귀납법은 논증의 한 유형으로서 기껏해야 결론을 위한 근거를 제공하는 '구체적 사례'(the particulars)를 제시할 뿐이다. 그리고 좀 더 긍정적으로 이해할 때 귀납법은 "사실들이 의미심장한 실제로 구현되도록 이끄는 강력한 연결 고리"를 제공한다(177). 반대로 귀납법은 최악의 경우에는 몇 가지 사례들이나 피상적인 관찰에 근거하여 막연한 추론을 통해서 결국 "수만 개의 잘못된 결론을 끌어낼 수도 있다"(177). 따라서 설교자는 수 많은 사례들을 모두 모아야 할 뿐만 아니라 이들을 세밀하게 분석하고 비교 검토함으로써 오류가 없는 안전한 귀납 논리를 전개하도록 주의해야 한다(176).

브로더스와 위더스푼에 의하면 이야기(narration) 역시 설교에서는 부차적인 역할을 감당할 뿐이다. 이야기는 설교에서 스스로 주도권을 쥐어서는 안 되고 "항상 설교자가 이끌어내려는 확신이나 설득에 종속되어야 한다"(159).

성경의 이야기와 관련해서도 전통적인 설교학자들의 입장은 대체로 비슷하다. 즉 "성경의 이야기가 단지 재미있다는 이유만으로 그 이야기를 더욱 확장하거나 상세하게 말하거나 또는 이야기 자체의 흐름을 따라서 단계적으로 설교를 이어가도록 하지는 말아야" 한다는 것이다(159). 그런데 설교에서 성경의 이야기 자료들을 활용하는 문제에 대한 서로 다른 입장들이 강해설교에 대한 브로더스와 위더스푼의 논의에 나타난다. 강해 설교에 대한 한 쪽의 입장은 설교자가 "성경의 이야기와 장면들을 분명하고도 생생하게 끌어내는 데 많은 시간과 노력을 기울여야 한다"는 것이다(144). 이와 동시에 설교자는 성경의 이야기를 들려주는 것과 "그 이야기가 가르치는 교훈" 사이의 균형을 유지해야 한다(145). 이때 두 가지 극단적인 위험이 공존한다. 첫째로 강해 설교가는 "성경 이야기의 아름다움에도 불구하고" 그 이야기를 무시하면서 그저 본문에서 찾아낸 교훈에만 집중하지 않도록 주의해야 하며(145), 둘째로 이야기에서 이끌어낼 수 있는 교훈을 무시한 채로 단순하면서도 아름다운 성경의 이야기를 지나치게 확대하거나 지나치게 생생하게 묘사하지 않도록 주의해야 한다(145). 브로더스와 위더스푼의 관심사는 "성경의 이야기 본문에 부응하는 설교 방법론, 다시 말해서 성경의 내러티브 장르에 독특하게 어울리면서도 분명 특색 있는 설교를 끌어내는 방법론이 있어야 한다는 것이다"(145).

한편 해럴드 프리먼(Harold Freeman)은 설교 형식에서의 내러티브의 지위를 종속적인 자리에서 격상시킨 전통적인 설교학자이기도 하다(1987). 그는 비록 "성경의 내러티브 단락에 어울리는 설교 방법론, 다시 말해서 성경의 내러티브 장르에 독특하게 어울리면서도 분명 특색 있는 설교를 끌어내는 방법론"(1944, 145)을 찾아 고심하던 브로더스와 위더스푼의 고민에 응답하는 가운데 자신의 주장을 발전시키긴 하였지만 그 나름의 성경 이야기를 위한 설교(biblical story-sermon)를 제시하였다.

프리먼에 의하면 이야기 설교 형식의 일차적인 목표는 여타의 다른 설교 형식과 별반 다르지 않게 성경 본문의 진리를 설교 메시지에 효과적으로 담아내는 것이다. 성경 본문이 내러티브 장르인 경우에 설교자는 성경 저자의 의도를 존중해야 하며 설교의 흐름 역시 성경 이야기의 줄거리를 따라서 구성해야 한다는 것이다. 이외에도 프리먼은 몇 개의 내러티브 본문에서나 비내러티브 본문 혹은 상상력이 필요한 상황에서 설교 메시지를 끌어내는 방법을 포함하여 몇 가지 대안들을 소개하였다. 그 중에 절대적으로 중요한 점은 설교자는 우선적으로 이야기의 요점부터 파악해야 한다. 그 이유는 "설교자가 먼저 요점을 파악하지 못하면 회중 역시 요점을 파악할 수 없을 것이고, 회중이 요점을 이해하지 못하면 결국 그 이야기 설교 속에는 아무런 요점도 들어 있지 않다"는 뜻이기 때문이다(137). 내러티브 설교에 대한 이러한 설명을 살펴보면 전통적인 설교학 이론의 원리는 매우 규범적임을 알 수 있다. 그리고 설교의 목적도 회중이 설교 메시지에 동의하도록 하는 것이다. 그리고 이런 목적으로 회중에게 전하는 설교 내용, 즉 설교의 메시지는 성경 저자에 의해서 성경의 내러티브 본문에 담긴 영원한 진리이다(140).

프리먼이 강조하는 이야기 설교 형식의 두번째 목표는 설교 메시지를 좀 더 효과적으로 회중에게 전달하는 것이다. 이런 맥락에서 그는 다음과 같은 조언을 제시한다.

> 만일 내러티브 본문 연구 과정에서 본문의 메시지를 분명하게 이해하고자 한다면 여러분은 먼저 이야기에 의해서 전달되는 원리들이나 진리들을 분명하게 파악해야 한다. 이 작업은 본문의 진리를 회중의 삶의 다양한 영역에 자세하고도 길게 적용하는 일이 없이도 가능하다. 먼저 본문의 핵심 진리에 집중하라(152).

이러한 주장을 살펴볼 때 프리먼은 이야기 설교나 내러티브 설교를 설교자가 회중에게 성경의 진리를 전달하기 위하여 사용하는 효과적인 전략으로 이해하고 있음이 분명하다.

내러티브를 설교의 한 가지 형식의 차원까지 발전적으로 이해한 전통적인 설교학자였던 프리먼과 마찬가지로 랄프 루이스(Ralph Loren Lewis)와 그렉 루이스(Gregg A. Lewis) 역시 귀납적인 논리 과정을 설교의 전체 형식의 차원에서 이해하였던 전통적인 설교학자들이다(1983). 이들 두 학자의 입장에서는 귀납법 논리 과정은 연역법 논리 과정을 뒤바꾼 것이다. 이와 마찬가지로 귀납식 설교(inductive preaching)는 연역식 설교의 형식을 뒤바꾼 것이다. 연역식 설교는 서론에서 진리에 대한 명제 진술문으로 시작하며, 그 진술문의 타당성을 증명해주는 증거로서 예화와 사례들을 동원하여 회중에게 그 진술문의 타당성을 확신시킨다. 그래서 설교의 움직임은 일반 명제로부터 구체적인 사례로 진행된다. 반면에 귀납식 설교는 구체적인 사례들, 즉 "내러티브나 대화, 유비, 질문, 비유 혹은 구체적인 경험들로부터" 시작하면서 회중을 설교자와 함께 사고할 수 있도록 초청하며 "여러 증거들을 고찰하고 그 구체적인 사례에 담긴 함축적인 의미를 함께 생각하면서 결국 설교의 마지막 부분에서는 설교자와 함께 결론에 도달하도록" 한다(43). 그래서 귀납식 설교의 움직임은 구체적인 사례로부터 일반적인 결론으로 진행된다. 루이스에 의하면 귀납식 설교의 마지막 부분에서 회중은 설교의 결론적인 진리가 자신들이 각자의 삶 속에서 직접 경험한 사실들과 일치한다는 것을 스스로 깨닫게 될 것이라고 한다.

그런데 귀납식 설교에 대한 이러한 견해를 전통적인 설교학 이론의 범주에 포함시키는 이유는, 바로 설교의 결론에 대한 이들의 이해 때문이다. 전통적인 설교학에서 이해하는 귀납식 설교에서 회중은 설교의 흐름에 자발적으로 동참하며 설교자의 생각을 그대로 따라가거나 심지어 미리 앞서서 먼저 생각할 수도 있지만, 설교의 마지막에서 설교자와 회중은 설교자가 처음 의도했던 동일한 결론에 똑같이 도달할 수밖에 없다. 이런 입장에 있는 루이스는 설교 결론부의 목적을 다음과 같이 반복적으로 설명한다. "결론부에서 회중은 설교자가 원하는 지점에 도달하고 있는지, 설교자가 의도하는 집단적인 이해의 자리에 도달했는지, 또 설교의 결론을 받아들이고 확신하게 되었는지, 그래서 회중 스스로 설교 메시지를 선포하고 더 자세히 설명할 줄 알며 각자의 자리에서 확증하고 적용할 준비가 되어 있는지를 확인해야 한다"(136). 루이스의 입장에서 볼 때 귀납법의 논리 구조는 회중에게 "설교자가 원하는 결론을 잘 이해시키도록" 하는 데 적합한 전략이며(100) 그 결론은 하나님의 영원한 진리에 근거한 것이어야 한다(108, 112).

내러티브 설교에 대한 이상의 프리먼의 설명과 귀납식 설교에 대한 루이스의 설명에서 다시 한 번 확인할 수 있는 점은 전통적인 설교학은 여전히 규범적이라는 것이다. 그래서 설령 내러티브 설교 형태나 귀납식 설교 형태를 선택하는 설교자라도 서론부에서는 먼저 설교 메시지를 간결하게 언급하고 그 다음 이에 대한 회중의 확신을 위해서 다음 자료들을 끌어오는 규칙들을 그대로 따라가야 한다. 서론에서 그런 핵심적인 진술문을 제시하는 이유도 회중이 설교의 진리를 이해하고 받아들일 가능성을 높여주기 때문이다. 내러티브 설교나 귀납식 설교 형식 역시 전통적인 설교학 이론에서 이해하는 설교의 목적과 내용과도 긴밀하게 연관되어 있다. 즉 이런 설교 형식 역시 설교 내용으로서의 메시지에 담긴 진리를 회중이 지적으로 동의하도록 하는 효과적인 전략이다.

2. 전통적인 설교학에 대한 평가

전통적인 설교학 이론에서는 설교가 기독교 신앙을 회중에게 전달하고 가르치는 기능을 한다는 사실을 강조한다. 설교단에 선 설교자의 일차적인 임무가 신앙적인 주장을 설득력 있게 소통시키는 것이라면, 전통적인 설교학 이론은 설교자들이 그러한 임무를 이행하는 데 도움을 줄 수 있다. 예를 들어 앞에서 확인한 바와 같이 전통적인 설교의 일차적인 목적은 회중으로 하여금 특정한 교리적 가르침에 동의하도록 한다거나 이단적인 가르침에 대항할 수 있도록 하며 올바르거나 경건하게 행동하도록 그들을 설득하는 것이다. 이런 목적을 추구하는 전통적인 설교학 이론 역시 설교자들에게 실제로 유용한 도움이 될 수 있다. 또 전통적인 설교는 예배 참가자들로 하여금 신앙 공동체가 이미 따르고 있는 신앙이나 실천들을 좀 더 분명하게 이해하고 다시 주장하며 이를 경축하도록 인도하는 데도 효과적이다.

이 외에도 전통적인 설교학 이론은 일부 목회자들이나 신학생들 그리고 회중의 설교에 대한 기대와 일치하며 이들의 특성과도 부합한다. 이 이론은 특히 설교자를 권위적인 인물로 받아들이며 신앙 공동체를 위하여 성경과 삶을 해석하는 권위적인 해석자로 존중하는 사람들에게 잘 어울린다.

하지만 우리 중 또 다른 이들, 평신도들과 목회자들, 신학생들 그리고 설교학자들이 보기에 전통적인 설교학 이론은 여러 문제점도 안고 있다. 다음 네 가지 분야의 비평 작업을 통해서 왜 전통적인 이론들이 우리 중 일부에게는 잘 어울리지 않는지에 대한 네 가지 문제점들을 자세히 조명해 볼 것이다.

1) 비평 하나: 설교자와 회중의 간격

전통적인 설교학의 가장 근본적인 문제점은 이 이론은 설교자와 회중을 분리시키는 간격에 기초하고 있다는 점이다. 하지만 이 간격은 우리 중 일부가 교회 안에서 설교자와 회중 구성원으로서 함께 경험하고 있는 실제적인 기본 관계와는 거리가 있다.[6] 우리가 설교자와 회중으로 맺고 있는 일차적인 관계는 분리보다는 연대와 상호 의존의 관계에 가깝기 때문이다. 그래서 설교를 묘사하는 우리의 이미지는 설교자와 회중을 각각 발신자(sender)와 수신자(recipient)로 나누는 분리를 전제하지 않는다. 설교자와 회중의 관계를 설명할 상호간의 차이보다 더 근원적인 관계는 서로에게 함께 속해 있으며 정체성을 공유하며 서로 의존하는 상호 의존의 관계이다. 하지만 전통적인 설교학 이론은 설교자와 예배 참가자들을 서로 분리시키는 간격을 전제하고 있기 때문에, 이러한 상호 연합에 기초한 설교의 대안적인 경험들을

---

6) 여기에서 나는 간격(gap)이란 용어를 매우 제한된 의미로 사용한다. 여기에서 간격이란 용어는 설교에 대한 대부분의 설명에서 설교자와 회중을 서로 분리시키는 명백한 거리나 또는 암시적인 간격을 말한다. 한편 레베카 촙(Rebecca S. Chopp)은 이 단어의 또 다른 의미에 대해서 설명한다. 그녀는 하나님이 인간의 삶 속으로 개입해 들어오시도록 허용하는 간격에 대해서 설명하는데 이 간격은 모든 관계 속에 존재하며 이 간격에 의하여 변혁이 가능하다고 한다(1991,59). 촙에 의하면 간격 때문에 차이와 다름이 발생하지만 반대로 이 간격에 의하여 강요된 만장일치와는 전혀 다른 진정한 연대와 변혁이 가능하다고 한다.

간격을 긍정하는 촙의 관점 덕분에 나는 설교자와 회중 사이의 간격에 대한 나의 부정적인 평가와 아울러 대화 설교는 연대와 동등성 그리고 상호 호혜적인 관계로부터 시작된다는 나의 일관된 주장에 대해서 좀 더 세심하게 분석해 보았다.

간격에 대한 촙의 관점은 하나님과 분리된 모든 사람들에게 전파되어야 할 복음에 대한 만인대제사장 이론에 근거하고 있다. 하지만 이 간격은 서로간의 연대를 전제하면서도 동시에 서로간의 차이점을 인정한다. 신앙 공동체 안에서도 두 신자가 완벽하게 동일하지는 않다. 대화 설교 역시 신앙 공동체 안의 예배 참가자들 사이의 경험과 해석 그리고 확신의 차이점에도 불구하고 다양한 방식으로 신앙 공동체를 이루고 있는 각자의 차이점을 인정한다.

실제 설교 현장에서 진지하게 경험해보는 것이 거의 불가능하다.

전통적인 설교학에서 전제하고 있는 이러한 간격과 밀접하게 결부되어 있는 또 다른 문제가 바로 설교에서 설교자와 회중에게 각각 주어진 역할이다. 교권적인 목회자를 거부하는 우리 중 어떤 이들은 설교자의 역할을 공동체 내에서 가장 권위 있는 인물로서나 모든 질문에 해답을 갖고 있는 사람으로서 또는 성경과 삶에 대한 권위적인 해석자로 이해하는 것에 대해서 매우 경계한다. 물론 신앙 공동체 내의 어떤 구성원들은 여전히 설교자에게 의지하면서 자신들이 어떤 사람이 되어야 하며 무엇을 생각하고 어떻게 행동해야하는지에 대해서 말해 주기를 여전히 기대하는 경우도 있다. 하지만 설교 전달 과정에서 회중이 적극적으로 참여할 수 있음에도 불구하고 스스로의 역할을 메시지에 대한 일방적인 수신자로만 생각하는 것에 대해서도 많은 주의가 필요하다. 설교를 올바로 정의해본다면 설교는 결코 설교자가 어디로부터 받아온 메시지나 진리를 수용이나 거절이라는 결과를 염두에 두면서 회중에게 전달해주는 파이프나 수레가 아니다.

크리스틴 스미스(Christine M. Smith, 1989)는 전통적인 설교학 이론을 비평하는 가운데 설교자와 예배 공동체 양쪽은 "서로 분리되거나 뚜렷하게 구분되어야 하는 실체가 아니다"라고 주장한다(57). 그녀는 설교란 설교자의 "특별한 권리와 재능, 지식 그리고 사람들에게 영향력을 행사하거나 변화시키는 능력"에 달려 있는 것이 아니라고 주장한다(46). 스미스가 이해하는 설교의 관건은 설교자와 공동체 사이의 상호 관계와 연대에 달려 있다는 것이다.

스미스처럼 나 역시 설교자와 회중은 서로 분리되거나 뚜렷하게 구분되는 실체가 아니라고 생각한다. 설교자로서 우리는 그러한 간격을 극복해줄 어떤 설교적인 기교, 예를 들어 설교전의 토론이나 귀납식 형태와 같은 기교를 아직 찾아내지 못했다. 이 세상에서 그리고 특히 교회 안에서 설교자와 회중의 일차적인 관계는 분리보다는 오히려 상호 연관성이며 따라서 설교에 대한 나의 접근 역시 이러한 상호 연관성에 기초하여 이뤄질 것이다.

최근에 여러 학자들은 삶의 두 가지 근본적이면서도 뚜렷하게 구분되는 특성으로서 연관성(connectedness)과 분리(separation)를 구분한다. 그래서 이 세상에서의 존재 방식으로서의 연관성의 방식과 분리의 방식에 대해서 설명하고 있는 세 명의 여성 신학자들의 입장을 간략하게 살펴보고자 한다. 이들 학자들은 연관성의 존재 양식은 여성들에게 해당되며 반대로 분리의 존재 양식은 남성들에게 해당하는 것으로 간주하고 있기 때문에, 그들이 사용하는 용어를 그대로 가져와서 그들의 입장을 간략하게 소개하고자 한다. 하지만 각각의 입장을 간략히 소개한 다음에는 그들의 결론이 여성과 남성에게 적합한 것인지 그들의 주장과 내 자신의 경험에 일치하도록 다시 해석해볼 것이다.[7] 미리 밝히지만 내가 확신하는 바는, 설교자와 회중 사이의 일차적인 관계가 상호 연관성을 지향하는 삶으로 이루어졌거나 또는 신자들 가운데 함께 존재하는 자들이라는 인식이 강하다면, 이러한 상호 연관성에 대한 인식은 설교가 본질적으로 무엇인지에 대한 기존의 관점을 급진적으로 뒤바꾸면서 설교에 대한 새로운 차원의 해석을 요청하게 될 것이다.

캐롤 길리건(Carol Gilligan)은 『서로 다른 목소리: 심리학적인 이론과 여성의 발달』(In a Different Voice: Psychological Theory and Women's Development, 1982)라는 페미니스트 분야의 고전에서 인간의 계발을 다루는 기존의 영향력 있는 심리학적이고 도덕적인 이론들에 대해서 비평을 가한다. 그녀는 기존의 이론들은 소년들과 남성들에 대한 연구에 기초하고 있기 때문에, 인간의 계발에 대한 이론들 역시 남성의 발달에 국한될 뿐이라고 주장한다. 그녀는 소녀들과 여성들의 행동에 대한 연구 결과 여성들에게 적합한 대안적인 발달 과정을 더욱 잘 이해할 수 있게 되었다고 주장한다.[8] 그녀의 결론에 의하면 남성 발달의 지배적인 지향점은 분리(separation)인 반면에 여성 발달의

---

7) 이런 주장들은 길리건(Gilligan, 1982, 2)과 벨렌키(Belenky, 1986, 102-103) 그리고 웨스트(West, 1988, 70-71)에게서 발견된다.
8) 발달 과정에 대한 대안적인 설명에서 길리건(Gilligan, 1982은 3세 이전 아동들의 성품 형성에 관하여 소개하고 있는 낸시 초도로우(Nancy Chodorow)와 10-11세의 중산층 소년, 소녀들의 서로 다른 사회화 패턴을 발견한 자넷 레버(Janet Lever)의 연구에 주로 의존하고 있다. 한편 길리건의 독자적인 연구에는 대학생들, 임신한 여성들 그리고 6세부터 60세까지의 폭 넓은 실험 참가자들에 대한 연구가 포함되어 있다.

지배적인 지향점과 관심사는 애착(attachment)이라고 한다.

길리건이 비판하는 중요한 학자가 바로 에릭 에릭슨(Erik Erikson)이다. 에릭슨은 개인이 출생부터 노년기까지 거쳐가는 성장 과정을 성공적으로 극복하는 8단계 과정에 근거하여 심리학적인 발달 단계에 관한 이론을 발전시켰다. 에릭슨은 각각의 발달 단계의 유형은 바뀔 수 없다고 주장한다. 그런데 길리건에 의하면 에릭슨이 말하는 각각의 심리적인 발달 단계와 그 전체 과정은 건강한 사람은 자신의 정체성에 대한 자율감을 획득하기 위해서는 자기 자신을 타인으로부터 분리시켜야 할 것을 전제하고 있다고 한다. 길리건의 비판에 따르면 이러한 분리의 관점은 에릭슨의 발달 단계 중에 어린이들이 걷기 시작하고 세상을 탐구하기 시작하는 2단계의 특징을 서술하는데서 잘 나타난다고 한다. 에릭슨의 이론에서 볼 때 이 단계의 특징은 "걷기 시작하는 아동들의 분리와 개별화에 대한 강한 열망"이다(12). 이 후의 두 단계들(3단계의 남근기와 4단계의 잠복기) 역시 정체성에 대한 연단 과정을 거쳐서 자율성과 주도성 그리고 근면성을 갖는 5단계의 청년기에 도달할 때까지 계속해서 분리와 독립에 대한 의식을 발전시키는 데 기여한다는 것이다(12). 길리건은 에릭슨의 이론을 가리켜서 '자율성과 독립성'을 향한 지속적인 진보 과정으로 압축하면서 "분리가 인간성의 성숙 모델이자 척도로 간주되고 있다"고 단정한다(98).

길리건은 에릭슨의 이론이 남성의 발달을 가능한 정확하게 설명해주고 있다고 보시는 않는다. 에릭슨의 이론의 핵심은 자기 정체성에 대한 자율성을 획득하기 위하여 노력하는 청년기에 집중되고 있다. 또 다른 학자들은 성인 남성에 대한 심층적인 연구를 통해서 에릭슨이 말하는 후반부의 발달 단계의 타당성에 대해서도 다시 조사해 보았다. 이러한 연구를 검토한 끝에 길리건은 분리를 표준으로 정하고 있는 에릭슨의 발달 단계 이론의 약점을 밝혀냈다. 즉 에릭슨의 연구는 초기의 발달 과제들을 성공적으로 극복하면서 분리의 정체감을 획득한 남성들의 경험을 주로 반영하고 있다. 하지만 길리건은 연구 자료에 근거하여 어린 시절의 위기를 극복하고 분리의 정체감을 확보한 남성들이라도 에릭슨이 말하는 성인 전반기의 6단계에서 친밀감 대 고립감의 위기(the adult crisis of intimacy versus isolation)를 충분히 극복할 정도로 발달되지 못한 경우도 있다고 주장한다. 결국 이들은 아동기에 분리의 과정을 성공적으로 거쳤더라도 성인이 되어서도 건강한 관계를 발전시키지 못하고 '상호의존에 대한 성숙한 의식'을 양성하지 못했음을 입증한다(155). 이들은 개별화와 혼자만의 성취감을 추구하는 과정에서 타인과 관계를 맺는 능력을 경시하였으며 "감정적인 표현을 억압하였다"(154). 그래서 분리적인 정체감은 성공적으로 획득하였지만 타인과 친밀한 인간관계를 맺는 능력은 잃어버렸다는 것이다.

길리건이 주장하는 바는 인간 발달에 관한 몇몇 이론들은 여성은 제외하고 주로 남성들의 경험에 근거하여 세워진 것이라고 한다. 이러한 이론들은 인간의 발달을 자신을 세상과 다른 사람들로부터 구별하는 자존감에서 최고조에 달하는 개별화와 자율성을 향하여 단계적으로 진보하는 발달 단계를 나열하고 있다(46-47).

인간의 발달에 관한 이론 분야와 페미니스트 연구 분야에 길리건이 끼친 중요한 공헌은, 타인으로부터의 독립이 아니라 타인에 대한 애착에 근거한 인간성 발달에 대한 대안 이론을 제시했다는 점이다.[9] 길리건은 낸시 초도로우(Nancy Chodorow)의 연구에 자극을 받아 여성으로부터 주로 돌봄을 받는 여자 영아 아이에 관한 대안적인 연구를 시작하였다. 그 여자 아이는 소년들처럼 엄마나 여성 유모로부터 자신을 분리시킴으로써 자라가는 것이 아니라 여성 유모와의 근본적인 연대감을 깨닫는 가운데 자존감을 발전시켜갔다. 초도로우의 연구를 인용하고 요약하면서 길리건은 인성 발달에 대

---

9) 길리건(Gilligan)의 공헌은 첫째 에릭슨의 기존 입장에 문제를 제기하는 자료들을 수집했다는 것과 둘째 남성과 여성의 서로 다른 발달 과정을 구분하는 근본적인 주장을 제기했다는 점이다. 캐롤 프랜즈(Carol Franz)와 캐더린 화이트(Kathleen White)는 애착이란 주제에 근거하여 청소년 성품 발달 단계에 대한 일련의 대안을 제시하였다. 이들이 제시한 애착 발달 경로는 캐롤 소시(Carroll Saussy)가 약간 변형시켜 다음의 책에 정리하였다. Carroll Saussy, *The Gift of Anger: A Call to Faithful Action* (Louisville: Westminster John Knox Press, 1995), 41-43.

한 두 가지 양식에 대해서 이렇게 적고 있다.

> 여성의 정체성 형성은 (분리보다는) 지속적인 관계의 맥락 속에서 일어난다. 그 이유는 어머니들은 딸들을 (아들에 비해서) 자신들과 더 동질적인 존재로 경험하며 자신들과 더 연속적인 존재로 인식한다. 이에 상응하여 소녀들 역시 스스로를 여성으로 인식하면서, 자신들이 어머니와 더 닮은 존재로 경험하고 어머니와의 이러한 애착의 경험을 자신들의 정체성 형성 과정에 결합시킨다. 그런데 어머니들은 딸들을 양육하는 과정에서 경험하는 동질감과 반대로 아들들에 대해서는 자신들의 반대편 남성으로 경험하고, 자신을 남성으로 인식해가는 소년들 역시 스스로를 어머니와 분리시키면서 결국 태생적인 사랑과 타인에 대한 감정 이입의 정서를 잘라낸다. 그 결과 남성의 발달 과정은 여성에 비해서 좀 더 뚜렷한 개성화와 아울러 좀 더 방어적이고 견고한 자아 경계선을 확립하게 된다.[10]

길리건은 소년들의 인성 발달과 비교하여 진행된 소녀들의 발달에 대해서 초도로우 이외의 다른 학자들의 연구 결과를 계속 살펴보았다. 그 결과 소녀들의 게임 방식은 소년들의 게임(9-10)과 다르며 도덕적인 결정을 내릴 때 기준이 되는 가치에 대해서도 소녀들의 가치가 소년들의 가치(25-30)와 다르다는 것이 밝혀졌다. 이런 연구 결과를 토대로 길리건은 소년들과 소녀들의 이러한 차이는 자아 이해의 차이에서 비롯된 것이라고 주장한다. 소녀들은 타인과의 상호 관계를 통해서 스스로를 인식하는 편이며 그러한 관계의 연속성에 근거하여 돌봄의 윤리를 중요한 가치로 존중한다. 반면에 소년들은 타인으로부터의 분리감을 통해서 스스로를 인식하는 편이며, 그 결과 타인과의 논쟁을 게임의 일종으로 환영하며 그러한 논쟁과 도덕적인 딜레마를 해결하는 데 도움이 되는 규칙들과 추상적인 규범들을 중요한 가치로 존중한다.

---

10) Gilligan 1982, 7-8, 다음을 인용함. Nancy Chodorow, *The Reproduction of Mothering* (Berkeley: University of California Press, 1978), 150, 166-67.

길리건은 소녀들이 사춘기를 거치고 성인기에 접어들면 불리한 입장에 서게 된다고 주장한다. 그 이유는 성인 여성들을 판단하는 규범은 주로 남성의 인성 발달에 기초하고 있기 때문이다. 성인에 대한 규범은 "자율적인 사고와 분명한 의사 결정 능력 그리고 책임 있는 행동"으로 이루어져 있다(17). 그리고 이러한 규범은 "타인과의 상호 연대보다는 개별적인 자아의 분리를 더 지지하며 사랑과 돌봄의 상호 의존성 보다는 자율적인 삶 쪽에 더 기울어져 있다"(17). 길리건에 따르면 일부 이론가들의 주장처럼 여성의 인성 발달이 남성에 비해서 비정상적이거나 불충분하기 때문이 아님에도 불구하고, 성인의 발달을 판단하는 기준은 주로 남성의 경험에 근거하고 있어서 결국 여성은 이러한 규범에 미치지 못할 수밖에 없다고 한다. 하지만 여성은 상호 연대감에 대한 어린 시절의 근본적인 경험을 통해서 남성과 다른 정체성과 가치들을 발달시킨다.

비록 길리건은 모든 삶의 이야기 속에서 분리와 애착이라는 두 가지 주제의 상보적인 관계에 대해서 종종 언급하기는 하지만, 그럼에도 불구하고 그녀가 주장하고자 하는 것은 이 두 주제는 두 가지 상이한 인성 발달 과정의 특징을 잘 설명하며 그래서 이전의 인성 발달 이론의 한계를 보완해 줄 새로운 이론이 필요하다는 것이다. 그녀의 핵심적인 주장은 "여성은 자기 존재를 타인과의 상호 인간관계망에 근거하여 경험하기 때문에 사회적인 실체 역시 남성과 다른 방식으로 파악하고 해석한다"는 것이다(171). 그녀는 이렇게 결론내리고 있다.

> 여성들의 삶의 전혀 다른 실체를 직시하지 못하고 그들의 목소리의 차이점을 이해하지 못하는 이유는 부분적으로는 사회적인 경험과 해석은 단 하나의 양식 밖에 없을 것이라는 가정 때문이다. 하지만 두 가지 관점을 함께 채택함으로써 우리는 여성과 남성의 삶 속에서 분리와 애착의 두 가지 진실을 함께 보여주는 인간 경험에 대한 좀 더 심원한 연출의 자리에 도달하게 되었다(173-74).

길리건의 연구를 통해서 나는 남성과 여성은 실체를 서로 다르게 파악하고 해석한다는 것보다는(171) 사회적인 경험과 해석은 단 하나의 양식 밖에 없는 것이 결코 아니라고(173) 확신하게 되었다. 그래서 타인으로부터의 분리에 기초한 에릭슨의 여덟 단계 발달 과정에 관한 이론도 모든 남성들의 경험을 제대로 반영하는 것도 아니며, 타인과의 애착을 강조하는 길리건의 연구도 모든 여성들의 실제 경험을 그대로 반영하는 것도 아니다. 중요한 것은 두 이론을 함께 취하는 것이다. 즉 근본적으로 상이한 삶의 경험을 있는 그대로 인정하는 것이 중요하며, 이러한 상이한 경험이 결국은 상이한 해석 이론들을 태동시킨다는 점이다.

길리건의 연구로부터 본인이 깨달은 또 다른 교훈은 분리와 애착 모두가 우리의 삶의 이야기 속에 들어 있는 중요한 주제라는 점이다. 어떤 이들에게는 애착의 경험이 분리의 경험보다 더 결정적일 것이다. 또 다른 이들에게는 반대로 분리의 경험이 애착의 경험보다 더 중요할 것이다. 이러한 차이는 설교학계의 대화에 매우 중요한 함축적 의미를 담고 있다. 전통적인 설교학 이론은 설교자와 회중의 분리를 전제하고 있다. 하지만 우리 중 어떤 이들에게는 설교에 대하여 전통적 입장과 다른 대안적 입장이 필요하다. 왜냐하면 설교자와 회중의 관계에 대한 우리의 이해를 형성하는 데 결정적으로 영향을 준 경험은 분리보다는 연합의 경험으로서 상호 의존의 관계망 속에서 긴밀하게 연관을 맺는 가운데 형성되었기 때문이다.

설교자와 회중 간의 간격에 대한 근거가 빈약한 주장들에 대해 반박하는 두 번째 입장은 로빈 웨스트(1988)에게서 발견된다. 웨스트는 여성의 애착에 대한 길리건의 설명을 좀 더 다양한 인간의 경험과 이에 대한 이론적인 해석을 반영하는 좀 더 복잡한 틀 속으로 가져온다. 그리고 인간의 주관적인 경험과 이론 사이의 상호작용에 대한 웨스트의 통찰을 계기로 나는 전통적인 설교학의 지구력(the staying power of traditional homiletics)을 잘 이해할 수 있었다.

웨스트는 법학과 정치학 학자들에 의하면 '인간'(human being)에 대한 정의는 오랫동안 주체성의 분리(subjectivity of separation)에 기초하고 있었다고 주장한다. 두 가지 지배적인 법 이론인 자유법이론(liberal legal theory, 자유법 사상은 개념법학의 법률만능사상을 배격하면서 법의 불완전성과 사회의 진보 발전에 따른 법의 현실적 적응성을 중요시하며 자동기계화하는 법관의 인격적 활동의 범위를 확대하여 법의 보충적 발견 내지 창조의 기능까지 인정하며 법과 사회생활과의 사이에서 생기는 간격을 법관의 탄력성 있는 해석으로 메우자는 운동을 말한다 - 역주)과 비판법이론(critical legal theory, 비판법학운동의 기본적인 과제는 기존의 지배적인 주류를 이루는 '법의 지배'라고 하는 자유주의적 법 관념들을 그 근본에서부터 비판하고 '탈신화화'함으로써 여러 법적 문제들의 참된 모습을 밝혀내고자 한다 - 역주)의 초점은 필연적으로 자아를 타인으로부터 분리시키며 더 나아가서 나머지 자연 세계 전체로부터 분리를 지향하는 남성의 경험에 대한 현상학적인 서술이다. 법에 대한 두 가지 대조적인 사상은 남성의 주관적인 경험을 반영하는 내면의 삶과 그에 대한 이야기를 서술한 것이다(5). 두 가지 사상 중에 공식적인 이야기에 해당하는 자유법이론은 자유와 평등을 위한 기초로서의 분리와 인권에 기초한 법 체계를 찬양한다. 이 입장은 남성 중심의 분리를 지향하는 주관적인 경험에 관한 이야기의 윗면에 해당한다. 이 이야기의 아랫면은 타인이 자율적인 자아를 침해하면서 압박을 가하는 취약성과 위협 의식과 같은 것이다. 또 다른 한편으로 비공식적이거나 다수가 아닌 소수의 이야기를 대변하는 비판법 이론은 자유법이론과 마찬가지로 분리의 경험을 반영하지만 그 경험을 달리 해석한다. 이 '비공식적인 이야기'는 개인이 아니라 공동체를 그리고 분리가 아닌 애착과 통합 혹은 연합을 향한 영속적인 열망에 집중한다(9). 이 비공식적인 이야기를 지지하는 학자들은 자율적인 인간을 바람직한 모델로 발달된 상태가 아니라 외롭고 소외되었으며 고립된 존재로 묘사한다. 그리고 고립의 두려움을 경계하며 개인보다는 단체를 더 중요시한다. 그런데 웨스트는 두 가지 이론 모두 인간의 근본적인 존재 상태를 연합과 애착이 아니라 분리에 기초한 것으로 전제한다고 주장한다.

그런데 웨스트에 의하면 이 이론의 취약점은 여성의 존재 상태는 남성처럼 분리가 아니라 연합(혹은 연결, connection)에 기초한다는 것이다(14-15). 연합은 문화적인 여권주의(cultural feminism)와 지배계층에 관한 공식적인 여권주의 이야기(official story of feminism) 그리고 소수계층에 관한 비공식적인 이야기(unofficial story)로서의 급진적인 여권주의(radical feminism) 전체에 담긴 경험을 말한다. 먼저 길리건의 간략한 설명에 의하면 문화적인 여권주의는 타인과의 연합을 찬양하면서 책임과 타인의 돌봄에 대한 윤리에 근거한 이론을 제시한다. 한편 급진적인 여권주의는 문화적인 여권주의와 전혀 다른 측면을 보여준다. 여성들의 상호 연합에 대한 주관적인 경험을 담은 비공식적인 이야기로는 친밀감과 애정 담긴 양육 그리고 돌봄보다는 인격적인 침해나 강요가 주를 이룬다. 그래서 여성의 연합에 관한 비공식적인 이야기의 약점을 직시하는 학자들은 연합과 애착과 상호 의존보다는 개별화와 사생활의 자유 그리고 독립을 향한 여성들의 열망을 더 중요하게 여긴다(35). 결국 대조적인 두 가지 여권주의의 저변에 자리하고 있는 것은 상호 연합에 대한 여성 자신들의 주관적인 경험이다.

자율성과 애착은 인간 조건에 대한 두 가지 본질적인 욕망이긴 하지만 이 욕망에 대한 남성과 여성의 근본적인 경험은 전혀 다르다고 웨스트는 주장한다(51). 남성들의 경우에 분리(이는 곧 자율성을 의미한다)를 향한 본능은 태생적으로 주어진다면 친밀감은 후천적으로 학습된다는 것이다(41). 어떤 남자들은 분리의 상태를 가치 있게 여기지만 다른 이들은 이를 부정적인 상태로 간주하기도 한다. 그런데 불행한 점은 남성 중심의 문화는 타인의 도움이 필요한 남자를 비정상적인 사람으로 비난하면서 남자들로 하여금 애착에 대한 필요감을 스스로 부인하도록 가르친다는 점이다(38). 반면에 여성들의 경우에 상호 연합을 향한 본능은 태생적으로 주어진다면 독립을 향한 열망은 후천적으로 학습된다. 물론 상호 연합의 상태를 가치 있게 여기는 여성들이 있는가 하면 또 다른 여성들은 이를 부정적으로 여기기도 한다. 그런데 이 경우에도 불행한 점은 여성 중심의 문화는 타인과 떨어져 홀로 존재하기를 원하는 여성을 비난하면서 독립을 향한 필요를 스스로 부인하도록 가르치기도 한다(38).

웨스트는 남성 중심의 문화와 여성 중심의 문화를 검토한 끝에 오늘날의 법률체계는 남성적이라고 결론을 내린다(58). 현대의 법률체계 또는 법의 지배(the Rule of Law, 사람에 의한 자의적 지배를 부정하고 법에 의한 지배를 강조하는 원리 - 역주)는 여성의 삶을 지탱하는 연합에 대한 본질적인 경험을 무시하면서 결국 여성과 그들의 가치마저 배제시키고 있다(64). 결국 만인을 위한 법의 지배 아래에서 여성은 본질적으로 보호받기 어렵다. 그래서 여성들은 법의 지배를 추구하는 인류 공동체의 헌신에 관한 이야기를 남성의 관점이 아니라 여성의 관점에서, 즉 마땅히 보호받아야 할 법으로부터 보호받지 못한 자들의 입장에서 말해야 한다고 주장한다(64). 기존의 법률에 대한 남성 중심의 이야기와 남성 중심의 현상학적인 설명들이 더 이상 여성들의 입장을 말해주지 못하고 있다는 단 한 가지 사실이 분명해질 때까지 여성들은 자신들의 이야기를 널리 퍼뜨려야 한다는 것이다(56).

만일 웨스트의 주장처럼 논리적인 설명으로서의 이론이라는 것이 논리를 펼치는 자의 주관적인 경험과 불가분의 관계에 있다면, 전통적인 설교학 이론은 사랑과 타인에 대한 배려 그리고 공동체의 가치를 존중하는 분리의 경험(the experience of separation, 설교자와 회중의 분리)을 반영한다고 볼 수 있다. 그리고 이 이론은 앞으로도 자신과 교회, 하나님의 말씀 그리고 세상에 대한 일부 설교자들과 일부 회중들의 경험을 계속 반영할 것이기 때문에, 설교학의 대화 테이블에서 앞으로도 중요한 위치를 계속 지켜나갈 것이다.

하지만 이 세상과 신앙 공동체 안에서의 삶이 분리보다는 연합에 기초하고 있는 것으로 이해하는 우리는 우리 자신과 교회, 하나님의 말씀 그리고 세상 뿐만 아니라 설교에 대해서도 전통적인 설교학 이론과는 다른 입장을 가지고 있다. 그리고 우리의 근본적인 경험들을 성찰하고 체계적으로 서술함으로써 교회 설교단에서 설교하며 회중과의 소통에 참여하는 것이 실제로 무엇을 의미하는지를 더욱 철저하게 이해할 수 있는 계기를 마련하고자 한다. 즉 분리보다는 '연결과 연합'(Smith 1989, 48)이 설교자와 회중 간의 근본적인 관계를 형성한다는 점이다.

여권주의 학자들의 세 번째 목소리는 『여성의 앎의 방식』(*Woman's Ways of Knowing: The Development of Self, Voice, and Mind*, Belenky and others, 1986)에서 찾아볼 수 있다. 이 책에서 벨렌키와 세 명의 여성 학자들은 여러 여성들과의 광범위한 인터뷰에 기초하여 다섯 가지 인식론적인 입장에 대해서 서술하고 있다. 이 다섯 가지 입장은 전통적인 설교학 이론에서 설교자와 회중에게 부여하는 각각의 역할과도 긴밀하게 연관되어 있기 때문에 이 다섯 가지 인식론적인 입장들을 먼저 간단히 살펴볼 필요가 있다.

다섯 가지 입장 중에 먼저 앞의 두 가지 입장에서는 권위적인 인물(authority figure)이 중요한 역할을 감당한다. 첫 번째 '앎의 방식'은 침묵인데 이러한 입장은 권위적인 인물의 명령을 무비판적으로 수용하는 데서 비롯된다. 이런 입장을 따르는 여성들은 '수동적이고 의존적이며' 권위에 대해서도 저항할 수 없는 정도는 아니더라도 최소한 막강한 힘을 가진 존재로 이해한다(27). 여성들의 두 번째 인식론적인 입장은 '통념적인 지식'(received knowledge)이나 '다른 사람들의 목소리를 경청함으로써' 배우는 경우이다(35-51). 이 두 번째 입장을 따르는 여성들은 스스로를 능동적인 경청자로 여김과 동시에 자기들의 생각과 경험을 함께 나눌 수 있는 집단의 한 구성원으로 생각한다. 또 이들은 자기가 아는 것을 다른 사람들에게 가르쳐주는 것을 좋아하기도 한다. 하지만 이들은 '자신의 경험에 대한 성찰을 통해서 사실과 사상을 스스로 만들어 낼 수'는 없다고 생각한다(39). 이들은 그래서 자기들에게 진리가 무엇이고 올바른 해답이 무엇인지를 알려줄 권위적인 인물에 여전히 의존적이다. 또 이들은 자기들이 보기에 '지식을 전수해주는 것'이 사명인 교사들의 도움이 없이는 결코 무언가를 배울 수 없다고 생각한다(40). 이러한 교육과 학습 방식을 가리켜서 교육학자인 파울로 프레이리(Paulo Freire)는 '은행 저축 모델'(banking model)이라고 부른다(214). 『여성의 앎의 방식』이란 책에서는 파울로 프레이리의 통찰을 다음과 같이 간략하게 인용하고 있다.

교사의 역할은 "교사가 판단하기에 참 지식을 구성하는 것으로 간주되는 정보를 학생의 머리에 채워넣는 것"이라면, 학생의 역학은 교사가 채워준 정보를 "머리 속에 저장해 두는 것"이다.[11]

은행 저축 모델의 교육에서 교사는 '훌륭한 지식 저장창고'일 뿐이며 학생들 역시 스스로 사고하지 못하고 그저 교사의 사고의 결과물이나 성과만을 볼 수 있을 뿐이다(215). 여성들의 인식론의 유형 중에서 첫 번째의 침묵 유형과 두 번째 통념적인 지식 유형은 지식 전달자에게 상당한 권위를 부여한다. 그리고 지식 전달자 이외의 그 누구도 지식을 직접 생산하지 못하고 그저 권위적인 인물로부터 받기만 할 뿐이다.

그런데 이상의 두 가지 인식론의 입장(침묵과 수동적 수용)은 설교 분야와 상당한 유사점을 갖고 있다. 그렇다고 전통적인 설교학 이론을 교육에 대한 은행 저축 모델과 같다는 뜻은 결코 아니다. 또 전통적인 설교 양식이 회중의 침묵 때문이나 또는 설교자에 대한 수동적인 의존 때문에 나타난 결과라는 뜻도 아니다. 하지만 앞에서 살펴본 여성들의 두 가지 인식론적인 입장은 전통적인 설교학의 관점에 따라 설교자에게 부여된 권위의 자리를 설교자가 자칫 오용할 때 야기되는 침묵과 맹종이라는 심각한 위험을 보여준다. 그래서 전통적인 설교학 이론을 지지하는 저명한 학자 중의 한 사람인 콕스는 바람직한 설교를 위해서는 설교자와 회중 사이에 상호 존중의 자세와 아울러 설교자 편에서 회중을 향한 사랑의 자세가 반드시 필요하다고 충고한다. 여기에서 본인의 흥미를 끄는 것은 앞에서 살펴본 두 가지 인식론적인 입장(침묵과 수동적 수용)은 권위적인 인물을 전제하고 있지만, 그런 전제를 가지고 있는 입장은 다섯 가지 중에서 둘에 불과하며 그 밖의 다른 입장들에서는 권위적인 인물의 역할이 이처럼 강하게 나타나지 않는다. 여성과 남성은 모두 다 권위적인 인물로부터 일방적으로 정보를 수용하는 방식이 아닌 다른 방식으로 얼마든지 깨달음을 얻을 수 있다.

---

11) Belenky and others 1986, 다음을 인용함. Freire, *Pedagogy of the Oppressed* (New York: Seaview, 1971), 63.

앎에 이르는 셋째 방법은 권위적인 인물이 전하는 객관적인 진리로서의 지식을 거부하는 것이다. 『여성의 앎의 방식』이란 책에서는 이 입장을 가리켜서 '주관적인 지식'(subjective knowledge)이라고 설명한다. 즉 진리는 권위적인 인물로부터 객관적인 차원으로 전달받는 것이 아니라, 직관적으로 깨달아지거나 인격적이며 개인적이고 주관적으로 알게 되는 것으로서 저축처럼 저장하는 것이 아니라 인격체 안에 함께 머무르는 것이다(54). 이러한 인식론적인 입장을 따르는 여성들은 비록 자신이 확신하는 바에 대해서 때로는 아주 열정적인 입장을 취하면서도 자신과 다른 타인의 관점에 대해서 여전히 관용적이며 논쟁을 통해서 타인의 감정을 해치고 싶어하지 않는다. 또 타인과 논쟁을 벌이거나 '그 논쟁에서 이기는 것'에는 별 관심이 없다. 게다가 이들은 이성적인 표현 방식은 멀리하고 오히려 비언어적이며 예술적인 방식을 더 선호한다. 결국 주관적인 지식은 자기 확신을 추구하는 일부 여성들의 학습 과정에서 타당하고도 중요한 앎의 방식이고 중요한 단계이긴 하지만 인식론적인 발달 과정에 관한 이론의 정상을 차지하는 것은 아니다. 그리고 모든 지식이 개인적인 견해와 같은 것으로 여겨지거나 합리적인 성찰도 별로 중요하지 않은 것처럼 무시되는 경우에 결국 주관적인 지식은 위험을 초래할 수밖에 없다.

이 시점에서 설교의 관점에서 주관적인 지식의 유사점에 대해서 살펴보고자 한다. 주관적인 지식에 기초한 설교는 전통적인 설교에 대한 유용한 대안이 될 수 있다고 나는 믿는다. 하지만 이 입장 속에도 여전히 위험은 도사리고 있다. 즉 설교자가 단순히 개인적이거나 사적인 진리의 전달사로 전락된다거나 설교자가 지나치게 회중의 마음을 상하게 하지 않으려고 애를 쓴다거나 또는 합리적인 사고는 멀리하면서 단지 예술적인 전달에만 집중할 수 있다는 점이다. 그런데 다행히도 앞에서 살펴본 세 가지 인식론적인 입장들 이외에 또 다른 두 가지 범주 역시 앎에 대한 대안적 입장을 제시함으로써 설교의 임무를 새롭게 이해할 수 있는 방안을 마련해 준다.

『여성의 앎의 방식』이란 책에서는 넷째와 다섯째 범주를 각각 '절차적 지식'(procedural knowledge)과 '구성된 지식'(constructed knowledge)라고 부른다. 이 두 가지 범주의 지식에서 필수적인 점은 '분리형 앎'(separate knowing)과 '연결형 앎'(connected knowing)을 구분하는 것으로서 길리건과 같은 학자들은 이 책에서 이 두 가지 앎의 양식이 '서로 대조적인 인식론의 지향점'을 갖고 있는 것으로 단정한다. 즉 분리형의 인식론은 진리를 확립하는 과정이 주로 비인격적인 절차를 밟아가는 것으로 이해하는 반면에, 연관형의 인식론에서는 진리는 관심과 돌봄을 통해서 형성되는 것으로 이해한다(102).

넷째와 다섯째 앎의 양식에 대해서 자세히 설명하기 전에 먼저 두 인식론의 지향점의 차이를 분명히 구분하고자 한다. 먼저 '분리형 앎'(separate knowing)의 지향점은 학습자(혹은 인지자, knower)와 학습의 대상을 구분하는 것이다. 학습자와 학습 대상이 분리됨으로써 학습자는 학습 대상을 객관적인 위치에서 바라보면서 학습 대상에 숙달할 수 있다. 이러한 분리형 앎의 특징을 나타내는 비인격적인 학습 과정에는 의심하기와 추론하기, 논쟁하기 그리고 자신을 특히 자신의 감정을 학습 과정으로부터 분리시키는 작업이 포함된다. 이 외에도 분리형 학습자는 목표하는 지식에 대해서 함께 토론하는 다른 학습자들과도 거리감을 유지해야 한다.

이와 달리 '연결형 앎'의 지향점은 상호 관계를 추구한다(101). 이 상호관계를 통해서 학습자는 학습 대상에 대한 친밀감과 대등관계를 경험할 수 있다. 이러한 연결형 앎의 특징을 나타내는 상호관계적인 학습 과정은 타인과 공감적인 대화와 작은 진리를 함께 나누기, 판단 보류, 협동 그리고 인격적인 지식에 대한 의존이 포함된다.

분리형 앎과 연결형 앎은 네 번째 범주인 '절차적 지식'(prodedural knowledge)과 다섯째 범주인 '구성된 지식'(constructed knowledge) 양쪽 모두의 근간을 이룬다. 넷째 범주인 절차적 지식에서 두 가지 인식론적인 지향점은 뚜렷이 구분된다. 다시 말해서 절차적 인지자(procedural knower)는 분리형 인지자(separate knower)이거나 연결형 인지자(connected knower) 중의 둘 중 하나이다. 절차적 인지자의 관심은 이들이 깨달음을 얻게 된 과정이나 그러한 과정을 보유하고 있는 외부의 구조에 집중된다. 또한 절차적 인지자는 자신의 정체성과 관련해서는 이들이 맡은 역할이나 제도, 규율 혹은 방법에 의존하며, 권위에 대한 인식과 관련해서는 권력집단과 자신들을 동일시하거나 또는 앎에 대한 기존의 관례적인 방법을 따르기도 한다. 또 '이들은 남을 기쁘게 하는 데서 만족감을 맛보거나 또는 남성 중심의 사회에서 모범적인 사례로 인정받는 성공적인 여성이나 좋은 여성 혹은 좋은 학생이 되는 것과 같은 외적인 표준을 따라가는 데서' 만족감을 누리려고 애쓴다(134).

반면에 다섯째 범주인 '구성된 지식'에서는 두 가지 인식론적인 지향점들이 서로 뚜렷이 구분되면서도 하나로 통합된다. 이들 구성주의자들(constructivists)은 '사고와 감정'(130)을 통합시킬 줄 알며, 합리적인 사고와 정서적인 사고를 서로 하나로 결합시킬 줄 안다(134). 그래서 연결형 앎과 분리형 앎의 방식을 번갈아 자유롭게 구사할 수 있다. 하지만 마지막 분석 단계에서는 이 두 가지 대조적인 인식론적인 지향점에 대해서 동일한 비중이 주어지지는 않는다. 『여성의 앎의 방식』이란 책에서는 이 둘 중에 연결형 지식(connected knowledge)에 우선권을 부여한다.

> 구성주의자의 입장에서 사고하는 여성들에게는 연결형 앎(connected knowing)은 그저 인지자가 무심코 따르는 객관적인 절차가 아니라 그들의 열정과 지적인 삶 전체를 인지하는 대상 전체에 쏟아 부어 결합시키는 통전적인 방식이다. 여성들은 일단 자신을 그 과정에 관여시키면, 그 이전의 경험에 비추어 볼 때 앎을 획득하는 과정이 분리형이었든 연결형이었든 관계없이, 열정적인 연결형 앎의 방식을 이해를 추구하는 가장 중요한 방법으로 활용한다(141-42).

이 마지막 두 가지 인식론의 범주 역시 설교학 이론과 관련하여 여러 시사점들을 제공한다. 그런데 본인의 의도는 전통적인 설교학자들이 연결형 앎의 방식을 거부하고 분리형 앎의 방식을 옹호했다는 것이 결코 아니다.

분리형 앎의 특징을 보여주는 과정들은 전통적인 설교학 이론에 대한 최근의 개정된 목소리들 속에서 그리 강하게 발견되지도 않는다. 예를 들어 분리형 앎의 핵심 절차인 동시에 브로더스와 위더스푼의 설교 이론의 핵심 요소인 논쟁은 전통적인 설교학 이론에 대한 최근의 개정판 대변인인 콕스의 설교 이론 속에서는 매우 온건한 입장을 취하고 있다. 그리고 어떤 설교학 이론에서든 설교자가 설교 준비 과정에서 자신을 철저히 배제시키고 설교 전달 중에라도 자신에 관한 그 어떤 언급이든 모두 지워야 한다고 주장하는 설교학자는 거의 찾아볼 수 없다. 그런데도 이와 동시에 전통적인 설교학 이론은 설교자를 회중과 분리시키는 필연적인 간격을 전제하면서 설교자를 마치 회중에게 필요한 지식을 나누어 주는 '분리형 인지자'(separate knower)로 전제하고 있다.

　마지막으로 지적할 점은 전통적인 설교학 이론은 연결형 앎(connected knowing)을 인정하고 또 이를 가치 있게 여기면서도 그 토대는 분리형 앎(separate knowing)에 기초하고 있다. 그래서 전통적인 설교학 이론에 대해서는 여전히 질문이 남는다. 설교 전체 과정의 상당 부분은 분리형 앎으로 이루어져 있음에도 불구하고 설교를 근본적으로 연결형의 인지 과정으로 경험하는 우리에게 도대체 설교는 무엇이란 말인가? 자신을 구성주의적인 인지자로 이해하고 있는 우리에게 그리고 분리형 앎의 과정보다는 연결형 앎의 과정을 중요시하는 우리에게, 전통적인 설교학은 설교를 이해하고 배워 가는 우리의 실제 경험을 제대로 반영하지 못하고 있다.

2) 비평 둘 : 해답으로서의 설교

　교회 안에서건 학문의 현장에서건 전통적인 설교학이 우리에게 의문을 던지는 두 번째 문제점은 규범적인 권위(normative power)에 관한 것이다. 이 이론은 설교는 무엇이고 어떠해야 하는지에 대해서 계속 권위적이고 주도적인 주장들을 제시하고 있다.

전통적인 설교학 이론의 지속적인 영향력은 설교는 회중을 설득해야 하고 그들에게 필요한 정보를 제공해야 하며 응답을 줘야 한다면서 설교자를 회중 앞에서 권위적인 인물로 부각시키고 설교를 일방향의 의사소통처럼 만드는 여러 동사들(설득하기, 정보제공하기, 해답주기)을 통해서도 잘 나타난다. 설교가 회중에게 해답을 줘야한다는 주장에 대해서 먼저 잠깐 살펴보자. 로마 가톨릭 교회는 "일련의 해답을 가지고 있으며 이런 해답들은 계속 반복적으로 선포되면서 한 세대로부터 다음 세대로 계속 전수될 필요가 있다는 점에 대해서 아주 단호하다"고 레이몬드 브라운은 강조한다(1983, 68). 개신교 신학자들 역시 회중에게 전달할 해답의 중요성에 대해서 동일한 입장을 취하고 있다. "인간의 구체적인 문제와 복음의 해답이야말로 설교를 위한 최상의 출발점이다".[12] "사람들은 해답을 원한다"; "그들은 무엇이 믿을만한 것이며 무엇이 삶을 위한 올바른 길인지를 알고 싶어한다"(Brokhoff 1985, 13). 설교가 회중에게 해답을 제공해야 한다는 강력한 주장은 설교에 대한 전통적인 입장을 비판하는 글 속에서도 동일하게 발견된다. 예를 들어 프레드릭 뷔크너(Frederick Buechner)는 설교자가 회중에게 어떤 해답을 줘야 한다는 부담감에 대해서 지적하면서 그러한 유혹에 저항하라고 촉구한다 (1977, 35-36; Wilson 1988, 25).

설교가 회중에게 해답을 제공해야 주어야 한다는 전제는 설교의 이미지를 설교자로부터나 또는 설교자를 통해서든 진리가 회중에게 전달되는 것으로 묘사하는 전통적인 설교 이론에 기초하고 있다. 하지만 회중에게 해답을 주거나 정보를 전달하거나 어떤 메시지에 대해서 설명하고 전송하고 설득하며 소통하는 것이 설교의 주된 임무가 아니라는 입장 역시 최근의 설교학 도서들에서 매우 강력한 목소리를 높이고 있다.

해답으로서의 설교 이외에 전통적인 설교학 이론에서 찾아볼 수 있는 지속적이고 규범적인 또 다른 목소리는 그다지 분명하지 않다. 전통적인 설

---

12) Brown, Clinard, and Northcutt 1963, 20. 다음을 인용함. Samuel M. Shoemaker, *The Church Alive* (New York: E. P. Dutton & Co., 1950), 63.

교학을 넘어선 새로운 설교학 이론을 재구성하려고 시도했던 다섯 명의 설교학자들에 대해서 조사했던 리챠드 에슐링거(Richard Eslinger)는 '오래된 설교학'(old homiletic)의 전체 입장을 자세하게 분석하지는 않았지만 그 특성을 다음 두 가지로 정리하였다. '오래된 설교학'은 첫째로 설교의 요점과 중심 명제의 가치를 중요시하는, 추론적인 설교 방법(discursive method)을 따른다는 것과(11), 둘째로 설교에 대한 '관념적인 접근'(ideational approach)을 취한다는 점이다(86). 에슐링거는 그의 책에서 자기 독자들은 설교학 이론을 다루고 있는 도서들을 자주 읽어보았을 것이며 그런 도서들에서 찾아볼 수 있는 설교에 대한 추론적이거나 관념적인 접근 방식에 대체로 익숙할 것으로 가정한다. 그런데 여러 설교학 도서들을 살펴본 나로서는 에슐링거가 명명한 '오래된 설교학'(old homiletic), 즉 설교의 중심 명제나 핵심 사상을 강조하는 설교학 입장은 설교자를 그러한 명제나 핵심 사상을 회중에게 소통하거나 전달하는 사람으로 이해하고 있는 '전통적인 설교학'과 자연스럽게 연결되었다. 그런데 계속해서 에슐링거의 연구에서 주목할 점은 1987년의 설교학적인 상황에 대한 그의 평가이다. 오래된 설교학 이론을 재구성하려는 여러 시도에도 불구하고 대부분의 설교학자들은 그런 오래된 방법을 획기적으로 혁신하지 못하고 그저 작은 부분만 어설프게 수선하는 데 머물렀을 뿐이라고 그는 주장한다(12).

설교의 중심 명제와 핵심 사상을 강조하는 '오래된 설교학'이 예비 설교자들을 훈련하는 신학교의 설교학 수업에서도 일종의 규범으로 정착되어 있다는 또 다른 증거는 설교학 교수들이 신학생들의 설교를 평가할 때 어떤 기준과 강조점을 가지고 평가하는지에 대한 설교 평가의 형식들에 대한 1984년의 통계 조사에서도 잘 나타난(Wardlaw 1989, 269-311). 이 통계조사에 의하면, 20개의 신학교 중에서 무려 15개 학교에서는 평가자들로 하여금 설교의 중심 생각이나 사상, 주제, 명제, 메시지, 요점에 대해서 평가하도록 안내하고 있는 것으로 나타났다. 이 외에 세 학교에서는 설교 요점의 연속성이나 중심 사상의 구성에 대해서 평가하도록 유도하고 있었다. 결국 20

개의 다양한 설교 평가 형식 중에서 무려 18개의 평가 형식은 설교에 대한 '관념적인 접근'을 중시하고 있는 것으로 나타났으며 에슐링거의 표현을 빌려 쓰자면 '오래된 설교학'에 대한 강한 집착을 은연중에 드러내고 있었다. 여기에서 살펴본 18개의 설교 평가 형식은 1980년대의 북미권 전역에 산재한 18개의 신학교의 설교학 입장을 대표한다. 그래서 설교는 메시지나 핵심 사상을 회중에게 소통해야 한다는 전통적인 설교학 이론에 대한 근원적인 관심이 1980년대를 강하게 지배하면서 이 입장의 한계를 극복하기 위한 대안적인 관점을 모색하는 일을 더욱 어렵게 하고 있다.[13]

이렇게 대부분의 설교학 교수들이 전통적인 설교학 이론의 핵심적인 입장에 대해서 강하게 헌신한 것과 마찬가지로, 그들 밑에서 설교를 배우는 수많은 학생들 역시 그들의 마음과 생각 속에 설교에 대한 전통적인 이미지를 담고서 설교를 배우기 시작한다. 이들 신학생들이 보기에 설교는 메시지이고 설교자는 이 메시지를 회중에게 보내는 전달자이고 회중은 그저 수동적인 수납자일 뿐이다(Wardlaw 1989, 8). 그래서 전통적인 설교학 이론에 회의적인 우리 중 일부 역시 전통적인 설교학의 강력한 영향력에 저항하는 것마저 결코 쉽지 않다는 점을 발견했다.

---

13) 설교는 한 가지 메시지나 사상을 소통시켜야 한다는 주장의 지속적인 영향력은 1993년에 베일러 대학(Baylor Univ)이 미국과 캐나다, 영국, 호주, 뉴질랜드 그리고 남아공의 설교학자들을 대상으로 효과적인 설교에 반드시 필요한 기준과 요건에 관하여 질문했던 설문조사 보고서에서 분명하게 드러난다. 140명의 응답자들은 700가지 이상의 다양한 기준들을 제시하였는데 이 기준들은 다시 효과적인 설교를 위한 일곱 가지 범주로 다시 분류되었다(Letter from Herbert H. Reynolds, *President of Baylor University*, January 31, 1994). 이 보고서에는 효과적인 설교에 관한 일곱가지 카테고리들이 나열되어 있으며 각각의 카테고리에는 응답자들의 소견이 포함되어 있다. 그 중에 설교의 구조는 한 가지 범주로 분류되어 있다. 그리고 아래에는 다음과 같이 적혀 있다. "효과적인 설교자는 분명한 서론과 본론 그리고 결론으로 구성된 메시지를 설교한다. 이 모든 설교 구성 요소들은 하나의 중심 주제나 초점을 체계적으로 반영한다. 설교는 설교 전체 메시지의 핵심 논증이나 명제를 단계적으로 구축하는 논리적인 스타일로 구성되어야 한다." 또 효과적인 소통에 관한 선전 문구에는 다음과 같은 내용도 실려 있다. "유능한 설교자는 간단한 언어와 예화를 사용하여 중심 사상을 분명하게 소통하여 청중에게 설교 메시지에 대한 확신을 심어준다."

3) 비평 셋 : 언어와 실체의 관계

일부 설교학자들이 지적한 사항이긴 하지만 전통적인 설교학 이론의 셋째 문제점은 이 이론에서 전제하고 있는 언어와 객관적인 실체(objective reality) 간의 결속력에 관한 것이다. 즉 언어와 실체간의 결속력이 와해되는 데서 전통적인 설교학 이론의 문제점이 생겨난다. 1965년에 두 학자가 철학자 막스 피카르트(Max Picard)의 통찰을 인용하면서 안타까운 마음으로 언어의 고향 상실에 대한 책을 펴냈다. 철학자 막스 피카르트는 이렇게 적고 있다. "언어의 문제는 언어와 사물이 서로 찢겨져 나뉘던 타락의 사건과 함께 시작되었다." 이 타락의 사건 이전에, 즉 "언어와 사물이 서로 하나로 결합되어 있을 때, 언어가 사물을 표시하지 않더라도 사물은 그대로 있었고, 사물은 그저 존재함으로만 자기 이름을 갖고 있을 때 그곳에는 아무런 언어의 왜곡 문제가 없었다. 이때 언어는 사물 속에 고스란히 녹아들어 있었고 세상의 사물은 다른 사물들 속에 녹아 있었다."[14]

헬무트 틸리케도 언어와 사물의 분리 문제를 이렇게 지적한다.

> 한때 언어는 사물에 대한 특정한 관계를 적절하게 표현할 수 있었다. 하지만 주변 사물과의 관계가 뒤바뀐 오늘날에 우리는 여전히 옛날과 같은 언어를 사용하지만 그 언어는 더 이상 진실하지 못하다. 이런 상황에서 언어는 더 이상 실체를 파악하고 이해하는 수단이 될 수 없다(1965, 45).

결국 틸리케에 의하면 오늘날의 언어는 병들었고(44), 닳아져버렸으며 공허해지고 말았다(45).

1965년에 이런 학자들이 지적했던 문제는 15년이 지난 이후에도 여전히 달라지지 않았다. 1980년에 제임스 다안(James Daane)은 언어와 실체의 균열에 대해서 나름과 같이 애통해한다. "오늘날 대부분의 삶 속에서 언어와

---

14) Semmelroth 1965, 246. 다음을 인용함. Max Picard, *Der Mensch und das Wort* (Zurich: n.p., 1955), 35; English translation, *Man and Language* (Chicago: n.p., 1963).

실체의 긴밀한 대응관계가 깨어졌고 언어는 자기가 머물러야 할 실체의 정박지에서 풀려나 이리저리 떠돌며 방황하고 있다. 그래서 언어의 의미는 객관성을 잃어버리고 아무나 멋대로 쓰기 나름의 것이 되버렸다"(18). 이런 관점에서 볼 때 "언어는 더 이상 객관적인 실체 속에 뿌리내린 것으로 간주되지 못하고, 언어를 쓰는 사용자가 그 언어에 부여하기에 적합한 의미에 종속되고 말았다"(19). 다안에 의하면 언어와 실체의 긴밀한 연대가 무너진 상황에서는 당연히 설교에 대해서 그리고 더 나아가서 설교와 하나님의 실체 간의 상호 관계에 대해서 재고해야 할 필요성이 생긴다.

언어는 실체를 파악하고 이를 정확하게 전달할 수 있을 것으로 전제하는 전통적인 설교학 이론은 언어와 실체가 분리된 새로운 언어 환경 속에서 살아가며 설교하는 존재로 자신을 이해하는 사람들에게는 많은 문젯거리를 야기한다. 우리는 전통적인 설교학 이론의 근본적인 가정인 언어와 객관적인 실체 사이의 일대일의 대응관계에 대한 확신은 더 이상 가능하지 않다고 본다. 그래서 일반적으로는 언어에 대한 새로운 이해가 요구되며 특히 설교학의 대화 테이블에서는 설교 언어에 대한 새로운 이해가 요구되는 실정이다.

4) 비평 넷 : 합리성에 대한 강조

우리 중 일부가 보기에 전통적인 설교학 이론이 논란의 여지가 있는 넷째 이유는 이 이론이 지나치게 이성주의적(rationalistic)이라는 점이다(Ireson 1958, 29; Wilson-Kastner 1989, 19-20). 설교 사역의 이성적 차원은 브로더스와 위더스푼에게서도 잘 나타날 뿐만 아니라, 항상 분명하다고 말할 수는 없더라도 전통적인 설교학에 대한 후대의 수정된 입장 속에서도 변함없이 계속 이어지고 있다. 전통적인 설교학의 합리주의적 성향의 한 가지 분명한 증거는 설교 언어는 무엇보다도 명확해야 한다는 주장에서 찾아볼 수 있다. 그래서 전통적인 설교학에서는 직유나 은유의 기능은 설교의 중심 메시지를 더욱 명확하게 부각시키며 이성적인 차원에서 지지해주는 것이다.

전통적인 설교학이 합리성을 중시하는 또 다른 증거는 설교의 전개 방법으로서 예증(illustration)을 "정의나 설명, 재진술 그리고 논증"보다 아래에 예속시킨다는 점이다(Cox 1985, 207). 직유나 유비, 은유, 알레고리, 예화, 비유 그리고 우화와 같은 것으로 이루어진 예화(혹은 예증, illustration)는 '보조적'이거나 다른 핵심 논지를 '지원해주는' 것들이다(Broadus and Weatherspoon 1944, 196). 전통적인 설교학의 이성 중심적인 성향을 잘 보여주는 또 다른 증거로는 이 이론이 상상력의 역할에 대해서나 설교 사역의 신비롭고 난해한 측면에 대해서 그리 많은 기대를 하지 않고 있다는 점에서 잘 나타난다. 예를 들어서 설교자가 성경 본문을 해석하여 회중에게 선포할 때 설교자는 그 본문의 진리를 분명하게 파악해야 하고 다른 이들도 이 진리에 쉽게 접근할 수 있도록 해주어야 한다고 콕스는 주장한다(1985, 61). 또 그는 성경 본문은 "우리가 그저 경이로움을 가지고 서 있을 수밖에 없는 거대하고도 불가해한 신비를 가리킨다는 점을 인정하면서도 본문 해석자로서 설교자는 어느 수준에서 본문을 이해하든 진리를 파악해서 가능한 많은 회중들이 그 진리에 접근할 수 있도록 해주어야 한다"고 주장한다(61). 그래서 콕스의 입장에서는 설교를 구상하는 작업은 결과를 미리 예상할 수 있는 지각 가능한 과정이다. 그리고 예비 설교자들이 분명한 확신을 가지고 '몇 가지의 행해야 할 것과 행하지 말아야 할 것들'과 몇 가지 기본적인 규칙에 근거하여 설교 메시지의 자료들을 효과적으로 배열할 수 있기를 콕스는 희망한다(130).

이 외에 전통적인 설교학 이론과 관련하여 추가로 논의할 것으로는 시적인 언어의 창조적인 힘, 설교자의 상상력의 중요성 그리고 하나님의 불가해한 신비에 관한 것이다. 하지만 전통적인 설교학 이론은 설교에서 상상이나 신비의 차원보다는 주로 합리적이고 이성적인 차원을 더 중요시한다.

3. 새로운 목소리의 필요성

　모든 설교학자들과 목회자들, 신학생들 혹은 회중들이 이구동성으로 인정할 수 있는 단 하나만의 설교학 이론은 존재할 수 없다. 그래서 설교학 이론은 계속 발전될 수밖에 없다. 그런데 전통적인 설교학 이론은 설교학의 대화 테이블에서 아직도 중요한 목소리로 남아 있다. 이는 이 이론이 현 시대의 설교자들과 회중들의 은사와 경험에 잘 맞도록 계속해서 변화했을 뿐만 아니라, 전통적인 이론의 핵심적인 주장들이 설교를 이해하는 여러 사람들의 이해 속에서 여전히 규범적이며 영향력을 발휘하고 있기 때문이기도 하다. 다시 말해서 전통적인 설교학이 모든 이들의 이야기를 다 담아내지는 못하더라도 여러 신자들의 삶의 경험과 확신을 정확하게 담아내고 있는 점은 사실이다. 그래서 설교학의 대화 테이블이 계속 이동하고 확장되며 그 중심축과 경계선을 새롭게 설정하는 중에 전통적인 설교학을 제외시키거나 무시하면 결국 설교학의 대화 자체가 무력해질 수밖에 없다.

　그와 동시에 전통적인 설교학의 한계도 지적할 필요가 있다. 이 이론은 설교를 하는 모든 사람들에게 다 어울리는 것도 아니며 신앙 공동체 안에서 예배드리는 사람들, 설교를 배우고 있는 사람들 또 설교학 교수로나 스승으로 봉사하는 모든 사람들에게 다 어울리는 것도 아니다. 설교학의 대화 테이블에서 또 다른 목소리들 역시 다양한 경험과 확신을 일정 부분 담아내고 있다. 전통적인 설교학을 중심으로 형성되었던 설교학의 공감대가 20세기 중엽에 무너진 이래로 설교에 대한 두 가지 새로운 입장들이 나타났다. 설교학의 대화 테이블에 새롭게 등장한 이 목소리들은 이전의 이론과 전혀 다른 삶의 경험들을 담고 있으며 언어의 본질에 대해서도 새로운 관점을 가지고 있을 뿐만 아니라 하나님의 신비와 인간의 상상력에 대해서도 새로운 시야를 제공한다.

sharing the word

제 2 장

케리그마 설교학의 주장

　이전의 전통적인 설교학 이론이 존 브로더스의 사상과 수사학에 의존하고 있는데 반하여 설교학의 대화 테이블에서 둘째로 중요한 목소리는 저명한 신약학자인 C. H. 다드(Dodd)와 신학자 칼 바르트에 빚지고 있다. 이 두 번째 설교 이론의 특징은 복음의 시원적이고 본질적인 핵심으로서의 케리그마(kerygma)에 대한 새로운 강조를 비롯하여, 설교에서의 역동적인 현존으로서의 하나님의 말씀, 하나님께서 구원하시는 말씀으로 임재하시는 사건으로서의 설교에 대한 이해에 있다. 나는 이 두번째 설교 이론을 가리켜서 케리그마로서의 설교 이해(a kerygmatic understanding of preaching)로 분류한다. 이 두 번째 이론은 전통적인 설교 이론과 일부 중첩되는 동시에 새로운 토대를 제시한다. 이 이론의 전성기는 1960년대와 70년대 그리고 80년대 초반까지이다.

1. 케리그마 설교학에 귀 기울이기

케리그마 설교 이론에 대해서 세심한 주의가 필요하다. 하나님의 말씀에 대한 이 이론의 관점은 오늘날의 설교학에서도 여전히 그 영향력을 행사하고 있다. 또 언어에 대한 케리그마 설교학의 입장은 변혁적인 설교학이 등장하는 데 도움이 되기도 하였다. 케리그마 설교학은 오늘날 설교학의 대화 테이블에서 더 이상 탁월한 영향력을 행사하지는 못하더라도 여전히 나름의 독특한 입장을 유지하고 있다.

1) 설교의 목적

케리그마 설교학에서는 설교의 목적을 케리그마의 전달과 하나님의 말씀하시는 사건 두 가지로 이해한다. 케리그마 설교학에서는 전통적인 설교학에서 강조하는 설교의 목적으로서의 메시지 전달에 하나님의 말씀 사건(the eventfulness of the Word) 하나를 덧붙인 셈이다.

저명한 신약학자 C. H. 다드는 설교를 통해서 회중에게 전달해야 할 '본래의 케리그마'(original kerygma, 1937, 79, 123)를 찾아냄으로써 케리그마 설교학이 이해하는 두 가지 설교의 목적 중에서 첫 번째 부분의 발전에 기여하였다. 다드의 연구 목표는 신약성경에서 "사도들이 설교했거나 선포했던 복음의 실제 내용을 추출"함으로써 오늘날의 설교자들 역시 "그 케리그마의 본질적인 연관성과 진리를 오늘날에 분명하게" 선포할 수 있도록 하는 것이었다(128).

칼 바르트는 설교를 하나님께서 참된 설교자로 말씀하시는 사건으로 이해함으로써 케리그마 설교학에서 의도하는 설교의 목적 중에서 둘째 부분의 발전에 기여하였다. 그래서 바르트의 관점에서 볼 때 설교자는 하나님의 전령이며 그가 전하는 복음 선포에서 "하나님이 말씀하시는" 사건이다(12).

케리그마 설교학을 주장하는 대표적인 설교학자는 로버트 마운스(Robert

H. Mounce, 1960)인데, 그의 설교학이 다드와 바르트의 통찰에 빚지고 있음은 명백하다. 마운스의 설교학적인 관심은 사도들이 전했던 설교 내용의 핵심으로서의 케리그마가 그로부터 2천년이나 떨어진 오늘날의 설교자들의 선포 속에서 그대로 전달되는 것이었다. 신약성경에서 발견되는 케리그마는 모든 시대의 기독교 설교를 위한 규범을 제시한다. 하지만 그 케리그마가 20세기의 설교자에게 전해올 때는 1세기의 언어와 개념을 그대로 담아서 전해 온다. 그래서 케리그마 설교의 문제는 곧 소통의 문제이다. 즉 "즉 하나님의 개입에 대한 고대의 진술을 어떻게 현대의 회중에게 효과적으로 전달할 것인가" 하는 것이다(156). 그런데 케리그마의 전달은 설교의 두 번째 목표에 불과하고 이보다 더 우선시되는 설교의 목표가 있다. 설교의 단일한 목표와 관련하여 마운스는 "말씀을 들으려고 모인 회중 가운데 그리스도께서 임하실 것"이라는 구스타프 빙그렌(Gustaf Wingren)의 통찰을 소개하면서,[1] 설교 사건을 다음과 같이 묘사한다.

> 설교자가 강단 위에 오를 때 그는 전능하신 하나님의 임재를 중재해야 하는 책임을 지고 그 자리에 선다… 설교자는 하나님께서 친히 말씀하시도록 배려해야 하며 그의 말은 하나님의 말씀을 전달해야 하며 그 음성은 하나님의 음성이어야 한다. 설교자는 한 가지 가장 중요한 필요란 오직 하나님의 현존 속으로 인도받기를 원하여 모인 사람들 앞에 서 있다(158).

사실 마운스의 입장에서 볼 때 설교 목적의 두 가지 측면, 즉 케리그마를 소통하는 것과 구원하시는 하나님의 임재를 중재하는 것은 서로 분리될 수 없다.

헨리 미첼(Henry H. Mitchell, 1979)에 의하면, 흑인 설교에서는 케리그마가 강조된다고 한다.[2] 그의 주장에 따르면 한편으로 흑인 설교에서는 "하나님

---

1) Mounce 1960. 154. 다음을 인용함. Gustaf Wingren, *Predikan; en principiel studie* (n.p., n.d.), 296, quoted by E. Jerome Johanson, *Theology Today* 7 (October 1951):356.
2) 헨리 미첼(Henry Mitchell)의 『흑인설교』(*Black Preaching*, 1979)는 1970년에 처음

께서 말씀하신다는 함축적인 의미가 항상 분명하다"고 한다(197). 하지만 또 다른 한편으로 흑인 교회의 설교는 분명하게 소통하려고 애쓰는 "하나님의 진리"(100)나 "케리그마"(114) 또는 복음 역시 강조한다는 것이다(28). 그래서 흑인 설교는 "복음과의 조우"(106)를 촉진시킬 뿐 아니라 "오늘 이 시대를 향한 하나님의 뜻에 관한 확고한 말씀을 선포하는 것"(98)을 강조한다.

그런데 설교 중에 하나님께서 직접 말씀하신다는 확신 때문에 설교의 목적에 대한 케리그마 지향적인 입장은 설교자와 회중의 간격을 더욱 넓혀 놓는다. 일부 케리그마 설교학 중에는 설교자는 하나님을 위해서 선포한다는 견해를 주장하기도 한다. 바르트는 이런 주장의 위험성을 잘 알고 있지만 (1963a, 747), 그럼에도 불구하고 그는 마틴 루터의 입장을 이렇게 인용한다.

> 설교자는 (만일 그가 참 설교자라면) 설교가 끝난 다음에 이렇게 고백하며 예레미야와 동일한 목소리로 주님을 높여야 할 것이다. '주님! 주께서는 내 입에서 나간 것이 참되며 주님을 기쁘시게 하는 것임을 잘 아실 것입니다.' 또한 그는 사도 바울과 모든 사도들과 선지자들과 한 목소리로 담대히 이렇게 외쳐야 할 것이다: Haec dicit dominus, 그러므로 주께서 가라사대. 설교에서 나는 다만 예수 그리스도의 사도와 선지자에 불과하나이다. 왜냐하면 이것은 나의 말이 아니라 주님의 말씀이기 때문입니다. 주님은 영원토록 찬양 받으소서. 주께서 나에게 말씀하십니다. 내가 너를 통해서 말하였고 그 말씀은 나의 것이니 너는 정녕 올바로 가르쳤도다. 그래서 자기 설교를 자랑하지 못하는 자는 누구든지 설교를 부인하는 것이다. 왜냐하면 그는 이로써 설교를 통해서 말씀하시는 하나님을 부인하고 비방한 셈이기 때문이다.[3]

출판되었다. 이후에 출간된 저서 『설교의 회복』(*The Recovery of Preaching*, 1977)과 『설교의 경축과 경험』*Celebration and Experience in Preaching*, (Nashville: Abingdon Press, 1990)에서 미첼의 케리그마 설교학의 관점은 다음 3장에서 다룰 변혁적인 설교학의 관점과 일부 중첩된다.

3) Barth 1963a, 747. 다음을 인용함. Martin Luther, "Wider Hans Worst. 1541" in D. *Marin Luthers Werke, Kritische Gesamtausgabe*, vol. 51 (Weimer: Hermann Bohlaus Nachfolger, 1914), 516.

칼 바르트의 견해를 따르는 케리그마 설교학자들은 설교자를 '하나님의 대변자'(Jabusch 1980, 15)나 혹은 '영원한 구원을 전해주는 데 함께 일하는 동역자'의 반열에 올려 놓는다(Mounce 1960, 159). 그런데 클레멘트 웰쉬(Clement Welsh)에 의하면 설교에 대한 고차원의 관점은 '설교자의 음성을 하나님의 음성으로 오해할' 소지가 있다(1974, 103).

바르트 역시 설교자가 자신을 하나님과 같은 존재로 여길 권리 자체를 부인한다(1963, 75). 그 대신 바르트는 설교자는 "회중을 사랑해야 하며 자신을 그들의 위치에 놓고서 그들 중 하나와 같음을" 인식해야 한다고 주장한다(53).

이와 유사하게 미첼 역시 가장 유능한 흑인 설교자들은 "흑인 대중의 문화를 잘 이해하고 그들과 동일시하는 자들"이라고 주장한다(1979, 42). 이렇게 설교자와 회중 사이의 '친밀감' 혹은 '밀접한 동질감'은 흑인 설교에서 가장 중요한 점이다.

> 역사적으로 볼 때 흑인 설교자가 된다는 것은 그 설교를 듣게 될 흑인 회중의 형편과 처지에 참여할 수밖에 없었다. 그 설교자가 (대체적으로 그러하듯이) 그와 비슷한 수준의 흑인 회중들로부터 발탁되었든 혹은 그렇지 않든 흑인 설교자와 회중 사이에는 그 어떤 사회적인 차이가 없었다. 그리고 이 점은 흑인 설교에서 회중과 설교자의 관계를 이해할 때 가장 본질적인 부분이기도 하다… 그래서 흑인 설교자는 자기 사람들의 처한 상태에 열중해야만 한다(104-5).

그런데 미첼의 설교학적 관점에서도 설교자는 '예배 인도자'(celebrant)로서 뿐만 아니라 교사나 동원가, 아버지와 같은 인물 그리고 능력부여자(enabler)로 부각되면서 회중과 구별된 존재로 인식되고 있다(210). 흑인 교회에서 "만인대제사장설은 진리로 받아들여지고 있지만 실제 제사장의 비중은 주로 흑인 설교자에게 집중되고 있는 편이다"(211-12).

이렇게 케리그마 설교학에서 설교자와 회중 간의 간격이 확대일로에 있기 때문에 일부 케리그마 설교학자들은 설교가 시작되기 전이나 설교 중,

또는 설교가 끝난 후의 회중과의 대화를 강조하기도 한다. 예를 들어 클라이드 리드(Clyde H. Reid)는 설교에 회중의 적극적인 참여와 대화의 필요성을 강조하면서 설교가 그저 한 사람이 반대편 사람들에게 정해진 방식으로만 반응하도록 강요하는 일방향 의사소통에 머물러서는 안 된다고 경고한다(1967, 67). 설교자와 회중 간의 대화를 촉진하기 위해서는 설교 전 성경공부 모임이나 설교 후의 토론 그룹이 필요하다고 리드는 제안한다.

그런데 설교 전과 설교 후에 회중이 참여할 수 있는 방안은 종종 모색되곤 했지만, 진 바틀렛(Gene E. Bartlett)은 설교가 진행되는 동안에 회중이 적극적으로 참여할 수 있는 방안은 그동안 세심하게 논의되지 못했다고 주장한다(1962, 43). 설교의 목표는 예배자들(worshiper)과 하나님 간의 친밀한 만남에 있기 때문에 예배자들은 수동적이어서는 안 되고 "능동적인 역할을 맡아야" 한다. 그리고 하나님의 깊은 임재의 자리를 향하여 스스로를 개방시켜야 한다(43). 이런 이유로 바틀렛은 설교자와 회중 사이의 동반자적인 협력을 강조하면서(49), 설교자들은 회중석에 앉아 있는 예배자들을 생각할 때 이들에게 어떤 영향을 미쳐야 할 대상이 아니라 스스로 행동하는 주체로 존중해야 할 것을 강조한다(44). 그럴 때 비로소 설교자 역시 자신들을 "독백을 이끌어가는 자가 아니라 대화에 참여한 자"로 여길 수 있다는 것이다(44).

케리그마 설교학의 입장을 받아들이는 일부 학자들은 칼 바르트의 관점 하나를 그대로 따르면서도, 설교자의 위치를 지나치게 높여 결국 설교자와 회중 간의 간격을 더욱 갈라놓는 경우도 있다. 하지만 또 다른 학자들은 그대로 바르트의 견해를 따르면서도 설교자는 회중과 조화를 이루어야 하며 회중 역시 설교에 적극 참여해야 할 것을 강조함으로써 그 간격을 좁히려고 한다. 어느 입장이든 이들의 희망은 참된 복음이 선포됨으로써 하나님께서 직접 말씀하시도록 하는 것이다.

2) 설교의 내용

케리그마 설교학 이론에서 의도하는 본질적인 복음의 메시지를 선포하는 것과 이를 통한 하나님의 임재는 설교의 목적뿐만 아니라 설교의 내용도 지시한다. 설교가 무엇을 선포하는 것인지에 대한 새로운 설명은 전통적인 설교학 입장과 구별된 케리그마, 하나님의 말씀 그리고 계시에 대한 정의로부터 들어볼 수 있다. 만일 전통적인 설교학 이론에서 염두에 두었던 설교의 내용이 명제적이고 객관적인 진리였다면, 이 케리그마 설교학 이론에서 의도하는 설교의 내용은 구원을 소통시키며 구원의 효력을 발생시키는 케리그마나 케리그마적인 진리(kerygmatic truth) 또는 복음의 핵심이다. 이와 관련하여 다시금 칼 바르트와 C. H. 다드가 이에 대한 기초 이론을 제공한다.

다드가 요약한 '사도적 케리그마' 또는 사도들의 설교의 초기 내용은 단 하나의 신앙고백이 아니지만 다음과 같이 간략하게 정리할 수 있다: "케리그마의 핵심 내용은 하나님께서 자기 백성들에게 찾아오셔서 그들을 구원하셨다는 것이다"(1937, 46-47). 때로는 이보다 좀 더 길게 진술할 수도 있다.

> 케리그마의 기본 구조는… 선지자들의 입을 통해서 예언된 것이며 성취의 시대가 비로소 동이 텄고 그리스도가 주님이시라는 내용의 선포로부터 시작된다. 이어서 케리그마는 역사적인 사실들에 대한 회상으로 진행되며 그리스도의 부활과 승귀 그리고 그의 영광스러운 재림에 대한 선포로 이어진다. 그리고 마지막으로 회개에 대한 호소와 용서의 선포로 끝난다(72).

케리그마의 기본 구조를 소개하는 다드의 의도는 이를 변경 불가능한 요약문의 형태로 고정시키려는 것이 결코 아니다(130). 하지만 케리그마에 대한 다드의 연구가 남긴 신학적 및 설교학적인 유산은 고정된 케리그마(a fixed kerygma) 안에 갇히고 말았다.

다드의 연구에 빚지고 있음을 인정하는 케리그마 설교학자들은 설교에 대한 이해의 토대를 초기 기독교 설교와 이후의 모든 기독교 설교의 필수적인 요소로서의 케리그마에 두고 있다. 케리그마 신학을 채택하는 로마 카톨릭의 신학자들도 케리그마를 로마 교회의 핵심 신앙과 동일시한다. 또 개신교 신학자들 중에서 케리그마 신학을 받아들이는 학자들 역시 케리그마에 대한 다드의 기본 구조를 그대로 지지하거나 또는 케리그마와 관련된 성경 구절을 재해석하거나 다드의 결론을 일부 수정함으로써 다드가 제시한 케리그마를 더욱 발전시키고 있다. 그래서 대다수 개신교 신학자들을 통해서 케리그마의 구체적인 내용은 계속 변화하고 있지만 이들 대부분은 케리그마의 핵심이나 요점을 통해서 전체 기독교의 핵심적인 교리를 확인할 수 있으며 더 나아가서 기독교 설교의 핵심적인 내용까지 확정할 수 있다는 점에 동의한다. 그래서 케리그마 신학을 채택하는 로마 카톨릭과 개신교 신학자들은 케리그마가 신앙을 규정지을 뿐만 아니라 신앙을 형성하는 근간이 된다고 본다. 즉 케리그마는 일련의 신앙 진술문인 동시에 구원을 베푸시는 하나님의 행위인 셈이다.

설교의 내용에 대한 이러한 입장의 저변에는 칼 바르트의 신학으로부터 유래된 하나님의 말씀과 계시에 대한 개념이 깔려 있다. 바르트의 입장에서 볼 때 하나님의 말씀은 곧 하나의 사건이며, 성경을 읽는 자가 그 안에서 하나님을 만날 수 있는 하나님의 임재 사건이다. 이런 맥락에 근거하여 바르트는 대담하게도 "설교는 곧 하나님의 말씀"(preaching is the Word of God)이라고 주장한다(1963a, 747): "예수 그리스도의 교회의 선포 속에 있는 하나님의 말씀은 곧 하나님 자신이다"(743). 그리고 말씀과 마찬가지로 계시 역시 사건으로서, 성경 안에서 그리고 성경을 통하여(744) 그리고 설교를 통하여(745) 하나님께서 자신을 계시하시며 자신을 내어주시는 사건이다. 계시는 사건인 동시에 하나님과 인류에 관한 '정보'(information)를 소통한다.

개신교의 대표적인 케리그마 설교신학자인 마운스는 케리그마 설교학에서 이해하는 설교의 내용이 전통적인 설교학의 입장과 무엇이 유사하고 또 무엇이 다른지에 대해서 설명한다(1960). 케리그마는 명제나 진술문의 형태로 표현될 수 있기 때문에 마운스가 제시하는 설교의 내용은 전통적인 설교학에서 이해하는 설교의 내용과 비슷하다. 마운스는 케리그마에 대한 다드의 연구에 기초하면서도 그 한계에 도전하여 초대교회 케리그마를 재정의하면서 이를 다음과 같은 세 가지 진술문의 형태로 요약하였다: 예수의 죽음과 부활 그리고 승천의 역사적 사실성에 대한 단언, 그리스도와 주로서의 예수에 대한 신학적인 평가 그리고 회개와 사죄의 은총을 받아들이라는 윤리적 명령. 그런데 케리그마는 명제나 진술문의 형태로 표현될 수 있지만, 진정한 케리그마는 그러한 명제 이상이라고 마운스는 주장한다. 바로 이런 이유로 설교의 내용에 대한 마운스의 관점은 전통적인 설교학과 차이를 보인다. 즉 케리그마는 하나님의 구원하시는 행동을 위한 수단(medium)이기도 하다는 것이다(156). 그래서 케리그마는 두 가지 차원으로 계시에 참여한다. 즉 "하나님의 속성과 목적에 대한 초자연적인 지식"(151)과 신자들이 개인적으로 수납하는 하나님의 자기계시나 구원 활동의 두 가지 차원으로 계시에 참여한다(151-53). 즉 케리그마가 올바로 선포될 때 하나님은 말씀하시는 동시에(158-59), "설교라는 구원 행동 안에서 그분 자신을 계시하신다"(152).

제2차 바티칸 공의회 이후 일부 로마 가톨릭의 설교학자들도 이와 유사한 설교관을 발전시키기 시작했다. 그런 신학자 중의 한 사람이 바로 조셉 피츠너(Joseph Fichtner, 1981)이다. 설교에 대한 피츠너의 견해에서는 케리그마와 계시 그리고 하나님의 말씀 모두가 비슷한 역할을 감당한다.

피츠너는 설교에 대한 논의를 계시에 대한 논의로부터 시작한다. 제2차 바티칸 공의회 이전에는 공식 문서뿐만 아니라 몇몇 로마 가톨릭 신학자들과 사제들은 계시를 "일련의 명제들"(4)과 "신앙으로 동의해야 하는 초자연적인 진리들"(6)과 동일시하였다. 그리고 이러한 명제들과 진리들은 설교에서 선포될 내용을 제시하는 것으로 간주되었다. 피츠너는 제2차 바티칸 공의회에서 제시된 설교학 이론에 관한 논의에 근거하여 설교의 내용에 대한 자신의 이해를 심화시키려고 하였다. 이러한 새로운 설교관은 계시를 메시지로 이해하는 로마 가톨릭 교회의 제2차 바티칸 공의회 이전의 입장을 계시를 사건으로 이해하는 개신교의 입장과 잘 결합시켜 준다고 피츠너는 주장한다(6).

피츠너는 기본적으로 전통적인 로마 가톨릭 교회의 입장을 따르면서 계시를 하나님 자신과 하나님과 인간의 관계에 관한 지식의 '거룩한 저장고'로 간주하였다. 하지만 하나님은 영원히 신비로우시기 때문에 하나님에 대한 그러한 지식은 결코 완전할 수 없다고도 그는 주장한다.

그래서 피츠너는 개신교의 신학 입장과 동조를 취하면서 계시를 사건으로, 즉 하나님과의 친교가 확립되는 사건으로 이해하였다. 즉 계시를 "하나님의 자기 노출 또는 심지어 하나님의 자기 소통의 사건"과 동일시하였으며, "계시의 내용은 말 그대로 하나님"이시라고 주장했다(12). 피츠너가 보기에 설교자는 계시자(a revealer) 또는 하나님의 계시 전달자(a transmitter of divine revelation)이기 때문에 설교의 내용은 곧 하나님과 하나님에 관한 지식 모두로서의 계시의 내용과 같다고 보았다.

피츠너는 여기에서 한 걸음 더 나아가 이러한 설교의 내용을 케리그마와 연결시켰다. 하나님의 구원에 관한 사도들의 메시지로서의 케리그마는 '모든 시대의 설교 메시지'로 타당한 것이며 '기독교 교회의 설교의 기준과 목표를 제시한다'고 보았다(81). 그런데 여기에서도 한 번 더 확인할 수 있는 것은 케리그마를 메시지인 동시에 사건으로 이해하고 있다는 점이다: "케리그마를 통해서 전해오는 계시는 지적인 메시지, 다시 말해서 지적인 동의를 요구하는 메시지에 대한 의사소통만은 아니며 또 그럴 수도 없고, 구원과 성화를 가져오는 사건이다"(91).

설교의 내용에 대한 피츠너의 관점에서 케리그마와 비슷한 위치를 차지하고 있는 것이 바로 하나님의 말씀에 대한 개념이다. 케리그마처럼 하나님의 말씀은 '하나님에 관한 소식'을 소통하는 동시에 신자의 마음 속에서 믿음을 산출하도록 작용한다(40).

피츠너가 보기에 이 두 가지 설교의 내용, 즉 하나님에 관한 진리와 하나님의 구원하시는 임재 사건(12)은 서로 불가분의 관계에 있다: "선포의 말씀은 '생명의 말씀'을 담고 있을 뿐만 아니라 그 생명의 말씀을 나누어 줌으로써 예수와 그의 구원의 은사가 선포 현장에 현존하도록 만든다. 그래서 선포되는 하나님의 실체를 신자들에게 실제로 소통시킨다"(15-16).

케리그마 설교학에서 주장하는 케리그마의 중요한 역할에 대해서는 더 깊은 논의가 필요하다. 그 주장에 따르면 케리그마 또는 복음의 핵심은 결코 바뀔 수 없다는 것이다. 여러 학자들은 계속 이 점을 강조한다. 다음 네 학자의 사례를 살펴보자.

먼저 노만 피텐거(W. Norman Pittenger)는 "기독교의 복음으로서의 케리그마 혹은 기독교 선포는 교회의 메시지로서, 교회의 삶의 심장으로서 그리고 그 존립의 의미로서 여전히 변함없으며 영원토록 변함없어야 할 것"을 주장한다(1962, 12).

클라우드 톰슨(Claude H. Thompson)도 동일한 확신을 가지고 이렇게 단언한다: "이제 현대 신학에 관한 책을 읽는 독자들에게 케리그마는 아주 익숙한 주제가 되었다. 신약성서의 설교 중에서 더 이상 줄일 수 없는 핵심 내용을 찾아볼 수 있다. 기독교 메시지가 실종되지 않도록 하기 위해서라면 이 케리그마는 결코 무시되서도 안 되고 간과될 수도 없다"(1962, 1-2).

개신교의 여러 케리그마 신학자들처럼 콜린 모리스(Colin Morris)도 "초대교회가 선포했던 복음의 핵심을 믿을 수 없을 정도로 간단한 일련의 진술문으로 요약해낸 디드에게 경의를 표하고 있다(1975, 151-52). 모리스는 다드가 정리한 케리그마를 다시 102개의 단어로 요약하면서 다음과 같이 주장한다. "이것이야말로 기독교 신앙의 본질이며 모든 시대의 교회가 항상 선포해야 할 메시지이다"(152).

윌러드 프란시스 제부쉬(Willard Francis Jabusch)는 설교자를 고대의 전령의 이미지로 묘사하는 바르트의 관점을 소개한 다음에 이렇게 주장한다. "전령은 자신이 전할 메시지를 조금이라도 바꾸거나 줄이거나 또는 어느 것 하나라도 덧붙일 수 없었다는 점이 분명하다"(1980, 15-16).

케리그마 설교학에서 이해하는 설교의 내용은 케리그마 그 자체로서 어느 시대든 결코 바꿀 수 없는 기독교 복음의 정수이다. 그리고 한 걸음 더 나아가서 이 케리그마의 사건의 차원은 설교를 지적인 메시지 전달 이상의 사건을 만들어내는데, 설교의 사건적 차원은 케리그마 설교학을 전통적인 설교학과 구분하는 한 가지 기준이다.

3) 설교의 언어

케리그마 설교학 이론의 저변에는 언어에 대한 두 가지 전제가 깔려 있다. 언어에 대한 논의가 설교 언어에 국한된 전통적인 설교학 이론과 달리 케리그마 설교학 이론에서 설교 언어에 대한 논의는 일반적인 차원에서의 언어의 본질에 관한 논의까지 확대된다.

케리그마 설교학에서 전제하는 언어의 첫째 가정은 설교자의 말은 하나님의 말씀을 중재하며 결국 설교는 하나님의 구원하는 활동을 중재한다는 것이다. 케리그마 설교학의 이러한 가정은 전통적인 설교학과 몇 가지 유사점과 동시에 몇 가지 차이점을 가지고 있으며 이 점에 대해서 좀 더 살펴보자.

설교의 언어(또는 설교자의 말)가 하나님의 말씀을 중재한다는 가정은 전통적인 설교학 이론에서도 발견되는 것으로서 설교와 의사소통 사이의 인과관계를 긴밀히 유지시켜 준다.

하지만 의사소통의 중심축이 설교자에게 집중되었던 전통적인 설교학 이론과 달리 케리그마 설교학에서는 의사소통자의 중심축을 하나님에게로 이동시킨다. 다시 말해서 케리그마 설교학에서는 하나님의 자기 계시로서의 케리그마를 예배자들에게 소통시키는 책임이 인간 설교자가 아니라 하나님에게 있다고 본다. 또 일부 케리그마 설교학자들 중에는 효과적인 의사소통을 위하여 설교를 구성해야 할 모든 책임을 설교자로부터 면제시키는 경우도 있다. 이들은 설교자는 꾸밈없이 있는 그대로의 복음을 단지 선포하기만 하면 되고 나머지 결과는 하나님께 맡겨야 한다고까지 주장한다. 참 설교자이신 하나님께서 설교의 말(또는 설교자의 말)을 설득력 있고 효과 있게 만들어준다는 것이다.

인간의 말이 하나님의 말씀을 소통한다는 이 가정은 전통적인 설교학 이론과 또 다른 공통분모를 갖고 있다. 그것은 바로 언어와 별개로 존재하는 실체에 관한 것이다. 언어와 실체의 상호 관계와 관련하여 두 설교학 이론의 차이점은 먼저 케리그마 설교학 이론에서 케리그마 또는 하나님의 자기계시로서의 하나님의 말씀은 하나님의 실체를 연결시키는 연결고리이거나 이 실체를 중재하는 통로이다. 하지만 전통적인 설교학 이론에서는 인간의 모든 말은 그 언어가 지시하는 실체를 전달할 수 있다고 본다.

몇몇 케리그마 설교학자들은 언어와 그 언어가 지시하는 실체 간의 긴밀한 연결을 인정하는 전통적인 설교학의 전제를 더 이상 받아들이지 않는다. 그리고 전통적인 설교학에 내포된 설교 언어의 한계에 대한 해답을 케리그마 설교학 이론으로부터 찾아내고자 한다.

그런 학자 중의 한 사람이 바로 오토 제멜롯(Otto Semmelroth)이다. 그는 타락한 언어의 상태는 부분적으로는 '설교의 말을 통해서 은혜 가운데 소통이 일어나는 하나님의 자기 의사소통에 의해서'(by God's self-communication) 극복될 수 있다고 보았다(1965, 246). 여기에서 그의 관심사는 그리스도의 구원의 치유 능력에 관한 것으로, 이 치유 능력은 대부분이 사물과 밀접하게 결합된 말 속에 저장되어 있다고 보았다(246). 그리고 설교에서의 하나님의 임재라는 보증수표가 설교 언어의 한계와 실수를 보호해 준다고 보았다(175). 그래서 인간의 언어는 일반적으로 더 이상 실체와 긴밀히 내응하지 못하더라도 하나님이 설교 언어와 하나님의 실체를 연결시켜 주기 때문에 결국 설교가 효력을 발휘할 수 있다고 보았다.

이와 비슷한 맥락에서 제임스 다안(James Daane)도 언어가 더 이상 객관적인 실체 속에 깊이 뿌리내리지 못하고 있다는 언어에 대한 현대적인 비판을 그대로 받아들인다(1980, 19). 그러면서도 그는 그런 비판은 기독교 설교에 그대로 적용될 수 없다고 주장한다. 기독교 설교를 올바로 이해하기 위해서는 설교에서 하나님이 자신의 뜻을 실현하기 위하여 활동하는 하나님의 말씀에 대한 성경적인 이해를 다시금 회복해야 한다고 그는 주장한다. 다안은 하나님의 말씀을 가리켜서 "역동적이고 창조적이며 환기적이고 죄를 없애며 죽음을 무력화시키고 치유하며 생명을 주는 하나님의 능력으로" 묘사한다(29). 이렇게 하나님은 설교를 통해서 직접 회심시키며 구원하는 말씀을 전하고 계시기 때문에, 설교자는 설교가 이 땅에서 그와 유사한 사례를 찾아볼 수 없는 독특한 연설임을 믿어야 한다는 것이다(8-15, 42). 또 설교자의 임무는 설교가 효과적인 연설로 선포되도록 책임을 지는 것이 아니라 복음의 메시지를 액면 그대로 선포하는 것이며, '설교의 말씀의 내용'에 그 어느 것 하나라도 가감하지 말고 "하나님의 말씀은 그 본래의 구원의 목적을 달성하기 위하여 인간의 강퍅한 마음의 장애물을 무너뜨리고 그 본래의 방식대로 역사하기에 충분할 정도로 강력하다"는 사실을 믿어야 한다는 것이다(44).

케리그마 신학자들 중에서 언어의 붕괴에 관한 주장에 대해서 자세히 논의하는 학자는 그리 많지 않지만, 이들 대부분은 하나님의 말씀이 설교의 언어를 통해서 선포되기 때문에 결국 복음 선포 역시 효과적이라는 확신에 근거하여 설교관을 발전시키고 있다. 설교 언어는 그리스도를 제공하고 받기 위한 효과적인 수단이 된다(Ward 1958, 46). 또 설교 언어는 "하나님의 말씀을 전달한다"(Mounce 1960, 159). 또 설교 언어는 항상 부적합하지만, "하나님께서 우리의 비참한 처지에 찾아오셔서 설교를 계시 사건으로 바꾸시기" 때문에 결국 설교 언어가 중대한 사건이 된다(Morris 1975, 35). 이러한 학자들의 주장의 저변에 깔려 있는 것이 바로 칼 바르트의 다음과 같은 통찰이다: "하나님께서는 우리 인간의 말을 통하여 말씀하신다"(1963b, 14).

설교 언어에 관한 이상의 첫 번째 가정은 인간의 말이 하나님의 말씀을 소통한다는 것이다. 하나님의 말씀은 설교자의 언어를 통해서 말씀하시는 하나님의 말씀의 능동적인 권능이라는 입장은 오늘날의 설교학의 대화 테이블에서 자주 접할 수 있는 케리그마 설교학 이론의 중요한 유산 가운데 하나이며 설교학의 대화 가운데 계속해서 중요한 역할을 차지하고 있다.

케리그마 설교학 이론의 토대가 되는 두 번째 언어관은 언어와 그 언어가 지시하는 실체 간의 관계는 분리될 수 있으며 그래서 비록 실체는 변하지 않더라도 변하는 시대 속에서 언어는 계속 변할 수밖에 없으며 또 변해야 한다는 것이다. 케리그마 설교학 이론에서 발견되는 이러한 가정 역시 전통적인 설교학 이론과 비교하여 유사점과 차이점이 동시에 있다. 케리그마 설교학 이론에서 설교의 내용으로 여기는 케리그마는 전통적인 설교학 이론에서 설교의 내용으로 간주하는 진리와 유사하다. 케리그마와 진리 모두 다 인간의 경험이나 이해와 별개로 실체를 갖고 있다. 그리고 케리그마와 진리 모두 성경으로부터 가져올 수 있으며 간결하게 진술할 수 있으며 설교를 통해서 다른 사람들에게 전달된다. 그래서 케리그마는 진리처럼 객관적이며 명제적이다. 하지만 두 설교의 내용의 차이점은 케리그마 설교학 이론에서 언어와 실체는 서로 분리될 수 있는 것으로 간주한다는 점이다. 케리그마는 바뀔 수 없지만 그 케리그마를 진술하려는 인간의 언어는 계속 변화할 수밖에 없다는 것이다. 이러한 언어관 때문에 전통적인 설교학 이론에서 충분히 강조하지 못했던 문제 하나가 부각된다. 그 문제는 바로 성경은 케리그마를 오늘날의 언어가 아닌 일세기의 언어로 제시하고 있다는 점이다. 그리고 설교자가 직면한 가장 시급한 과제는 케리그마에 대한 성경적인 기본 구조를 오늘날의 상황에 맞게 환언해야(변환해야, translating) 한다는 것이다.

환언(translation)의 문제는 다드에게는 피할 수 없는 과제였다. 케리그마를 설교하는 오늘의 설교자들은 "원시 복음의 기본 구조에 신실한 방식으로" 설교해야 한다(1937, 127). 다시 말해서 설교자는 '다른 복음'을 전하지 말아야 한다(128). 하지만 이 케리그마는 "원시 복음으로서 오늘날 우리의 사고방식과 전혀 거리가 멀다"(127). 따라서 오늘날의 설교자들은 신약성서시대의 위대한 사상가들처럼 복음을 "담대하고도 심지어 대담한 방식으로" 오늘의 상황에 맞게 재진술해야 한다(128).

마운스는 케리그마를 바꾸지 말아야 하는 동시에 이를 오늘의 신자들의 상황에 맞게 재진술해야 한다는 이 두 가지 상반된 과제에 흥미를 품었다

(1960). 그리고 신약성서에 나타나는 설교에 대한 세심한 분석을 통해서 단일한 케리그마에 대한 다드의 동일한 결론에 도달하게 되었다. 마운스에 의하면 "사도 요한과 히브리서의 저자가 성경적인 개념들을 당시의 광범위한 청중들에게 의미심장한 용어로 재진술"했던 것처럼 오늘날의 설교자들 역시 동일한 케리그마를 오늘날의 회중들이 이해할 수 있는 언어로 선포해야 한다(156-57). 그래서 마운스는 본래의 취지는 바꾸지 말아야 한다는 한 가지 단서조항을 달면서도 케리그마의 현실 적합성을 위하여 "언어 혁신을 위한 강력한 운동"(crusade for linguistic renovation)을 받아들였다. 계속해서 그는 종교적인 언어를 현대화하려는 그 어떤 시도라도 "그러한 현대화 작업이 실제 기본 메시지를 더욱 분명하게 밝혀야 하며 본래 전혀 의도하지 않았던 다른 것으로 미묘하게 뒤바꾸는 일이 없어야 한다"고 주장하였다(157). 설교자의 임무는 결코 변하지 않는 구원의 메시지를 "가장 명확하게" 선포하는 것이다(157). 그리고 하나님의 역할은 "그 메시지가 회중에게 효과적으로 소통되도록 하는 것이다"(157). 이 소통의 문제는 케리그마가 오늘날의 사람들이 이해하기 어렵다는 것이 아니다. 문제는 그 사람들이 하나님의 말씀을 향하여 문을 열려고 하지 않는다는 것이다. "하나님이 말씀하심에도 불구하고 인간은 귀를 막고 들으려고 하지 않기 때문이다"(157). 설교 언어에 대한 마운스의 견해는, 정확한 표현을 강조한다는 점에서 전통적인 설교학 이론과 공통점이 있다. 케리그마를 현대적인 언어로 전환하는 작업, 즉 환언의 필요성을 인정하지만, 마운스의 일차적인 관심사는 설교 언어가 성경의 케리그마를 가능한 정확하게 소통시켜서 설교가 결국은 구원 사건이 되도록 하는 것이다.

그런데 케리그마 설교학을 받아들이는 일부 학자들 중에는 마운스와 달리 케리그마를 오늘에 맞게 환언하고 선포함에 있어서 상상력(imagination)의 필요성을 강조한다.

예를 들어 노만 피텐거(W. Norman Pittenger)는 오늘날 수 많은 신학 전문용어와 성경적인 용어들이 난무하며 이에 대한 환언의 필요성이 제기되는

'위대한 신학 부흥기'에 대해서 언급한다(1962, 19). 그런데 이 신학 부흥 운동에서 환언의 필요성을 인정하면서도, 마운스처럼 피텐거가 제시하는 한 가지 단서조항은 "우리가 환언하려고 하는 것은 반드시 복음이어야 하며 우리 스스로의 혁신적이고 기발한 생각이어서는 안 된다"는 것이다(20). 하지만 마운스와 달리 피텐거는 복음을 소통하는 데 따른 어려움은 단지 인간 청중들의 '죄성' 때문만은 아니라는 것이다(20). 피텐거가 보기에 소통의 문제는 설교 언어와 설교자가 말하는 언어 패턴이 회중들이 살아가는 세상과 전혀 관련이 없다는 데에 있다(20). 그래서 '새로운 표현 방법'이 필요하다고 피텐거는 주장한다(21). 그래서 케리그마는 기독교 교회에게 그 본래의 정체성을 제공하는 항구적인 신앙의 확신과 계속 일치해야 하지만, 회중에게 선포될 때에는 회중에게 적합한 이야기와 상징 그리고 시의 언어로 다가와야 한다는 것이다(12). 피텐거는 은유적이고 환기적인 상상의 언어를 문자적이고 과학적이거나 철학적인 언어와 서로 대조한다(12-13). 그리고 하나님에 대해서 말하는 자는 반드시 상상의 언어를 사용해야 한다고 주장한다. 그 이유는 "마치 우리가 하나님의 활동을 지도처럼 분명하게 보여줄 목적으로 제작된 정확한 차트를 가지고 있기라도 하듯이 그렇게 하나님과 그의 움직이는 방식들을 문자적으로 말할 수는 없기 때문이다"(14). 토마스 아퀴나스의 신학에 동의하는 피텐거는 신학적인 언어, 다시 말해서 복음을 전하는데 합당한 언어는 은유적인 언어로서 실체와 정확히 대응되는 동일시의 언어가 아니라 신비를 유사한 사물에 빗대어 묘사하는 닮음의 언어(the language of likeness)여야 한다고 주장한다: "우리 인간은 말한다. 그리고 다만 은유로만 말할 수 있다"(14). 그래서 케리그마 역시 그 원래의 형태는 은유와 이야기였기 때문에 오늘날 다시 선포되기 위해서는 오늘날의 상황에 맞게 환언되어야 한다는 것이다(17). 그리고 설교의 임무는 오래된 변하지 않은 복음을 위한 새로운 은유의 언어를 찾아내는 것이다.

헨리 미첼도 흑인 설교에 대해서 설명하는 중에 피텐거와 비슷하게 케리그마(1979, 114) 또는 '영속적인 진리'(113)와 그 메시지의 환언의 필요성에 대해서 언급한다. "본문 해석의 일차적인 과제는 계시를 오늘의 상황에 맞게 전달하는 것이다"(25). 해석학(hermenutics)은 본문 환언에 관한 이론으로서 "복음을 말하자면 가장 중요한 토대 위에 올려 놓고 평가하는 것"이다(30). 이러한 환언 작업에는 "복음을 회중의 언어와 문화로 진술하는 것"도 포함된다(152). 그래서 흑인 설교자는 흑인들의 언어에 능통해야 한다고 미첼은 주장한다(152). 또 올바른 환언을 위해서는 '신선한 스타일과 반향'(26) 뿐만 아니라 상상력도 필요하다고 한다(121).

흑인 설교에서 상상력을 사용하는 문제에 관한 논의에서 헨리 미첼은 마운스와 피텐거의 논의 속에 들어 있던 예리한 질문 하나를 던진다: "설교자가 하나님의 메시지를 약간 바꾸지 않았는지 또는 완전히 파괴하고 있지는 않는지를 어떻게 확인할 수 있는가?"(137). 미첼은 이 질문에 대한 세 가지 답변을 제시한다. 첫째 설교자는 "본문의 원래 내용에 대해서 전문가다운 신실함을 지켜야 한다"(138). 둘째 성경 본문의 의미의 중식은 마치 건조한 분유나 건조한 수프에 물을 넣고 다시 조리를 하듯 내용물의 재구성(reconstitution)과 흡사해야 한다(138). 셋째로 복음은 "선포와 해석 그리고 깊은 차원의 이해를 암시한다"(139). 이러한 해답을 제시하는 미첼의 관심사는 마운스나 피텐거의 입장과 마찬가지로 설교에서 원래 복음의 변질을 방지하면서도 이를 오늘날의 삶과 연결시키는 것이다(25, 29).

이러한 환언의 과제에 대한 논의에서 일부 학자들은 옷의 이미지를 사용하기도 한다. 제시 맥닐(Jesse Jai McNeil)은 피텐거와 미첼처럼 성경적인 개념이나 교리를 재해석함에 있어서 상상력의 중요성을 강조한다. 이와 관련하여 맥닐은 이렇게 적고 있다.

> 성경적인 개념과 교리들이 오늘날의 사람들에게 이해 가능하고 매력적인 주제로 다가오도록 할 때 설교자는 그런 개념과 교리들에서 성경적인 내용을 제거하지 않도록 주의해야 한다. 이와 동시에 그는 처음 듣는 내용에 대한 인상을 강하게 남기며 그 내용에 대한 헌신을 이끌어내야 할 사람들에게 이를 효과적으로

소개하기 위하여 여기에 적합한 옷으로 잘 꾸며야 한다(1961, 96-97).

맥닐의 입장에서 볼 때 설교 언어는 성경적인 개념을 정확할 뿐만 아니라 매력적으로 전달해야 한다. 이와 비슷하게 스테판 도일(Stephen C. Doyle) 역시 "회중에게 낯선 세계의 언어와 사고 패턴을 제거해야" 할 것을 주장한다(1982, 22).

옷의 이미지를 분명하게 사용하지 않는 다른 학자들도 케리그마 내용은 결코 바뀔 수 없으며 또 바꾸지 말아야 하겠지만 이를 전달하는 언어는 바뀔 수밖에 없으며 또 바꾸어야 할 것을 인정한다. 예를 들어 제임스 클라크(James W. Clarke)도 설교자는 자신의 언어와 방식을 따라 계시를 표현해야 하지만 그 의미는 결코 바뀔 수도 없고 바꾸려고 해서도 안 된다고 주장한다(1960, 20).

케리그마 설교학 이론에서 염두에 두고 있는 언어의 두 가지 전제(assumptions)에 주목할 필요가 있다. 첫 번째 전제는 설교 언어는 하나님의 구원하시는 말씀을 중재한다는 것이다. 둘째 전제는 언어와 실체는 서로 분리될 수 있기 때문에 실체가 변함이 없이 항구적이더라도 그것을 지시하는 언어는 변화한다는 것이다. 따라서 케리그마는 바뀌지 않으며 심지어 그 케리그마가 오늘날의 용어로 변환되고 또 그래야 할 때라도 케리그마 자체는 바꾸지 말아야 한다는 것이다.

오늘날의 설교학 대화 테이블에서 여전히 영향력을 행사하는 케리그마 설교학의 중요한 유산은 설교 현장에서 활동하시면서 설교를 역동적인 구원 사건으로 만드는 하나님의 말씀의 이미지이다. 또 다른 유산으로는 환언(혹은 전환, translation) 이론과 관련된 케리그마 신학자들의 여러 논의에서 자주 언급되는 상상력과 은유의 언어 그리고 이야기의 중요성이다. 이러한 유산 덕분에 설교학의 대화가 새로운 방향으로 더욱 발전될 수 있었다.

4) 설교의 형식

설교의 목적, 내용 그리고 언어의 관점에서 볼 때 케리그마 설교학 이론은 전통적인 설교학 이론의 한계를 더욱 확장시킨 동시에 때로는 몇 가지 약점을 극복하기까지 하였다. 하지만 설교의 형태에 관한 케리그마 설교학자들의 논의로부터 전통적인 설교학 이론을 따르는 학자들의 논의와 확연한 차이점을 발견하기 어렵다.

다만 케리그마 설교학 이론으로부터 발견되는 설교의 형태와 관련된 새로운 논의 한 가지는 본문의 형태와 설교 형태의 상호 일치에 관한 것이다.

이런 주장은 특히 칼 바르트에게서도 종종 들을 수 있는 것으로서 "복음을 전하는 설교자는 설교의 주제(topic)가 아니라 본문 자체의 인도를 받아야" 할 것을 주장하곤 했다(1963b, 81). 설교의 형식은 본문의 리듬을 그대로 따라야 하며, 본문 구절들의 질과 강조점이 각기 다른 경우를 제외하고 가능한 본문 구절의 흐름을 그대로 따라가면서 본문 형식의 비율을 존중해야 한다는 것이다(81). 설교 형식에 대한 바르트의 규칙에 의하면 "본문의 가장 중요한 내용이 설교 형식의 발전을 통제해야 한다"는 것이다(81).

몇몇 케리그마 설교학자들은 설교 형식에 대한 이러한 입장을 따르면서 전통적인 설교학 이론에서 이해하는 설교의 형식과 차이를 보인다. 장-자크 폰 알멘(Jean-Jacques von Allmen)은 '수사학의 법칙'이 아니라 본문이 설교 구조를 안내해야 한다고 주장한다(1962, 54). 로널드 슬리스(Ronald E. Sleeth)도 자신이 선호하는 성경적인 설교와 본문에 근거하지 않은 요점과 개요로 구성된 이성적인 설교(rational sermon)를 구분한다(1964, 39). 헨리 미첼은 흑인 설교가들 중에서 '성경 이야기'를 선호하는 설교자들을 찾아내면서 성경 이야기에 대한 이들의 높은 선호도는 결국 이들이 자주 활용하는 설교 형식과 밀접한 관계가 있다고 주장한다: "아마도 상당한 비율의 흑인 설교들 중에 설교 개요가 성경의 이야기를 들려주는 것으로 짜여진 경우들이 아주 많다"(178). 비록 많은 수는 아니지만 케리그마 설교학 이론을 받아들이는 학자들 중에는 설교 형식을 안내하는 수단으로서 성경 본문의 가치에 주목하는 학자들이 있다.

그런데 대부분의 케리그마 설교학자들이 더 보편적으로 공유하는 관심사는 전통적인 설교학 이론의 기본적인 입장과 거의 유사하다. 예를 들어 설교 형식은 "오직 성경 본문에 의해서"(1980, 66) 결정되어야 한다고 주장하는 다안(Daane)은 "어떤 설교 유형이든 모두가 따라야 할 기본적인 규칙 하나를 제시한다. 모든 설교는 단 한 가지만을 말해야 하며 이 한 가지는 단 하나의 문장으로 진술될 수 있어야 한다"(1980, 58). 전통적인 설교학 이론의 입장을 그대로 따르는 이러한 주장 속에서 다안은 이 단 하나의 문장을 성경 본문으로부터 끌어냈고 설교 전체의 구조를 통제하며 설교 결론에서 다시 한 번 더 언급되어야 하는 설교의 핵심 명제와 동일시한다. 다안 이외의 다른 케리그마 설교학자들 역시 설교자가 설교 전체의 구조를 짜기 전에 먼저 성경의 진리를 한 문장으로 진술하는 과정의 중요성을 강조한다(Brown, Clinard, and Northcutt 1963, viii). 에드워드 마쿼트(Edward F. Markquart)는 설교에 들어 있어야 할 하나의 초점에 대한 강조점을 메시지 전달이라는 설교의 목표와 결부시킨다.

> 그레디 데이비스와 다른 모든 저자들은 설교를 하나의 주제나 맥락, 자기장, 혹은 줄거리를 중심으로 설교를 구상하는 것이 매우 중요하다고 강조한다… 설교는 대체적으로 하나의 근본적인 확언이나 주제, 진리, 혹은 메시지를 갖는 것이 꼭 필요하다. 그리고 이 하나의 중심 주제는 다시 이야기와 예화, 일화, 비유 그리고 질문들로 보강하여 그 하나의 근본적인 모티프를 시각화할 수 있어야 한다. 거의 모든 설교자들이 늘 들어왔듯이, "세 선수를 출루시켜서 그대로 남겨두는 것보다는 하나라도 득점하는 편이 훨씬 더 낫다"(1985, 28).

설교에서 하나의 중심 초점의 기능에 대해서는 전통적인 설교학과 케리그마 설교학이 같은 견해를 갖고 있다: 만일 설교자가 자신이 전하는 메시지의 한 가지 핵심에 대해서 분명히 이해하고 있다면, 회중도 그 메시지를 좀 더 정확하게 받아들일 수 있을 것이다.

케리그마 설교학과 전통적인 설교학에서의 설교 형식에 관한 논의에서 발견되는 또 다른 유사점은 이야기 설교의 목적에 관한 것이다. 이야기는 진리를 효과적으로 표현하기 때문에 '이야기 설교'(story sermon) 역시 설교 메시지가 회중의 귀에 잘 들려 생각과 마음 속에 뿌리내리는 데 도움이 된다고 마쿼트는 주장한다(1985, 141). 또 헨리 미첼에 의하면 성경의 내러티브를 재진술하려는 설교자들은 "그 이야기와 이야기가 가르치는 진리에 생명력을 불어 넣기 위해서" 상상력을 사용해야 한다(1979, 121).

이렇게 설교의 형식과 이야기 설교에 관한 입장을 살펴보면 케리그마 설교학 이론은 전통적인 설교학 이론을 그대로 따르고 있다. 즉 두 설교학 이론에서 볼 때 이야기 설교는 설교의 메시지를 소통하는 효과적인 수단이다.

이야기 설교에 대한 케리그마 설교학 이론의 좀 더 커다란 배경 속에는 예술과 설교 사이의 유비에 관한 특별한 전제가 깔려 있다. 다안은 예술가와 설교자 사이의 유사성을 언급함으로써 설교 형식에 관한 논의를 시작한다. 그의 주장에 따르면 예술가는 구성의 법칙(the rules of construction)을 무시할 수도 있지만 만일 다른 사람들에게 무언가를 소통하기를 원한다면 모든 법칙을 다 무시할 수는 없다(1989, 58). "모든 종류의 예술가들은 자신이 예술적으로 표현하고 싶어 하는 원래의 메시지나 생각이 요청하는 예술적인 요구 조건을 그대로 따라주어야 한다"(58). 이와 마찬가지로 헨리 미첼도 흑인 설교자를 극작가에 비유하면서 양쪽 모두에게는 '전하고픈 메시지가 있다'고 한다(1979, 133). 다안 역시 예술과 설교 모두의 관심사는 메시지나 생각을 전달하는 것이라고 본다. 그리고 예술과 설교 모두는 다음과 같은 연속적인 순서를 염두에 두고 있다. 즉 먼저는 메시지나 아이디어를 정하고 다음은 이를 표현할 형태를 찾는 것이다.

설교 구성의 관점에서 볼 때, 설교 형태를 정하는 데 성경 본문이 도움이 될 수 있다고 생각했던 일부 학자들을 제외하면, 케리그마 설교학 이론은 전통적인 이론에 비해서 그리 새로울 것이 없다. 케리그마 설교학 이론에서는 설교를 복음의 전달 통로로 이해하였기 때문에 전통적인 설교학 입장의 설교 구성에 관한 규칙들이 그대로 케리그마 설교학에서도 되풀이 되고 있다.

2. 케리그마 설교학에 대한 평가

　케리그마 설교학 이론은 설교학의 대화가 진전되는 데 매우 중요한 공헌을 했다. 케리그마 설교학은 설교를 설득을 발휘하는 강론으로 이해하였던 전통적인 설교학 이론에 영적 사건을 발생시키는 강론으로서의 관점을 덧보탰다. 사건으로서의 설교 이미지는 설교 메시지가 전달되는 동안에 신자들이 종종 경험하는 것이 무엇인지를 이해하는 데 도움을 주었다. 케리그마 설교학 이론은 또한 말씀의 역동성을 통하여 설교에 임재하시는 하나님의 현존성에 대해서 좀 더 중요한 의미를 부여하였으며, 덕분에 설교에서의 하나님의 현존성에 대한 강조점은 오늘날의 대부분의 설교학계에서 중요한 관심사로 자리매김될 수 있었다.

　설교의 중심축이 설교자로부터 하나님으로 이동한 점은 내가 여성으로서 1970년대에 설교를 배울 당시 나에게 매우 중요한 의미로 다가왔다. 그 당시 대부분의 설교자가 남성인 때에 참된 설교자로서의 하나님의 이미지는, 설교단에서 내가 느꼈던 불편함과 나에게 집중되는 조명을 거두고 참된 설교자이신 하나님만을 부각시키도록 하는 데 큰 도움이 되었다. 케리그마 설교학에서 인간 설교자가 아니라 하나님을 강조하는 입장을 염두에 두면서, 나는 내 능력으로 설교를 잘 전달해서가 아니라 하나님께서 말 그대로 자기 주도적인 임재를 하나님 스스로 가져오실 것이기 때문에 설교단에서 설교하는 내 자신의 모습을 그려볼 수 있었다.

　마지막으로 케리그마 설교학의 견해를 받아들이는 일부 학자들 중에는 이 이론 때문에 설교단과 회중석의 간격이 더 멀어지는 것을 비판하면서 설교는 설교자와 회중 사이의 쌍방향 대화여야 한다고 주장하는 경우도 있다. 결국 케리그마 설교학 이론에도 몇 가지 해결되지 않은 문제점이 남아 있으며 이 이론 때문에 또 다시 새로운 문제점이 야기되기도 한다. 다음 다섯 가지 쟁점에 대해서 좀 더 살펴볼 필요가 있다.

1) 비평 하나: 설교자와 회중 간의 간격

케리그마 설교학의 첫번째 문제점은 설교자와 회중 사이의 간격이 여전히 극복되지 않는다는 점이다. 전통적인 설교학 이론에서 설교자와 회중에게 각각 부여한 역할들이 케리그마 설교학에서도 여전히 바뀌지 않고 그대로 유지되고 있다. 즉 예배 참가자들에게 가장 본질적인 복음의 메시지를 전해야 하는 설교자는, 케리그마 설교학에서 이해하는 설교의 핵심 내용으로서의 케리그마나 복음에 대한 정확한 진술문이나 해설을 제시하는 권위적인 인물로 여전히 회중과 동떨어져 있다.

회중의 역할에 대해서도 케리그마 설교학 이론은 전통적인 입장을 그대로 따르고 있다. 사실 예배자들(혹은 예배참가자들, worshipers)은 설교 이전의 토론 그룹이나 설교 후의 토론 그룹 그리고 설교 중에라도 자신들을 하나님의 임재에 적극 관여시킴으로써 설교 전체 진행 과정에 좀 더 적극적으로 개입할 수 있다고 본다. 하지만 케리그마 설교학 이론에서는 이들을 여전히 설교자로부터 메시지를 수동적으로 받기만 하는 자리에 놔두고 있다. 케리그마 설교학에 관한 도서들에서 다루고 있듯이 설교 전후의 토론 그룹의 목적은 설교자의 설교 준비와 구성을 돕기 위함이다. 즉 회중들로 하여금 설교 메시지를 좀 더 쉽게 받아들여서 설교를 하나님의 구원 사건으로 경험할 수 있도록 설교를 구성하는 것을 도와준다. 그래서 회중은 이전의 전통적인 입장처럼 설교의 과녁으로 남아 있을 뿐이다(Semmelroth 1965, 72-73; Horne 1983, 10).

일부 케리그마 설교학자들은 설교단과 회중석의 간격을 좀 더 좁혀보려고 시도하는 반면에, 또 다른 학자들은 전통적인 설교학에서 발견되는 설교의 일방향성과 설교자의 권위를 더욱 강조하면서 결국 두 진영 사이의 간격을 더 강화하는 경우도 있다. 하지만 케리그마 설교학에서는 이 간격이 좁아지거나 넓어지든 관계없이 여전히 미해결 과제로 남아 있으며, 결국 설교자와 회중 사이의 긴밀한 연대감에 기초한 설교의 경험을 올바로 설명하는 데는 케리그마 설교학 이론으로는 한계가 있다.

2) 비평 둘: 사건으로서의 설교

케리그마 설교학 이론으로부터 야기되는 두 번째 문제는, 모든 설교가 영적인 사건이어야 한다는 주장이 지나칠 정도로 웅대하다는 점이다. 설교에 대한 두 가지 설명 사례가 이러한 기대감의 웅장함을 잘 보여준다. 첫째로,

> 내가 바라기로는 이제 설교의 의도와 목적은 분명하다. 설교자는 하나님과 그의 회중들의 영혼 사이의 인격적인 만남을 가져오는 것이다. 그는 설교를 듣는 모든 사람들을 얼굴과 얼굴을 마주 대하면서 하나님을 만나야하는 자리로 인도하려고 한다(Tizard 1958, 18).

둘째 사례는 다음과 같다: "바람직한 설교를 위해서 설교자는 회중을 변화산 위에서 얼굴과 얼굴을 마주 대하고 예수를 만났던 제자들의 자리로 인도해야 한다"(Wright 1958, 12).

바틀렛(Bartlett)은 설교가 영적 사건이어야 한다는 입장에 대해서 좀 더 신중한 입장을 취하면서 "믿음의 차원에서 볼 때 아무런 일도 일어나지 않을 것 같은 때"에 대해서 언급한다(1962, 98). 그에 의하면 설교에서 항상 영적 사건이 발생하는 것은 아니고, "그리스도의 구원하는 사건이어야 한다는 약속을 붙잡아야" 한다고 본다(59). 아무런 사건이 일어나지 않는 때라도 설교는 "희망을 가지고서 결국 마지막 문이 열릴 시간의 충만한 때에 대한 지속

적인 믿음과 기대감"을 제공한다는 것이다(98).

다른 학자들 역시 사건으로서의 설교에 대한 과도한 기대감의 문제에 대해서 지적한다. 이런 기대감에 대해서 마쿼트는 약간 회의적인 입장을 취하고 있다.

> 우리 설교자들의 언어가 얼마나 진부한 말과 지루한 말, 무미건조하고 천박한 말들(이런 표현은 미국 교회의 평범한 설교의 실상을 묘사하는 설교학자들이 자주 언급하는 단어들이다)로 가득 차 있는지를 잘 알기 때문에 주일 날 아침 우리가 전하는 말이 살아계신 하나님의 음성이라고 믿기가 그리 쉽지 않다. 하나님의 음성이 그토록 평범하고 지루하며 그렇게 무미건조하고 천박하며, 그렇게 인간적이라고 잘 믿어지지 않는다(1985, 85).

하지만 이 문제에 대한 마쿼트의 해답은 사건으로서의 설교에 대한 확신을 재진술하는 것뿐이다. 그는 이렇게 말한다: "평범하고 일상적인 남자와 여자들의 살아 있는 음성을 통해서 우리는 살아계신 하나님의 말씀을 듣는다"(85).

이와 유사하게 슬리스(Sleeth)도 "설교가 전혀 효과적인 의사소통도 아니며 쌍방간의 대화도 아니고 그저 지나치게 이성적이고 권위적이기" 때문에 일부 신자들이 설교를 듣는 데 어려움을 느끼는 현실을 인정한다(1986, 5). 그런데 슬리스는 이들이 설교에 대해서 느끼는 어려움의 진짜 이유는 그것이 아니라고 본다. 그에 의하면 아마도 '실제 이유'는 "그들은 하나님의 말씀이 그들에게 전해졌음을 더 이상 믿지 않기" 때문이라고 한다. 아마도 그들은 "누군가나 무엇인가가 그들에게 오고 있는지에 대해서 의아해하면서, 더 이상 하나님이 말씀하셨거나 지금 말씀하고 계시다고 생각하지 않는다"는 것이다(5). 마쿼트처럼 슬리스 역시 자신의 설교 이론에 대해서 스스로 질문을 던지지도 않고, 모든 설교를 하나님과의 만남의 사건으로 이해하는 것이 현실과 달리 지나치게 웅장한 이미지가 아닌지에 대해서 고민해 보지 않는다. 그 대신 슬리스는 마쿼트처럼 케리그마 설교학의 주장들, 즉 설교는 하나님이 그 백성들 가운데 찾아오시는 사건이며(24), 하나님의 임재를 중재하는 방편이고(25), 계속 반복적으로 일어나는 구원 사건이라는 주장들을 다시 반복하여 진술한다(6).

이들 케리그마 설교학자들도 모든 설교가 하나님과의 만남의 사건이어야 한다는 주장에 딸린 이러한 문제점을 인정한다.[4] 그러면서도 이런 문제점에 대한 이들의 반응은, 다시금 모든 설교는 회중과 하나님의 구원하시는 말씀 간의 만남의 사건이어야 하고 그럴 수 있다는 케리그마 설교학의 기본적인 확신을 재차 단언할 뿐이다. 하지만 설교는 전부가 아니라 아마도 아주 가끔 그렇게 하나님의 구원하는 사건이 될 뿐이다. "믿음의 세계에서 볼 때 아무것도 일어나지 않은 것 같은" 그런 시기에 아마도 무슨 일이 가끔 일어날 뿐이다(Bartlett 1962, 98).

---

4) 설교자와 예배참가자들 양쪽 모두 설교가 영적인 사건이 되어야 한다는 높은 기대감을 감당하느라 힘들어 한다. Willard Francis Jabusch는 회중석에 앉은 청중들의 설교에 대한 실망감을 다음과 같이 묘사한다.

    기독교인들은 선포된 말씀이 자신들을 예수 그리스도와 연합시켜줄 수단이 되기를 기대했다. 최소한 자신들이 들었던 설교 메시지의 일부분이 하나님께 드리는 기도가 되기를 원했다. 말하자면 그 설교 메시지가 자신들을 예수와 그리고 하늘의 아버지와의 만남으로 인도해 주기를 기대했다. 또 이들은 설교 말씀이 자신들에게도 다가와서 형제 자매들에게로 더 가까이 인도해 주며 구세주께로 가까이 데려다 줘서 고독으로부터 자유롭게 하며 차가워진 마음을 녹여주고 굳어진 생각을 부드럽게 해 주기를 여전히 기대한다. 이들이 실망하는 이유는 바로 이런 기대 때문이다. 좀 더 비평적인 청중 편에서의 높아진 기대감이 실제 전달되는 설교를 능가한 것이다.(1980, 27)

    어떤 설교자들은 설교에 대한 스스로의 높은 기대감에 미치지 못한 것을 깨닫고 실망하기도 한다. 어떤 동료 목회자는 그 실망감을 이렇게 표현한다. "나는 내 설교를 듣고 청중도 바뀌고 궁극적으로는 이 세상도 바뀌기를 기대하며 하나님의 말씀을 선포합니다. 하나님의 말씀은 능력이 있고 또 능히 회중과 이 세상을 바꿀 힘이 있다고 믿습니다. 이 믿음을 가지고 꾸준히 선포된 말씀은 분명한 차이를 가져올 것입니다." 그 다음에 이 목회자는 이런 말을 덧붙였다. "하지만 설교 다음에 아무것도 바뀐 것이 없을 때는 정말 절망적입니다."

3) 비평 셋 : 개인 대(對) 공동체

케리그마 설교학 이론에서 제기되는 셋째 문제점은 공동체보다는 개인 예배자에 초점을 둔다는 점이다. 케리그마 설교학에서 설교자는 "개인 영혼과 하나님 사이의 개인적인 인격적 만남을 가져오도록" 해야 할 것을 강조한다(Tizard 1958, 79). 또는 "설교는 하나님께서 예배 참가자 개개인에게 말씀하시는 사건"이라고도 한다(Read 1988, 33). 개인에 대한 이러한 강조점은 아마도 다드가 케리그마 설교학에 미친 그의 영향력의 또 다른 사례이기도 하다. 다드는 이렇게 말했다. "기독교 교회의 설교는 예수께서 이 역사 속에 가져오신 결단의 시간을 개개인의 경험 속에 재현해야 한다."[5]

그런데 개개인 예배자들에 대한 이러한 강조점이 케리그마 설교학 이론에서 지배적으로 나타나지만 바르트와 일부 다른 케리그마 설교학자들의 글에서는 개인과 신앙 공동체와의 상호 관계에 대한 이해가 균형을 이루고 있다.

바르트에 의하면 신앙 공동체는 하나님의 말씀을 듣는 것과 전해 받는 책임이 있다. 그는 이렇게 주장한다.

> 하나님의 말씀은 개개인에게 주어지지 않고 하나님의 교회에게 주어지며 개인에게 주어질 때는 오직 교회에 속한 개인에게 주어진다. 따라서 하나님의 말씀을 위해서는 이렇게 말씀을 듣고 받는 공동체가 필요하다. 그 말씀을 참으로 듣고 받으려는 자는 이 공동체 안에서 말씀을 듣고 받는다. 이 공동체로부터 떠나려고 하면 그들은 결코 그 말씀을 듣거나 받을 수 없다(1963a, 588).

이러한 공동체적인 말씀 청취와 수납을 통해서 "교회는 자신에게 부여된 임무, 즉 하나님의 말씀의 공적인 선포 사역을 감당한다"(591, see 757). "모든

---

5) C. H. Dodd, *The Parables of the Kingdom*, 3rd ed. (New York: Charles Scribner's Sons, 1936), 204, quoted in Thompson (1962, 143).

교회의 신자들이 하나님 자신의 선포 사역 속에서 그의 말씀을 함께 나누어야 하는"(575) 위임 명령의 근거는 세례(744)와 교회에게 부여된 하나님의 말씀(746)에서 찾아볼 수 있다.

제멜롯도 설교 메시지는 신자 개개인을 지향해야 한다고 주장하면서도, 칼 바르트처럼 신자 개개인은 오직 하나님의 백성들의 사귐이 있는 교회 안에서 하나님의 말씀을 듣고 여기에 올바로 순종할 수 있다고 주장한다(1965): "하나님의 말씀은 따로 떨어져 존재하는 수 많은 개인들에게 주어지는 것이 아니라 사회적인 맥락 속에서 선포된다. 하나님의 말씀은 역사 속에서 이스라엘 백성들의 공동체를 향하여 선포된다. 하지만 말씀이 사람들에게 선포되는 이유는 이 사귐 안에 있는 각각의 개인들이 말씀 앞에서 결단하도록 소환하려는 것이다"(184). 개인은 공동체로부터 분리될 수 있으며 공동체 역시 개인으로부터 분리될 수도 있다. 하나님의 활동은 교회와 개인 모두에게 관여하며, 그래서 한 쪽에 영향을 미치는 일이 없이 다른 한쪽에 일방적으로 영향을 미칠 수 없다(184).

설교에서 공동체의 중요성을 강조하는 또 다른 케리그마 설교학자는 루돌프 보렌(Rudolf Bohren, 1965)이다. 바르트와 제멜롯처럼 보렌 역시 개인 신자를 신앙 공동체 안에 위치시킨다: "구체적인 회중과의 연합과 사귐이 없이는 성령과의 사귐도 있을 수 없고 하나님의 말씀을 들을 수도 없다"(105). 보렌의 입장에서는 다음의 사실이 매우 중요하다. "성령 하나님은 공동체에게 약속된 것이며 나는 나 혼자만의 내적인 빛의 도움이나 나 혼자만의 결정으로 성령과 함께 동행하는 삶을 살 수 없고, 다만 공동체의 한 일원으로서 성령을 따라 살아갈 수 있다… 그리고 성령의 인도를 받는 성도의 견인은 신자가 은사 공동체에 의하여 둘러 싸여 보호받고 있음을 암시한다"(105). 이러한 맥락에서 설교는 "공동체 안에 살아 역사하시는" 예수 그리스도를 선포할 뿐만 아니라 공동체가 세상을 향한 목회자로서의 공적인 임무를 감당할 자격을 부여한다(131). 세상을 향한 목회자의 임무에는 상호간의 교정과 지원도 포함된다(132). 이렇게 함으로써 결국 설교는 지속적이며 상호 작용하는 공동체로서의 회중을 세워간다. 그리고 공동체 안에서의 신자 상호간의 연대는 세상을 향한 상호 연대와 피조물을 향한 상호 연대를 위한 모범적인 틀(paradigm)이 된다(128).

케리그마 설교학에서 발견되는 문제점은 예배자 개인을 지나치게 강조한다는 것과 설교 사건을 이루는 만남의 사건을 개인적인 차원에서 강조한다는 것이다. 그래서 제멜롯이나 보렌과 같은 일부 설교학자들은 설교 사건에서 개인에 대한 강조점을 "신앙 공동체 안에 있는" 개인 신자에게로 이동시킨다. 그런데 이러한 초점의 변화는 다음과 같은 새로운 질문을 초래한다: 하나님의 말씀이 개인보다는 공동체에게 우선적으로 부여되는 것을 강조하는 설교학 이론은 과연 어떤 것일까? "공동체 건축가"(community builder)로서의 설교자에게 초점을 두며 개개인의 집합체가 아니라 세상과 피조계 안에 존재하는 신앙 공동체로서의 회중에게 초점을 두는 설교학 이론은 과연 어떤 것일까? 이러한 질문은 기존의 설교학 이론이 새로운 방향으로 발전되어야 할 필요성을 암시한다.

4) 비평 넷 : 변하지 않는 케리그마

일부 설교학자들이 케리그마 설교학 이론으로부터 찾아내는 넷째 문제점은 설교를 통해서 선포되어야 할 내용으로 간주되는 복음의 본질적인 메시지인 케리그마 혹은 하나님의 말씀의 기본 구조에 대한 확실성이다. 케리그마 설교학자들은 복음이나 하나님의 말씀 혹은 케리그마는 고정된 것이며 그 내용이 '명백하다'고 주장한다(Wright 1958, 25). 하지만 또 다른 학자들은 케리그마가 그렇게 고정된 것이 아니라고 생각한다. 그래서 제임스 클러랜드(James T. Cleland)도 케리그마 설교학에 대해서 질문을 제기한다. 그는 『설교 이해』(*Preaching to Be Understood*, 1965)라는 책에서 링컨 대통령의 암살 사건에 대해서 다루는 네 편의 19세기 설교의 요약을 소개하는 내용으로 시작한다. 그런데 네 편의 설교는 각기 다른 강조점을 담고 있다. 첫째 설교는 복수를, 둘째는 '영웅 숭배의 죄악'을, 셋째 설교는 '금요일의 순교자'에 대해서 그리고 마지막 설교는 '점잖은 불가지론자'에 대해서 강조하고 있다(14). 이렇게 각기 다른 강조점이 담긴 설교문을 소개한 다음에 클러랜드는 이런 질문을 던진다.

> 당신은 무엇이 문제인지 눈치 챘는가? 그러한 사건으로부터 들을 수 있는 하나님의 말씀은 도대체 무엇일까? 무엇이 복음이고 무엇이 복된 소식인가? 목회자가 하나님의 인도 아래에서 설교하고 있다고 판단할 수 있는 기준은 무엇일까? 설교자가 자신과 회중을 말씀으로 조종할 때 기준 삼아야 할 북극성과 같은 판단 기준은 무엇인가? 링컨에 대한 네 편의 설교에서 각기 다른 강조점은 하나님의 말씀에 대한 올바른 해석인가? 올바른 해석이라면 그 근거는 무엇이고 아니라면 그 이유는 무엇인가? 오늘날 이 시대를 향하여 하나님께서 말씀하시는 것을 듣고자 설교자가 귀를 기울이는 곳은 어디인가?(14).

이 질문에 대해서 클러랜드가 스스로 제시하는 해답은 "성경과 예수 그리스도, 성령 그리고 전통이 본질적으로 서로 동의하는 분명하고도 중심적이고 반복적으로 언급되는 진리"이다(28). 클러랜드의 답변은 설교의 기준이 되는 케리그마에 대해서 자신에게 맞게 수정한 개인적인 기본 문구(personal formulation)로서 다음과 같이 표현된다 : "하나님 자신의 자유 의지는 계속해서 인간과 올바른 관계를 맺는 것을 추구하는데 이는 인간 편에서 어떤 공로가 있기 때문이 아니라 하나님의 본래 속성이 그러하기 때문이다"(28). 클러랜드는 분명하게 표현되어야 하는 케리그마의 능력에 대한 자신의 확신을 결코 포기하지 않는다. 그는 케리그마에 대해서 나름대로 비평적인 질문을 던져보지만 다시 자기 나름의 기본 공식과 같은 해답으로 되돌아오고 있다.

앨빈 포르테우스(Alvin J. Porteous) 역시 "기독교 메시지의 정수"가 존재한다는 점을 믿지만 이 메시지에 대한 그의 입장은 클러랜드에게는 사뭇 도전적이다. 포르테우스가 보기에 성경의 메시지는 해방의 말씀이기 때문이다. 그에 의하면 특권 계층과도 같은 교회의 사회 경제적인 지위 때문에 교회는 본래의 메시지를 관념론적으로 왜곡시키는 결과를 가져왔다는 것이다(34). 따라서 교회는 "복음의 메시지를 관념론적인 유착과 왜곡으로부터 자유롭게 풀어놓아야 할 힘든 과제에 직면해 있다"는 것이다(36). 포르테우스는 시원적인 복음의 케리그마로부터 해방의 메시지를 끌어내고자 한다. 그리고 그가 희망하는 것은 만일 설교자가 성경으로부터 메시지를 올바로 듣기만 하면 그 설교는 다시 한 번 더 참된 '해방의 사건'이 될 수 있다는 것이다(60). 왜곡되지 않은 복음의 메시지가 분명히 복구되어 설교로 선포될 수 있다고 포르테우스는 확신한다. 또 그는 현재 특권을 누리고 있는 교회의 메시지는 왜곡되어 있다고도 확신한다.

클러랜드나 포르테우스의 복음의 본질에 대한 논의는 다음과 같은 중요한 질문을 야기한다: 과연 누가 케리그마를 규정할 수 있는가? 포르테우스에 의하면 복음에 대한 클러랜드의 공식 문구는 특권을 누리는 교회의 입장을 대변하면서 사회적으로나 경제적으로 해방을 가져오는 복음의 변혁적 능력을 무시하기 때문에 관념론적으로 왜곡되었다고 본다. 말하자면 케리그마는 수 세기 동안 특권층과 권력층에 의해서 규정되어 왔다는 것이다. 주스토 곤잘레스(Justo L. Gonzalez)와 캐서린 군살루스 곤잘레스(Catherine Gunsalus Gonzalez) 역시 기독교의 교리가 어떻게 '권력계층의 관점과 이해관계'에 맞게 변질되었는지를 지적한다(1980, 15).

권력 계층에 의해서 규정된 기독교 신앙의 해석은 "규범이 되었고 그대로 권위를 가지고 권력 계층의 후 세대에게 전수될 뿐만 아니라 차별과 착취를 묵묵히 수용하거나 아니면 기독교를 거부하거나 하는 선택 밖에는 남겨진 것이 없는 무력한 사람들에게도 그대로 권위 있는 가르침으로 전수되었다"는 것이다(15). 포르테우스처럼 곤잘레스도 복음은 이 세상에서 힘이 없고 억압받는 사람들이 가장 잘 이해할 수 있다고 주장한다(16-19). 그래서 앞에서 제기했던 질문, 즉 '누가 복음을 규정하는가'라는 질문은 비평적인 성찰을 요구하는 질문으로서 복음에 대한 규정에 영향을 주는 사람들의 입장에 따라 각기 다르게 규정된다.

이어지는 질문은 변하지 않는 케리그마가 존재하는가 하는 것이다. 포르테우스와 같은 일부 학자들은 이 질문에 계속해서 '예'라고 대답하면서 케리그마의 메시지를 재구성하려고 노력한다. 반면에 또 다른 학자들은 왜곡되지 않은 복음의 공식 문구가 가능할 것인지에 대해서 의문을 던진다. 윌리엄 힐(William J. Hill)에 의하면 성경에 들어 있는 케리그마는 "전혀 변하지 않고 있는 그대로 현 시대에 전달될 뿐이면 그만인 획일적인 의미로 우리에게 다가오지 않는다"고 주장한다. 즉 핵심은 변하지 않고 그 외양만 오늘날의 용어로 환언되거나 또는 현 시대의 문화적인 외양에 맞게 전환되기만 하면 되는 최종 제품과 같은 것이 결코 아니라는 것이다(1983, 114).

그런데 어니스트 베스트(Ernest Best)는, 성경은 단일한 케리그마를 결코 제시하지 않는다는 힐의 주장에 대답하기라도 하듯이 이렇게 묻는다. "하지만 신약 성경은 신앙의 핵심 케리그마를 진술하는 여러 방법들을 제시하지 않는가?"(1988, 26). 자신이 던진 이 질문에 대해서 베스트는 힐의 입장과 비슷한 맥락에서 다음과 같이 대답한다: 신약성경은 기독교 신앙에 대해서 서로 모순되는 관점 뿐만 아니라(32) 서로 다른 강조점(26)과 이해(28-29)를 제시한다. 유일한 절대자는 성경에서 추출한 예수에 관한 사실도 아니고 고정되고 최종적이며 다른 형식으로 바꿀 수도 없는 해석이 아니라, 오직 하나님의 말씀이신 예수 그리스도 뿐이다(31).

그런데 힐과 베스트의 입장에서 약간의 미묘한 차이를 발견할 수 있다. 힐은 하나님의 실체로서의 케리그마와 그 케리그마를 표현하고자 하는 인간의 말을 구분한다. 반면에 베스트는 케리그마를 인간의 실체 쪽으로 가져오면서 고정되고 최종적이며 변경 불가능한 공식적인 문구로서의 케리그마와 이 케리그마를 훨씬 초월하는 하나님의 실체를 서로 구분한다. 누구의 입장이든 인간의 언어와 그 언어가 지시하는 하나님의 실체 사이의 간격이 다시 등장한다. 하지만 힐과 베스트의 공통분모는 둘 다 케리그마나 복음 또는 하나님의 말씀은 절대적인 확신을 가지고 공식 문구로 표현해 낼 수 있는 변함이 없고 이해 가능한 메시지라는 확신에 더 이상 동의하지 않는다는 점이다.

　일부 설교학자들이 보기에 신앙의 문제에 대한 확신은 다시 불확실성을 초래한다. 대부분의 학자들은 진리는 어느 정도의 확신 속에서 알려질 수 있다고 보는 반면에, 또 다른 학자들은 그러한 확신의 필요성을 거부한다. 조셉 시틀러(Joseph Sittler)는 "요술 단추 하나를 눌러서 단번에 확실성이란 눈부신 잭팟을 터뜨릴 수 있으리라"는 우스운 생각을 비판한다(1966, 25-26). 또 웰쉬(Welsh)도 "절대로 제거할 수 없는 불확실성"에 대해서 언급하는가 하면(1974, 43), 존 클레이풀(John Claypool) 역시 '종교적인 확실성'과 관련하여 "나로서는 순진함의 종말로 각인될만한 사건"을 소개한다(1980, 92). 또 클리버리 포드(D. W. Cleverley Ford)는 "모든 확신은 죽은 확신"이라고 선언한다(1979, 14). 계속해서 폴 쉬러(Paul Scherer)는 "기독교 신앙의 문제와 관련하여 우리의 신앙이 단순한 지식의 문제로 전락되지 않도록 하려면 그렇게 많은 사람들이 갈망하는 확실성이 아닌 다른 것에 만족할 수 있어야 한다"고 조언한다(1965, 28).

　신앙의 확신에 관한 여러 쟁점들의 저변에 깔린 한 가지 주제가 바로 지식의 상태에 관한 것이다. 바틀렛은 실체는 인식할 수 있는 것이라고 생각하면서 과학자에 대해서 이렇게 설명한다. "과학자는 자신이 연구하고자 하는 분야를 정하고 그 분야의 과학적 연구 방법에 스스로를 복종시킴으로써 그 영역의 실체에 관한 범례적인 지식에 접근할 수 있다. 오늘날의 이러한 과학 시대는 과학자가 자신의 신념과 주장을 모두가 놀랄만한 정도까지 달성할 수 있음을 분명히 보여주는 증거이다."(1962, 18). 이어서 바틀렛은 설교자 역시 과학자처럼 "제한된 영역에 대해서가 아니라 하나님과 모든 실체의 근거에 대한 지식을 파악할 수 있는 자"로 묘사한다(18-19).

　하지만 지식의 확실성과 관련하여 시틀러는 바틀렛과 입장이 다르다. 시틀러가 보기에 심지어 과학자라도 "이제는 더 이상 자기 분야의 용어가 사물의 본질에 대한 보편적인 진리나 공식적인 문구를 담아 내는 것처럼 그렇게 지식에 대해서 더 이상 말할 수 있는 형편이 아니라고 한다"(1966, 51). 시틀러는 변해버린 상황에 대해서 계속 설명한다.

> 지난 4백 년 동안 서구 세계는 경험론적인 연구를 통해서 사물의 본질을 연구하고 정확하게 파악하여 이를 이해 가능한 진술문으로 만들어낼 수 있으리라고 믿어왔다. 하지만 이제 이런 믿음은 죽어버렸다. 이러한 연구 과정을 절대시하고 바람직한 것으로 여겼던 평범한 사람들의 생각 속에서 죽은 것이 아니라, 가장 앞서 나간 전문가들의 판단 속에서 이 믿음이 죽어버렸다(51).

시틀러가 보기에 지식의 지위와 관련하여 이렇게 뒤바뀐 상황은 언어의 문제와도 결부되어 있다: "언어의 문제는 20세기 후반기에 나타난 독특한 문제로서, 이 문제는 우리가 의식하는 마음의 문법과 마음 밖에 존재하는 사물의 속성이 반드시 서로 일치할 필요는 없다고 하는 발견에서 비롯된 것이다"(51). 언어가 자동적으로 꼭 실체를 정확하게 반영하는 것은 아니기 때문에, 언어로 이루어진 지식 역시 실체를 정확하게 반영하는 것이 아니다. 그러므로 지식은 정확한 철학적 및 과학적 혹은 주해적인 방법을 통해서 얻어지는 단순한 활동(a simple activity)이 아니다. 그래서 "앎의 방식은 철학자들이 간절히 원하는 것만큼 그렇게 분명하고 명확하며 단순하지 않고 오히려 역사가 그러하듯이 늘 변화하며 모순될 때도 많고 다양할 수밖에 없다"고 시틀러는 주장한다(26).

일반 언어나 심지어 성경의 언어가 하나님의 실체를 왜곡됨이 없이 반영할 수 있다고 더 이상 믿지 못하는 우리가 보기에 케리그마 설교학 이론에는 문제가 있다. 우리 입장에서는 다음과 같은 질문을 던질 수 있다. 변화하지 않고 자명한 케리그마가 존재하지 않는 상황에서 과연 설교의 내용은 무엇일까? 언어가 하나님의 실체까지를 포함하여 사물과 실체를 정확하게 포착해내지 못한다면 설교에 어떤 일이 일어날까? 이러한 질문은 설교가 과연 무엇인지에 대한 새로운 관점과 이해를 요구한다.

5) 비평 다섯 : 언어와 환언의 난제

케리그마 설교학 이론에서 발견되는 다섯 번째 쟁점은 환언에 관한 것이다. 이 문제는 특히 바뀌는 옷의 이미지를 통해서 더욱 심각하게 부상된다. 문제는 언어가 서로 호환될 수 있다는 가정에 있다. 만일 언어가 사물이나 실체와의 관계에서 정확하게 고정되어 있지 않고 불안정하며 분명한 지시 대상과 분명한 의미를 확보하지 못한다면, 그래서 특정한 낱말이 특정한 사물을 대신하지 못한다면 결국 환언의 임무에 대해서 재고해야만 한다.

맥닐과 도일처럼 칼 라너(Karl Rahner) 역시 복음이 성경적인 개념과 이미지들로 '덧입혀져 있다'고 생각하면서(1968, 21), 설교 메시지가 회중에게 올바로 전달되기 위해서 설교자는 기독교의 메시지를 가능한 정확하게 환언해야 한다고 주장한다(24-38). 하지만 맥닐과 도일의 입장과 달리 칼 라너는 복음을 환언하는 과제가 아주 심각할 정도로 복잡하다고 생각한다.

우선 칼 라너는 단어의 의미가 바뀐다는 점을 인정한다. 언어는 "계속 변화하며" "두 사람에게라도 결코 같은 의미를 전하지 못한다"고 한다(23). 특정 단어라도 어느 한 가지 간단한 의미로 정의되기 어려우며 "다양하게 얽힌 의미와 느낌들 그리고 경험들에 의해서 둘러 싸여 있다"(23). 칼 라너는 계속해서 이렇게 말한다.

> 한 단어의 최종적인 정의란 결코 있을 수 없다. 누군가가 어떤 단어로 정의를 내리면 여기에 동원된 그 단어 역시 추가 설명이 필요하다. 이러한 추가 설명도 무한정 계속될 수 없기 때문에 결국 정확한 정의라는 것은 사실상 불가능하다. 또 그 자체로 절대적으로 분명하기 때문에 더 이상의 추가 설명이 필요 없는 단어가 있다는 말도 전적으로 틀린 말이다. 그래서 우리는 의도적인 통제 아래 있지 못하고 정확한 의미를 전달하는 데 한계가 있는 모호한 언어와 적당히 타협해야만 한다. 그리고 그 본래의 한계에도 불구하고 모호함 속에서 언어가 사용되는 방식에 의존해야 한다(23-24).

칼 라너의 입장에서 볼 때 단어를 정의한다는 것은 그리 간단한 문제가 아니기 때문에 결국 환언은 어려울 수밖에 없다.

둘째로 라너는 인간의 사고에는 필연적으로 언어적인 속성이 들어 있음을 알고 있다. 즉 언어가 없는 사고는 존재하지 않다는 것이다(1964, 3). 말이란 그 말을 내뱉은 사람의 마음속에서 "그저 하나의 동일한 생각만을 표현하는 외양"이 아니다(4). 그래서 말은 다른 말로 서로 호환 가능한 것이 아니다(4). 언어의 호환불가능성을 설명하기 위하여 라너는 다음과 같은 유비를 소개한다. 어떤 영혼 하나를 택해서 이 영혼에게 새로운 몸을 입혀 주고는 그 몸이 여전히 하나도 바뀌지 않았을 것으로 기대할 수는 없다는 것이다.

마지막으로 칼 라너는 환언의 한계에도 불구하고 '성경과 전통의 오래된 신앙 고백문의 실제 의미는 오늘날의 상황에 맞게 환언될 수 있으며'(1968, 27) '영구적인 메시지'(enduring message)는 '한 시대의 언어로부터 다른 시대의 언어로' 전달될 수 있다고 믿는다(23). 하지만 언어의 한계 때문에 그 전달 과정은 매우 복잡하다고 한다(23).

어니스트 베스트는 환언의 임무를 라너의 입장보다 훨씬 더 복잡한 것으로 이해하면서(1988, 33-35) 환언은 불가능하다고 결론을 내린다. 그의 입장에서 볼 때 복음을 환언하는 것은 결국 복음을 변질시키는 셈이다. 베스트의 입장에서 볼 때 "신뢰할만한 복음의 기본 구조를 만들어 내고 이를 다시 오늘의 상황에 맞게 환언할 수 있도록 하는 절대적인 성경 신학은 없다"(52). 다만 우리는 성경에서 여러 가지의 성경 신학들을 발견할 수 있을 뿐이다(52). 마지막으로 베스트에 의하면 설교사의 중요한 임무는 성경에서 발견된 진리를 오늘의 회중을 위하여 환언하는(혹은 전환하는, translating) 것이 아니라 성경 본문을 오늘의 상황에 맞게 해석하는 것이다(53).

이 마지막 쟁점은 설교에 대한 새로운 성찰을 요청한다. 언어의 난해함에 대한 새로운 통찰과 아울러 성경 본문에서 변하지 않는 복음을 추출하고 환언하는 것의 중요성에 대한 인식으로부터 본문에 대한 올바른 해석으로의 강조점의 변화는 결국 우리가 무슨 목적으로 무엇을 설교하고 어떻게 설교하는지에 대한 새로운 이해를 요청한다.

제 3 장

변혁적인 설교학의 등장

근래에 들어 설교가 무엇인지를 설명하는 세 번째 설교학이 등장하였다. 새롭게 등장한 설교관은 한 가지 입장으로 잘 정리된 이론이 아니라 설교에 대한 공통의 확신과 강조점 그리고 전제들을 공유하는 다양한 주장들이 모아진 것이다. 다른 이미지로 표현하자면 세 번째 설교학은 최근의 다양한 설교학자들이 커다란 우산을 함께 나눠 쓰고 있다고도 할 수 있다. 설교에 대한 이들의 견해를 하나의 통일된 이론으로 줄일 수는 없지만, 전통적인 설교학과 케리그마 설교학의 논의를 확장하거나 또는 그 중심축을 바꾸었다는 면에서 서로 유사성을 보이고 있다.

폴 윌슨(Paul S. Wilson)은 최근 설교학의 '새로운 경향'(new direction)을 확인하고서는 이렇게 적고 있다: "엘리자베스 악트마이어(Elizabeth Achtemeier)와 찰스 바토우(Charles Bartow), 프레드릭 뷔크너(Frederick Buechner), 데이빗 버트릭(David Buttrick), 프레드 크래독(Fred B. Craddock), 그레디 데이비스(Grady Davis), 유진 로우리(Eugene L. Lowry), 모리스 니덴달(Morris J. Niedenthal), 찰스 라이스(Charles L. Rice), 에드먼드 스테임플(Edmund Steimle), 토마스 트로이거(Thomas H. Troeger), 로버트 와즈넥(Robert Waznak)과 같은 학자들의 저

서들에서 설교학의 관점들이 새로운 경향을 중심으로 분명하게 수렴되고 있음을 발견할 수 있다"(1988, 22-23). 본인이 의식하는 설교학의 수렴점은 아마도 폴 윌슨이 의식하는 범위에 비해서 더 크겠지만, 본인 역시 설교의 목적과 내용, 언어 그리고 형식에 대하여 새로운 접근을 시도하고 있는 최근의 여러 설교학자들 가운데 설교학적인 사상이 한 방향으로 수렴되고 있음을 알 수 있다(ibid).

만일 전통적인 설교학과 케리그마 설교학 그리고 최근에 등장한 변혁적인 설교학을 한 줄로 나열해 본다면 그 한 쪽 끝에는 전통적인 설교학 이론이 위치할 것이다. 그 다음 케리그마 설교학은 부분적으로는 전통적인 설교학과 공통분모를 가지고 겹치면서도 케리그마 설교학만의 고유한 신념과 강조점을 가지고 있다. 그 다음에 부분적으로는 케리그마 설교학과 공통분모를 가지고 겹치면서도 그 한계를 극복하고자 새로운 돌파구를 제시한 설교학 입장을 가리켜서 본인은 '변혁적인 설교관'(transformational understandings of preaching)이라고 부른다. 그런데 이렇게 세 가지 설교학을 한 줄로 나열해 본 이미지는 단지 부분적으로만 맞을 뿐이다. 그 이유는 변혁적 설교학의 일부 입장들은 케리그마 설교학에서 나타나지 않았던 전통적인 설교학의 일부 견해들과 일정 부분을 서로 공유하기 때문이다.

1. 변혁적인 설교학에 귀 기울이기

'변혁적'(transformational)이란 용어는 최근에 등장한 설교학을 표현하는 여러 용어들 중의 한 가지 단어에 불과하다. 각기 다른 강조점을 염두에 두고 있는 또 다른 수식어로는 말씀-사건(word-event)이나, 실존적인(existential), 시적인(poetic), 내러티브(narrative), 상상의(imaginative) 그리고 창조적인(creative)과 같은 단어들이다. 이 중에 본인은 '변혁적인'이란 단어를 선택하였는데, 그 이유는 이 단어는 설교가 예배 참가자들에게 변화를 가져오는 경험이어야 한다는 공통의 믿음을 전해 주기 때문이다.

1) 설교의 목적

변혁적 설교의 중요한 확신 하나는 설교에 대한 다음의 비평적인 언급에 잘 나타난다: "그동안의 설교는 설교 메시지의 핵심 사상의 선명성(the idea of transparency)을 전달하는 데는 어느 정도 성공적이지만 그만큼 경험의 선명성(the experience of transparency)을 전달하지는 못했다"(Sider and King 1987, 16). 변혁적인 설교학의 입장에 따르면 설교가 무엇을 하든 그 일차적인 목적은 예배 참가자들로 하여금 무언가를 경험하거나 사건, 만남 혹은 무슨 일이 발생하도록 촉진하는 것이다. "설교 시간에는 무슨 일이 발생해야 한다. 그 이외의 다른 목적은 있을 수 없다. 하나님과의 만남이 일어나야 한다. 설교는 그 밖에 다른 목적이 없다"(1965, 72). 모든 설교의 목적이 그리스도와의 만남이나 조우여야 한다는 측면에서 볼 때 쉬러의 설교관은 케리그마 설교학과 흡사하다. 그런데 "설교는 회중들이 용서에 관한 메시지를 듣도록 해야 할 뿐만 아니라 그 용서를 느낄(feel) 수 있도록 도와 주어야 한다"고 주장하는 브루스 샐먼(Bruce C. Salmon)의 입장은 케리그마 설교학과 거리가 멀다(1988, 96).

변혁적인 설교학은 설교의 목적을 사건(an event)으로 이해한다는 점에서 케리그마 설교학과 공통점이 있다. 하지만 변혁적 설교학이 케리그마 설교학 입장 중에서 놓치고 있거나 충분히 상소하지 못하고 있는 주장은, 설교의 목적은 고정되어 불변하는 설교 내용으로서의 케리그마나 복음 또는 하나님의 말씀을 소통하는 것이라는 점이다. 예를 들어 폴 쉬러는 설교의 지성적인 내용의 중요성을 그리 강조하지 않으면서 하나님은 "나에게 하나의 메시지를 보내시는 것"이 아니라고 주장한다(1965, 48). 그 보다는 "하나님의 복된 소식은 인격체에 대한 반응과 관계 있다"(51)는 것이다. 설교는 그리스도와의 인격적인 관계에 관한 것이고 "그 이상도 그 이하도 아니다"(53). 이렇게 설교의 '사건성'(eventfulness)만을 배타적으로 강조하는 변혁적인 설교관은, 고정된 내용의 전달을 중시하는 이전의 설교관과 확연한 차이를 보이면서 변혁적인 설교학의 우산 아래에 모여 새로운 설교의 목적을 제시하고 있다.

변혁적인 설교학의 두 번째 변화 역시 신선하다. 케리그마 설교학에서는 설교가 영적인 사건이 되도록 함에 있어서 하나님의 책임을 강조하였다. 반면에 인간 설교자의 책임은 단지 케리그마를 설교하는 것 뿐이고 그 케리그마가 진정으로 선포되면 하나님과의 만남의 사건은 결국 발생한다는 것이다. 하지만 변혁적인 설교학은 설교가 영적인 사건이 되는 데 인간 설교자의 책임을 이전보다 더 많이 강조한다. 설교자의 책임을 더 많이 강조하는 모습은 설교 언어와 형태를 중심으로 하는 설교의 방법론에 관한 논의에서 분명하게 나타난다.

변혁적 설교학의 설교 목적에 대한 입장은 마지막 세 번째 강조점의 변화 때문에 케리그마 설교학의 입장과 분명하게 구분된다. 케리그마 설교학에서 하나님과 인간의 만남의 사건에 대한 우선적인 초점은 하나님 편에 집중되었다. 그리고 설교의 목적은 하나님의 자기 계시를 통해서 하나님과 그 분에 관한 지식을 중재하는 사건이 되도록 하는 것이었다. 반면에 변혁적 설교학에서 의도하는 만남의 사건에서 우선적인 초점은 하나님이 아니라 인간 쪽이다. 설교의 목적은 예배참가자의 관점과 세계관 혹은 실체를 변화시키는 설교적인 사건(a sermonic event)을 촉진하는 것이다. "설교의 목적은 강력한 변화를 통해서 예배자의 삶 전체를 뒤바꾸는 것이다"(Grasso 1965, 145). 찰스 라이스 역시 "설교의 목적은 하나님과의 만남에 있다"고 하면서 케리그마 설교학의 입장을 그대로 따르는 것처럼 보인다(1970, 15). 하지만 그 만남의 결과에 대한 라이스의 설명을 자세히 들어보면 그의 설교관이 케리그마 설교학에서 변혁적인 설교학으로 이동했음을 알 수 있다: 설교는 새로운 시야를 열어주거나(45) 또는 자신과 전통에 대한 새로운 통찰을 제공하는 사건이 되어야 한다(21). 찰스 바토우 역시 다음과 같은 주장을 보면 케리그마 설교학 입장을 그대로 따르는 것처럼 보인다: "설교는 영적인 사건에 대한 선포만이 아니라, 그 설교 자체가 사건이고 새로운 경험이다"(1980, 18). 그렇다면 설교사건(the preaching event)의 결과는 무엇인가? 그 결과란 앞으로의 변화에 대한 막연한 언급이 아니라 실제 변화를 가져오는 것이다(18). 바토우에 따르면 설교 사건은 "이 세상에서 존재와 행동의 새로운 삶의 방식"을 드러낸다.

설교의 목적에 대한 변혁적 설교관의 입장은 설교자와 회중의 역할에 대한 새로운 이해를 가져온다. 변혁적 설교학에서 설교자는 이전의 설교학과 달리 저 높은 강단 위에서 내려와서 회중과 함께 하나님의 말씀 아래 선다. 그리고 회중은 설교 사건에 이전에 비해서 좀 더 실제적으로 참여하도록 초대받는다.

프레드 크래독(Fred B. Craddock, 1974)은 이렇게 변화된 설교자의 역할에 대해서 설명한다. 설교자는 누구보다 먼저 "하나님의 말씀을 들어야하고"(43), 하나님의 말씀을 사건으로 경험해야 한다(35)는 것이다. 또한 설교자는 회중의 일원으로 속해야 하며(83), 다른 이들처럼 연약한 자로서 사람들과 관계를 맺고 함께 살아가며 그 속에서 설교해야 한다(83). 그렇게 하나님의 역동적인 말씀에 귀를 열고 회중들의 실제 삶을 함께 나누며 살아가는 설교자라면 회중들은 굳이 그의 설교를 억지로 이해하려고 애쓸 필요가 없을 것이다(43).

변혁적인 설교학으로부터 회중의 역할에 대한 새로운 견해를 들어볼 수 있다. 회중의 역할에 대한 크래독의 초기 입장은 투수가 던지는 공을 무조건 받기만 하는 수동적인 포수와 같았다(55). 하지만 이후에 제시는 대안에 의하면, 회중은 설교 메시지가 전달될 때와 설교의 결론이 내려진 이후에 능동적인 참여자로 설교에 참여할 수 있다고 한다. 먼저 설교가 전달되는 중에 설교 메시지는 회중의 삶 속에서 제기되는 여러 질문과 의미들을 활성화시켜야 하며, 그들로 하여금 복음의 관점에서 각자의 삶을 성찰할 수 있도록 안내해야 한다. 이를 통해서 회중 각자가 설교에서 구체적으로 언급하지 않은 빈칸들을 스스로 채우면서(93) 각자의 결론에 스스로 도달할 수 있도록 격려해야 한다(62). 그 다음 설교가 끝난 다음에 회중은 "스스로 사고하면서 자기만의 고유한 상황에 대해서 성찰하며 각자의 신앙에 대해서 스스로 책임지는" 모습을 발견할 수 있어야 한다(157). 크래독은 회중들로 하여금 각자의 상황에 맞는 결론을 스스로 이끌어내도록 하는 것처럼 보이지만 실제로는 한 가지 선택만을 고집하는 설교는 기만적인 설교라고 비판한다(67). 크래독이 보기에 설교의 일차적인 목적은 '삶의 변화'를 가져오거나(21), 또는 '삶이 경험되는 방식을 재창조하는 것'이다(80). 크래독의 주장에 따르면, 사람들이 각자의 삶을 새로운 방법으로 성찰할 때, 즉 복음이 제공하는 방법을 따라서 성찰할 때 변화가 발생한다(73). 회중이 설교에 적극적으로 참여한다고 해서 전통적인 설교학과 케리그마 설교학에서 생각하듯이 그렇게 설교 메시지를 액면 그대로 받아들이거나 또는 거절하는 것이 아니라 회중 각자의 상황에 맞는 결론을 스스로 내릴 수 있게 되고, 이렇게 자기 책임 하에 내린 결론이 결국은 각자의 삶에 변화를 가져올 수 있다.

설교자와 회중의 분리를 비판하는(19) 입장에 있는 크래독은 변혁적 설교학이 제시하는 설교자와 회중의 새로운 관계를 '민주주의'나 '대화' 그리고 '회중의 적극적인 참여를 인정하는 설교자로부터의 청취'와 같은 표현으로 묘사한다(55). 폴 윌슨도 설교자와 회중의 새로운 관계를 이렇게 설명한다: "설교자로서 우리는 설교단에서 회중으로부터 떨어져서 그들을 마주보고서 마치 그들이 느끼는 유혹이나 갈등과 전혀 무관하다는 듯이 그렇게 서 있는 것이 아니다. 우리는 회중의 일원으로서 그리고 그들과 함께 말씀 아래 서 있다"(1988, 29). 그래서 하나님의 말씀 아래 서 있는 설교자가 먼저 말씀을 변혁적인 사건으로 경험하고 그 다음에 회중도 설교를 통해서 그 말씀을 변혁적인 사건으로 경험한다.

2) 설교의 내용

앞에서 살펴본 변혁적 설교학의 설교 목적에 대한 관점은 설교 내용과도 긴밀하게 결부되어 있다. 전통적인 설교학에서 이해하는 설교의 내용이 보편적이거나 명제적인 진리이고, 케리그마 설교학에서 이해하는 설교 내용이 원시 기독교의 케리그마의 진리라면, 변혁적인 설교학의 우산 아래 모인 학자들이 이해하는 설교 내용은 그렇게 한 가지 입장으로 쉽게 정리되지 않는다. 개략적으로 정의한다면 아마도 '실존적인 진리'(existential truth)가 이들이 공통으로 지지하는 확신을 암시할 뿐만 아니라 하나님의 말씀과 케리그마, 계시 그리고 진리에 대한 공통의 입장을 잘 나타낼 수 있을 것이다. 그런데 변혁적 설교학의 새로운 확신과 강조점들의 저변에는 인식론(epistemology)에서 해석학(hermeneutics)으로의 강조점의 변화가 깔려 있다.

'실존적인 진리'는 변혁적 설교학의 우산 아래 모인 일부 학자들의 설교 내용에 대한 입장을 잘 나타낸다. 크래독은 "설교의 핵심 주제는 하나님의 속성이 아니라 하나님의 말씀의 빛에 비추어 보는 회중의 상황"이라고 말한다(1974, 59). 다른 학자들 역시 설교를 '실체를 이해하는 새로운 방식'과 연결시키거나(Salmon 1988, 97; see also Claypool 1980, 78), '자신과 세상에 대한 진리'(Rice 1970, 45) 그리고 '새로운 세계관, 새로운 자아관 그리고 새로운 신관'(Halvorson 1982, 69)과 결부시키는 학자들도 있다. 이렇게 설교의 내용을 새로운 자아 이해나 인간의 실존에 대한 새로운 통찰 혹은 실존적인 진리로 이해하는 데는 신약학자 루돌프 불트만과 신학자 폴 틸리히가 미친 영향이 상당하다.

변혁적 설교학에서 자주 언급되는 주제는 설교를 통해서 하나의 관점이 다른 관점으로 대체된다는 것이다. 밀턴 크럼(Milton Crum)에 의하면 설교는 세상의 지혜를 '성경적 신앙에 대한 언어적 지도'로 대체한다는 것이다(1977, 36). 아른트 할버슨(Arndt L. Halvorson)도 설교는 '전적으로 새로운 신앙 체계'를 제시한다고 본다(1982, 47). 또 크래독과 엘리자베스 악트마이어 모두에게도 설교를 통해서 회중의 내면에 있는 하나의 이미지가 다른 이미지로 대체된다(Craddock 1974, 78-79; Achtemeier 1980, 24). 이들 신학들은 이렇게 최소한 부분적으로는 설교의 내용을 새로운 지각 방식 혹은 세상 속에서의 새로운 존재 방식으로 설명한다.

변혁적 설교학에 속한 또 다른 학자들은 설교 내용과 관련하여 케리그마 설교학의 입장을 그대로 따르고 있다. 이런 경우에 설교 내용의 실존적인 측면은 덜 분명하다. 예를 들어 쉬러(Scherer)는 설교는 세계관이나 삶의 방식에 대해서 다루는 것이 아니라(1965, 50, 52), 그리스도 안에서의 하나님과 인간의 영혼 간의 극적인 만남으로서의 복음에 대해서 다뤄야 한다고 주장한다(49). 즉 설교의 내용은 오직 복음 뿐이라는 것이다. 그런데 쉬러는 복음이 마치 전화걸기와 같다고 본다: 한 통의 전화를 통해서 진실을 깨닫고 일순간 상황이 뒤바뀌듯이 "설교를 통해서도 일순간 모든 상황이 변혁된다. 그리고 삶의 더 고차원적인 질서가 내 실존을 꿰뚫고 지나간다"(49). 쉬러는 또 복음을 "누군가의 집에 불이 났다"(19)거나 "새 시대가 도래하였고 새로운 피조계가 열렸다"(48)고 알리는 것과 비슷하다고 본다. 그래서 쉬러의 입장에서 볼 때 설교의 내용은 복음이지만 그는 이 복음을 인간 실존의 변혁을 가져오는 새로운 실체(new reality)와 동일시한다(19).

도메니코 그라쏘(Domenico Grasso)는 변혁적인 설교학의 우산 아래 서 있으면서도 전통적인 설교학과 케리그마 설교학과도 일부 공통분모를 공유한다(1965). 먼저 그는 전통적인 설교학의 입장에 서서 설교 내용을 회중에게 전달되어야 하는 메시지로 이해한다(243). 또 케리그마 설교학의 입장에 서서 이 설교 메시지를 '그리스도'와 동일시한다(20). "무엇이 설교되는가(what is being preached)?"라는 질문에 대한 답변에서 그라소는 '그리스도'라고 대답한다(6, 21). 그런데 이 메시지에 대한 심화된 연구를 계기로 그라소는 변혁적인 설교학으로 이동하게 되었고 설교 내용의 실존적인 차원에 주목하게 되었다. 그라소에 의하면 설교 메시지는 "현실의 실체에 대한 반란이며 그 실체를 변혁시키고 사물의 궤적을 바꾸려는 시도이다"(19). 또 설교의 메시지인 그리스도는 삶을 통째로 변혁시키며 '새로운 지향점과 새로운 가치'를 산출한다(151). 그리스도를 설교함으로 "이 땅에서의 한 사람의 상황이 파격적으로 뒤바뀐다"는 것이다(58).

설교의 내용에 대한 이러한 확신의 저변에는 하나님의 말씀과 케리그마, 계시 그리고 진리에 대한 새로운 견해가 전제되어 있다.

케리그마 설교학에서처럼 설교의 사건을 발생시키는 촉매제는 바로 하나님의 역동적인 말씀이다. 하지만 변혁적인 설교학에서는 그 말씀이 실제로 인간의 실존에 영향을 주는 방법에 대해서 강조한다. 예를 들어 바토우는 하나님의 말씀에는 "역동적이고 창조적인 능력"이 들어 있다는 케리그마 설교학의 확신을 그대로 지지한다(1980). 그런데 그는 케리그마 설교학에서 중요시하는 하나님의 말씀의 본질적인 기능으로서의 하나님의 본성을 드러내는 말씀의 능력에 대해서는 그저 최소한의 관심만 가지고 있을 뿐이다. 오히려 그의 일차적인 관심은 설교를 통해서 회중의 시야와 이해 범위 안에 그 이전에 없었던 새로운 것을 가져 오는 말씀의 능력, 선별하고 배치하는 능력 그리고 사람과 사물, 우주 그 자체의 질서를 정돈하고 각각의 위치를 정하는 능력이다(49). 이렇게 변혁적인 설교학의 관점 때문에 설교에서의 하나님의 말씀이 하나님뿐만 아니라 사람들과 사물, 우주까지 지향하게 되었다(ibid).

케리그마 설교학에서 하나님의 말씀은 진리를 가져오는 매개체이고 세상이나 인간의 실존은 부차적이었다. 만일 이런 부차적인 것들이 중요하다면 그것은 신리가 여기에 적용되기 때문에 중요할 뿐이었다. 그런데 변혁적인 설교학에서 하나님의 말씀과 세상은 불가분리의 관계에 있다. 말씀은 인간의 실존을 해석하고 변화시킨다면, 세상은 말씀이 역사하는 활동 무대나 마찬가지이다.

하나님의 말씀에 대한 이러한 새로운 관점으로 말미암아 말씀은 이전의 케리그마 설교학에서처럼 주로 성경 안에만 갖혀 있지 않게 되었다. 이런 이유로 라이스는 말씀은 그저 성경을 읽을 때에만 '발생하고' 설교를 통해서 전달되기만 하는 것이 아니라 세상 속에, 인간의 본성 속에 그리고 특히 예술 작품 속에도 들어 있다고 주장한다(1970, 6, 41, 83, 109). 또 말씀은 "문화적인 형태로 나타난다"고 한다(6). 말씀은 특히 설교자의 인성 속에서 다시금 육화된다는 것이다(78). 하나님의 말씀에 대한 이러한 견해는 말씀이 성경과 설교 속에서 뿐만 아니라 피조계와 역사 그리고 자연 속에서도 역사한다는 전통적인 설교학의 입장과 서로 공유하는 내용이다.

마지막으로 변혁적인 설교학은 말씀의 객관성을 더 이상 강조하지 않는다는 측면에서 케리그마 설교학과 차이점을 보인다. 크래독은 말씀을 "마치 빈 방이나 허공 속에 또는 바람결 속에 쏟아낼 수 있는 것처럼 생각하는 것은 말씀의 실제와 모순된다"고 주장한다(1974, 70). 말씀은 일종의 소환이며 그 소환은 듣는 사람이 없으면 무의미하다는 것이다(70). 크래독의 입장에서 볼 때 말씀은 오직 '청취와 말하기' 속에서 그리고 오직 회중과 함께 '나누는 자리에서' 존립될 수 있다는 것이다(71).

변혁적인 설교학자들에 의해서 종종 사용되곤 하는 케리그마라는 용어의 의미 역시 이전의 케리그마 설교학의 입장과 다르다. 이 단어가 등장할 때 그 의미는 고정된 공식 문구나 본질적인 교리와 거리가 멀다. 변혁적이 설교학에서 이 단어는 구속 사건의 내러티브(a narrative of event)를 가리킨다. 예를 들어 예수의 삶과 죽음 그리고 부활(Bartow 1980, 19)을 가리키거나 "구원 역사의 요약이나, 하나님과 인류의 만남에 대한 하나님의 계획에 관한 이야기"(Grasso 1964, 233)를 가리킨다. 그라소는 이렇게 새롭게 정의된 케리그마에 대한 관점에 기초하여 케리그마가 중심축으로 자리한 설교관을 제시하지만 이 설교관은 전통적인 설교학이나 케리그마 설교학과 차별화된 것이다: 그러한 설교는 "설교의 핵심 사상을 제시하거나 일련의 교리 체계와 도덕적인 교훈을 제시하기 보다는 일련의 사건에 대해서 진술해야 한다"고 주장한다(234).

변혁적인 설교학에서는 케리그마라는 용어와 마찬가지로 계시에 대한 새로운 입장을 찾아볼 수 있다. 그라소는 한편으로 케리그마 설교학 이론을 따르면서 계시를 사건과 교리 두 가지 차원으로 설명한다(1965, 17). 하지만 계시에 대한 그라소의 우선적인 강조점은 "시간과 공간 속에 하나님이 개입해 들어오신 사건"으로서의 계시의 역사적 차원이다(33, see also 250). 그라소는 계시의 교리적 차원이나 "하나님에 의해서 밝혀진 진리의 지성적 차원"은 덜 중요하게 취급한다(32-33). 이와 마찬가지로 쉬러도 케리그마 설교학의 입장을 따르면서 계시를 "스스로를 알리는 것과 관계된" 사건으로 이해한다(1965, 31). 하지만 쉬러에게 계시의 내용은 분명하게 알려질 수 있는 것이 결코 아니다(28). 계시는 "끊임없는 활동"으로서 "모든 것을 붙들고서 그 본래의 목적대로 끌고 가며, 아무것이라도 변하지 않은 채로 남겨두지 않고 변화시키고 변혁시킨다"(21). 이렇게 변혁적인 설교학에서는 케리그마와 마찬가지로 고정된 내용으로서의 계시는 덜 강조되고 있다. 오히려 계시는 역사 속에서 인간의 실존을 변혁시키는 사건으로 이해되고 있다.

하나님의 말씀과 케리그마 그리고 계시의 의미에 대한 이러한 관점의 변화는 진리라는 단어의 의미에 대한 유사한 변화와 긴밀하게 결부되어 있다. 변혁적 설교학을 따르는 일부 학자들이 판단하기에 진리는 여전히 객관적이고 시간의 제약을 받지 않는다. 비록 그렇게 중요하다는 진리가 시의적절하게 들려지고(Halvorson 1982, 69), "우리 인간의 인식의 틀을 꿰뚫을" 수 있어야 하지만 말이다(84).

이 외에도 또 다른 변혁적인 설교학에 속한 학자들은 진리를 이와 다른 방식으로 정의한다. 그레디 데이비스(Grady Davis)는 이렇게 적고 있다. "우리가 설교하는 진리는 추상적인 것이 결코 아니다. 진리는 한 분이시다"(1958, 19).

> 우리가 설교하는 선은 결코 이상적인 성질의 것이 아니다. 우리가 설교하는 선은 선하신 그분이다. 우리가 설교하는 진리와 선은 먼저 이성적으로 정의내리고 그 다음에 하나님이나 그리스도에게 적용될 수 있는 것이 아니다. 우리가 설교하는 진리와 선은 그리스도 안에 있는 하나님이시다(19).

이 진리는 "사람과 사람 사이의 살아 있는 실존적인 관계"를 통해서 알려진다(v).

데이비스나 다른 변혁적인 설교학자들의 입장에서 볼 때 진리는 하나님과 인간의 관계를 특징지워준다. 또 다른 변혁적인 설교학자들에게 진리는 인간 실존의 영역으로 이동한다. 프레드릭 뷔크너(Frederick Buechner)는 진리를 가리켜서 "무엇이 선하고 악한지, 기쁨과 절망은 무엇이고, 무엇이 하나님의 임재와 부재이며, 부어오른 눈에 대해서 그리고 먹이를 위해서 돌멩이를 쪼아대는 새에 관한 것"이라고 설명한다(1977, 16).

진리에 대한 입장의 변화는 자연히 설교자가 성경으로부터 무엇을 들어야 할지에 대한 관점의 변화를 초래한다. 전통적인 설교학과 케리그마 설교학에서는 설교자가 성경에서 보편적인 진리나 복음의 진리를 들어야 할 것을 강조한다. 하지만 악트마이어는 그렇게 성경적인 보물을 모으려는 입장에 이의를 제기하면서 "성경의 메시지는 결코 '시간의 구애를 받지 않는 진리'로 축소될 수 없다"고 주장한다(1980, 55).

"사람들의 상황이 계속 변하기 때문에 특정 본문의 메시지도 시간이 흐르면서 달라질 수밖에 없다. 그리고 바로 이런 이유 때문에 우리는 성경이 무엇을 말하는지 안다고 단정적으로 주장할 수 없다. 그 본문이 지난 달에 무엇을 말했는지에 대해서 알 수 있을는지 모르나, 하지만 그것이 이번에는 무엇을 말하고 있는가?"(55).

하나님의 말씀과 케리그마 계시 그리고 진리에 대한 새로운 관점의 변화는 변혁적인 설교학의 우산 아래 모여 있는 여러 학자들에게서 발견되는 중요한 특징인 동시에 이들을 전통적인 설교학자들이나 케리그마 설교학자들과 구분짓는 특징이기도 하다. 그리고 이러한 변화의 저변에는 인식론에서 해석학으로의 변화가 자리하고 있다.

변혁적인 설교학에 속한 상당수의 학자들은 객관적인 진리를 파악하기 위한 이전의 인식론적인 방법의 절대적인 확신에 더 이상 동조하지 않는다. 또 이들은 케리그마 설교학에서처럼 설교를 일반적인 차원에서의 신학이나 성경 신학의 기초 위에서 전달하려고 하지 않는다. 그 대신 이들의 초점은 본문에 대한 해석으로, 좀 더 구체적으로 말하자면 본문이 해석자의 마음 속에 어떤 의미를 만들어 내는 능력에 있다.

변혁적인 설교관의 중요한 주제 중의 하나는 '신학이 설교 내용을 제공할 수 있느냐' 하는 것이다. 전통적인 설교학과 케리그마 설교학에서는 신학은 하나님의 말씀과 계시의 내용을 제시하고 또 그럴 수 있다고 생각했다. 그래서 신학은 설교 내용이 진리인지 아닌지를 평가할 수 있는 기준을 제시한다고 보았다.[1] 하지만 변혁적인 설교학을 따르는 학자들의 입장에서 볼 때 신학은 진리를 만들어 낼 수 있는 단일한 체계(a single system)를 더 이상 제공할 수 없다고 본다(1971). 토르 홀(Thor Hall)은 신학에 대한 두 가지 접근방식에 대해서 소개한다(1971). 그 첫째는 절대적이고 초월적인 진리를 규정하는 일관된 체계로서의 신학이다(48). 이러한 접근 방식을 취하는 일부 신학자들에게는 진리를 분별하기 위해서는 인간 이성의 도움이 필요하다. 하지만 또 다른 이들에게 진리는 인간의 모든 노력에 역행하여 계시된다. 하지만 이 두 가지 접근 방법 중에 어느 쪽이든 신학자들은 절대적인 진리를 알 수 있는 하나의 방법을 가정한다(48). 전통적인 설교학과 케리그마 설교학의 저변에는 신학에 대한 첫 번째 접근 방식이 자리하고 있다. 먼저 전통적이 설교학에서는 설교의 내용으로서의 진리에 도달하는 과정에서 인간의 이성을 존중하기 때문이다. 또 케리그마 설교학에서는 진리를 계시된 것으로 규정한다는 의미에서 그러하다. 이어서 토르 홀은 신학에 대한 두 번째 접근 방식을 소개하는데, 여기에서는 진리를 "좀 너 거대하고 다원론적이며 다양한 면을 가진 진리의 복합체"로 간주한다(48-49). 토르 홀의 글에서 소개되는 여덟 가지 신학적 방법론과 결부된, 신학에 대한 두 번째 접근

---

1) 예를 들어 케리그마 설교학 이론의 옹호자인 David Cairns는 신학이 설교를 위한 규범을 제공할 수 있다고 생각하는 자신의 확신을 이렇게 소개한다. "그래서 신학은 설교를 위한 규범으로 작용할 수 있습니다. 물론 신학은 그리스도 안에서의 하나님의 계시라는 또 다른 기준과 규범에 종속됩니다. 신학의 목표는 설교가 하나님의 계시를 계속 충실히 선포하도록 하는 것입니다." (*A Gospel Without Myth?*; *Bultmann's Challenge to the Preacher* [London: SCM Press, 1960],17).

방식에서는 설교를 위한 명확하고 규범적인 내용을 제공할 수 있는 단일한 체계와 같은 이미지로 신학을 이해하는 입장을 배격한다.

그런데 다원적이고 다면체의 이미지로 신학을 이해하는 토르 홀의 두 번째 입장은 변혁적인 설교학의 우산 아래 모인 여러 학자들의 입장을 대변한다. 이들의 입장에서 볼 때 하나님의 말씀과 계시 그리고 설교를 통해서 선포될 진리는 불변하는 것도 아니며 단편적인 것들이다. 예를 들어 로버트 영(Robert D. Young)은 이렇게 주장한다: "하나님의 입에서 나오는 모든 말씀으로 사는 우리는 그 말씀을 순간적으로 노출되는 통찰을 통해서 듣는다" (1979, 171). 존 킬링거(John Killinger)도 '계시의 조각들'에 대해서 언급하였고 (1969, 23) 토마스 트로이거는 설교자의 말을 설명할 때 '진리의 조각들'이란 이미지를 사용한다(1982, 19).

이렇게 신학이 더 이상 단일한 체계를 구성하지 못할 때 설교 내용을 찾아내는 작업은 어려울 수밖에 없다. 로버트 듀크(Robert W. Duke)는 신정통주의신학(neoorthodoxy)으로부터 시작하여 실존주의신학(existentialism)과 자유주의신학(liberalism), 근본주의신학(fundamentalism) 그리고 흑인해방신학(black liberationalism)의 다섯 가지 현대 신학에 대해서 소개한 다음에 다음과 같은 결론을 내린다: "우리 모두는 십자가에 못 박힌 그리스도를 설교한다. 하지만 그 선포가 실제로 무엇을 의미하는지는 다양한 해석의 여지가 있는 주제이다"(97).

변혁적 설교학을 따르는 학자들 중에 "신학적 다양성은 돌이킬 수 없는 기정 사실"이라는 윌리엄 힐(William J. Hill)의 주장에 대해서 노골적으로 동의하는 사람들은 그리 많지 않을 것이다. 하지만 대다수는 변하지 않는 진리를 담아내는 진술문을 만들어내고 더 나아가서 고정된 설교의 내용을 확정짓도록 안내해 줄 단일한 신학적 체계에 대한 확신이 점차 줄어들고 있음을 인정할 것이다.

이렇게 쇠퇴하는 확신은 케리그마 설교학 중에서 특히 설교의 내용에 대한 입장을 지지하는 성경 신학에도 상당한 영향을 주었다. 성경 신학(biblical theology)은 성경 본문으로부터 제기된 성경적인 사상의 범주를 활용하여 성경의 본질적인 가르침을 발견해낼 수 있다고 주장하는 성경신학자들의 주된 활동무대였다. 설교의 내용인 복음의 정수나 케리그마가 성경으로부터 정확하게 추출될 수 있다고 믿는 케리그마 설교학 역시 성경 신학에 뿌리를 두고 있다. 하지만 변혁적인 설교학의 우산 아래 모인 다수의 학자들의 입장에서 볼 때 성경 신학 역시 케리그마나 성경의 핵심적인 진리와 같은 설교의 규범적인 내용을 산출할 수 없기는 마찬가지이다.

토마스 케어(Thomas H. Keir)는 성경 신학에 대한 실망감에 대해서 언급한 적이 있다(1962). 그는 성경 신학자들이 성경 본문의 뜻이 무엇인지를 해석하며(71, 90) 설교자들에게 올바른 성경 해석 방법론을 제공하는 것(68)에 대해서는 의문을 제기하지 않았다. 그가 비판하는 것은 성경신학자들이 바로 이 임무를 이행하는 데 실패했다는 것이다. 이들의 실패에 대해서 토마스 케어는 이런 질문을 던진다: "성경신학자들의 논쟁이 아직도 끝날 줄 모른다면, 설교자들은 이제 무엇을 해야 하는가? 그 대답은 분명 간단하다. 설교자들은 성경이 펼치는 상상의 세계 속으로 직접 들어가야 하고 각자의 방법을 스스로 사용해야 한다"(69). 즉 설교자들이 직접 해석자가 되어서 성경 저자의 원래 의도가 무엇이었는지를 분별하도록 노력해야 한다는 것이다(69-70). 그런데 설교자들의 성경 연구를 통해서 최종의 확정적인 해석 결과가 나올 수는 없다. 그래서 케어는 성경 본문이 1세기에 의미했던 것이든 아니면 20세기를 향하여 의미하는 것이든 그 본문의 의미에 대한 최종적인 확신을 포기하고 성경 본문과 이미지들에 대해서 연구해보라고 충고한다(74, 76, 90). 결국 케어는 성경 해석의 신비를 해석해보려고 애쓰는 설교자를 그대로 인정할 뿐이다(71, 77).

비록 변혁적인 설교관을 옹호하는 다수의 학자들은 해석 결과에 대해서 케어보다 더 분명한 확신을 취하고 있기는 하지만, 앞에서 살펴본 케어의 입장은 신학계에서 논의의 강조점이 인식론으로부터 해석학으로 또는 성경 본문에서 추출해 낸 특정한 성경적 지식으로부터 특정 본문의 의미에 대한 해석으로의 변화를 보여준다. 변혁적인 설교학자들은 설교의 내용을 본문과 그들의 지속적인 해석과 연결시키는 경향이 있다. 인식론에서 해석학으로의 변화는 언어의 속성과 기능에 대한 새로운 확신과도 일치한다. 다음으로 이 주제에 대해서 살펴보자.

3) 설교의 언어

변혁적인 설교관에서 주목할 만한 특징 가운데 하나는 언어에 대한 새로운 견해이다. 변혁적인 설교학에서도 설교 언어는 여전히 하나님과 인간의 만남이나 영적인 사건을 위한 현장으로 간주되고 있다. 하지만 변혁적인 설교학에서 언어에 대한 논의는 전통적인 설교학이나 케리그마 설교학에서처럼 그렇게 언어의 배후에 있는 변하지 않는 실체에 집중되지는 않는다. 변혁적인 설교학에서의 언어에 대한 논의의 초점은 언어에 의해서 창조된 인간 상황의 변화이다.

언어와 관련하여 변혁적 설교관에서 염두에 두고 있는 네 가지 전제(또는 확신, conviction)에 대해서 살펴보자. 첫째로 언어는 인간의 의식을 형성하며 그래서 언어는 개념이나 가치관 또는 세계관의 변화를 가져올 능력이 있다는 것이다. 둘째로 언어는 무언가에 대해서 말할 뿐만 아니라 어떤 것을 실행하기까지 한다. 달리 표현하자면 언어는 사건이다. 이러한 확신의 저변에는 언어 행위 이론(speech act theory)과 신해석학(the new hermeneutics)의 영향이 스며들어 있다. 셋째 전제는 시적인 언어(poetic language)의 중요성에 대한 신념이다. 한편으로 시적인 언어에 대한 강조점은 하나님의 신비를 표현하기 위해서는 상상력이 풍부하고 환기적이며 심지어 모호하기까지 한 언어가 필요하다는 입장과 어울린다. 변혁적인 설교학의 언어관에서는 이렇게 하나님의 신비를 강조함으로써 케리그마 설교학의 언어관에서 중요시했던 하나님에 대한 지식을 하나님의 신비로 대체하였다. 시적인 언어가 중요한 또 다른 이유는 이 언어에 인간의 의식을 변화시킬 능력이 있다고 보기 때문이다. 변혁적 설교학의 언어관에서는 언어와 특히 설교 언어와 인간의 경험 간의 관계를 중요시한다. 이제 각각의 전제에 대해서 좀 더 자세히 살펴보자.

1. 언어는 인간의 의식을 형성한다. 이 전제는 대부분의 변혁적인 설교학에서 확인되는 언어에 대한 일차적인 확신이다. 언어는 인간의 의식세계 속에 자리하고 있는 실체의 구조물을 반영하며 세상에 대한 개념을 구성한다. 마틴 하이데거(Martin Heidegger)의 입장을 따르는 크래독은 "언어는 존재의 집이기 때문에 실체(또는 현실, reality)는 언어적으로 구성된다"고 주장한다(1974, 36). 우리의 "존재 자체는 언어 속에서 발견된다"는 것이다(37). 이와 마찬가지로 악트마이어 역시 "언어는 한 사람의 의식 속에 실체를 존재하게 만들며 그 사람의 우주를 지정하고 형성한다"고 주장한다(1980, 23). "만일 우리가 누군가의 삶을 바꾸고자 한다면 먼저 그 마음속의 이미지와 상상을 바꾸어야 한다. 말하자면 그 사람의 삶을 지탱하게 해 주는 언어를 먼저 바꾸어야 한다"(24). 언어를 바꾸는 것은 결국 내면에 있는 실체의 구조물을 바꾸는 것이다. 새로운 언어는 새로운 실체를 가져온다. 이러한 전제로부터 발견될 수 있는 두 가지 중요한 강조점은 언어와 인간의 의식 속에 있는 구조물 사이의 일치와 아울러, 새로운 구조물을 창조하는 언어의 능력이다.[2]

2. 언어는 사건이다. 변혁적인 설교학의 특징을 나타내는 두 번째 언어관은 언어는 무언가를 말할 뿐만 아니라 어떤 것을 실행한다는 것, 다시 말해서 언어가 곧 사건이라는 것이다. 이러한 언어관에 영향을 준 두 가지 이론은 언어 행위 이론과 신해석학이다.

언어 행위 이론은 한 가지 이론으로 설명될 수 없고, 주로 언어철학자

---

2) 데이빗 마크 그린휴(David Mark Greehaw)는 자신의 박사학위 논문, "창조적인 설교: 설교의 기능에 대한 대안적인 은유"(Creative preaching: An alternative metaphor for the function of preaching, Drew University, 1987)에서 이렇게 주장한다. "설교는 새로운 미래에 대한 기대감을 만들어냄으로써 더 나은 세상, 즉 종말의 세상을 기대하는 공동체를 창조한다"(119, see 54, 139-40).

인 오스틴(J. L. Austin)의 사상을 구성하는 다양한 입장들을 포함한다(White 1988, 1-4). 오스틴은 진리와 거짓을 서술하거나 전달하는 진술문(constative statement)과 행동을 실행하는 수행문(performative statement)을 구분한다(6). 수행문의 사례로는 "나는 유산을 남깁니다"나 "나는 확신합니다"(5) 또는 "나는 약속합니다"(9)라는 문장이다. 수행 발화에서 말하는 사람은 무언가에 대해서 그저 말하는 것이 아니라 그 발화를 통해서 무언가를 수행한다(25). 수행문의 특징은 일반적인 진술문과 달리 발화만을 통해서 말하기와 동시에 무언가를 실행한다는 점이다. 한편 오스틴은 마지막으로 논의의 초점을 두 종류의 발화로부터 좀 더 일반적인 '언어 행위 이론'(theory of speech-acts)으로 이동한다(148, 150). 그의 새로운 관심사는 모든 발화에 들어 있는 비언표적인 힘(또는 언표내적 효과, illocutionary force)으로서 말을 통해서 우리가 실제로 수행하고 있는 것에 대하여 깊이 성찰하였다(150).

크래독은 언어에 대한 오스틴의 통찰을 설교학 이론에 접목시킨 대표적인 학자이다(1974). 오스틴의 사상을 이어받은 크래독은 "언어는 무언가에 대해서 이야기할 뿐만 아니라 무언가를 실행한다"고 주장한다(34). 또 그는 오늘날의 말이 너무나 자주 무언가를 묘사하는 데 머무르는 현실에 대해서 안타까워한다: "오늘날의 말이 발견된 자료나 또는 발견 가능한 자료를 단지 지시하는 기호로만 사용될 뿐이다"(33). 하지만 크래독에 의하면 "과학적이고 기술 문명 중심의 문화에 의해서 질식되기 이전에 언어는 춤을 추고 노래하며 졸라대며 유혹하고 음미하며 슬퍼하고 심판하며 변화시키는 데 관여했다"고 한다(34). 크래독이 확신하는 바는 언어는 "행동이며 무언가를 실행하는 것"이다(44). 그래서 "언어는 행동"이다(34). 또 그가 희망하는 것은 "언어의 역동성과 창조적인 기능"이 다시 회복되는 것이다(34).

변혁적인 설교학을 따르는 또 다른 학자들은 성경 해석과 설교의 상호 관계를 설명하는 데 언어 행위 이론을 끌어들인다. 예를 들어 셀던 토스텐가드(Sheldon A. Tostengard)는 설교는 회중에게 본문이 행하고자 하는 바를 그대로 실행해야 한다고 주장한다(1989, 78).

언어는 곧 사건이라는 변혁적 설교학의 언어관에 영향을 준 또 다른 신학 사상은 신해석학(new hermeneutics)이다.[3] 주로 에른스트 푹스(Ernst Fuchs)와 게하르드 에벨링(Gerhard Ebeling)에 의해서 발전된 신해석학은 주로 언어 이론과 성경 해석 방법론 그리고 하나님의 말씀과 선포에 대한 신학을 주요 의제로 삼고 있다. 신해석학의 저변에 깔린 전제는 언어는 발생한다(words happen)는 것이다(Ebeling 1963, 319). 그래서 언어로 이루어진 본문은 죽은 문자가 아니라 '언어 사건'이다(319). 그리고 본문을 이해하기 위해서는 그 본문이 다시 사건이 되어야 한다. 다시 말해서 본문은 해석자에게 새로운 자아 이해나 실체에 대한 새로운 통찰을 산출해야 한다. 본문 해석을 위해서는 해석자 편에서 참여와 아울러 실존적인 결단이 요구된다. 그리고 오직 해석자가 본문에 의해서 해석된 다음에라야 비로소 해석자는 설교자가 될 수 있다. "설교는 과거의 선포로서의 본문에 대한 주해가 아니라 그 자체로 현재의 선포이다. 즉 설교는 본문에 대한 실행이란 의미이다"고 에벨링은 주장한다(33). 말하자면 설교자의 임무는 본문 안에 존재하는 언어-사건을 설교에 다시 재현함으로써 설교가 회중에게 본문에서와 유사한 언어-사건이 되도록 하는 것이다.

언어는 사건이라는 주장은 본문 해석에서든 또는 설교를 구성함에서든 변혁적 설교학의 우산 아래 모인 학자들에게는 매우 중요한 주장이다. 토마스 롱(Thomas G. Long)에 의하면 설교자는 본문을 연구하는 과정에서 "무언가가 발생하기를, 즉 교회의 삶에 이전과 다른 결정적인 차이를 가져올 중대한 말씀을 기대해야 한다"(1989b, 84). 그 다음에 설교가 설교를 구성하기 시작하면, "성경 본문이 말하고 실행하려고 의도했던 것이 이제 설교자가 설교에서 선포하려고 하고 실행하기를 희망하는 것이 된다"(86).

언어는 사건이라는 확신은 설교학과 관련된 언어관의 강조점이 인식론에서 해석학으로 바뀐 것과 긴밀히 결부되어 있다. 전통적인 설교학과 케리그

---

3) 비록 신해석학은 미국 신학계에서 그 생명력이 오래 지속되지는 못했지만 설교학에는 오래도록 결실이 풍부한 생명력을 발휘하였다. John Macquarrie, *Twentieth-Century Religious Thought*, 4th ed., (Philadelphia: Trinity Press International, 1988), 391.

마 설교학을 따르는 학자들 중에 특히 인식론적인 관심을 가지고 있는 학자들은 변하지 않는 진리를 발견하여 추출해 내서 이를 설교의 핵심 사상으로 전환해보겠다는 기대를 가지고 본문에 접근한다. 반면에 해석학적인 관심을 가지고 있는 변혁적인 설교학자들은, "본문을 통해서 찾아오시는 하나님과의 만남의 사건에 대한 희망을 가지고 본문에서 하나님의 음성을 들으며 그분의 임재를 찾아내겠다"는 기대를 가지고 본문에 접근한다(ibid, 44). 그러한 기대와 탐색의 저변에는 본문은 "청취자를 찾는 살아 있는 언어 음성(a living language voice), 즉 이 세상 너머로부터 우리에게 침투해 들어오려는 음성"이라는 전제가 깔려 있다(Tostengard 1989, 81).

3. 시적인 언어. 변혁적 설교와 관련된 여러 논의에서 찾아볼 수 있는 셋째 특징은 시적이고 은유적인 언어의 중요성이다. 설교의 가장 최우선의 목적이 하나님과의 만남이나 영적인 사건이라는 전제하에 케어(Keir)는 다음과 같은 질문을 던진다. "하나님과의 근본적인 만남을 위한 언어는 어떤 것인가?"(1962, 63; see Sittler 1966, 19). 그의 해답은 바로 "이미지와 유비, 비유, 은유 그리고 범례들"과 같은 시적인 언어이다(65). 케어는 추상적인 언어(64)와 시적인 언어를 구분하면서, 시적인 언어를 가리켜서 "인간의 심장의 언어 또는 연인과 현자의 언어"라고 한다(91).

다른 설교학자들도 케어와 비슷하게 언어를 구분한다. 라이스는 이해할 수 있도록 말하는 것을 중요시하는 과학적 혹은 지시적 언어(referential language)와 무의미한 말을 내뿜는 것을 인정하는 정서적 언어(emotive language)를 서로 구분하는 실증주의자들의 구분 방식을 소개한다(1970, 37). 실증주의자들은 과학적인 언어만을 "유일한 참 언어"로 존중한다(39). 하지만 라이스는 이러한 도식을 거부하고 후자의 정서적 언어를 더 존중하면서, "인간 영혼에게는 필수불가결한" 시인의 언어로 재규정짓는다(39). 문학비평가인 필립 휠라이트(Philip Wheelwright)의 견해를 따르는 돈 와들로우(Don M. Wardlaw)는 모호함을 제거하려고 애쓰는 '정적인 언어'(static language)와 은유와 이미지, 비유, 우화 그리고 직유의 개입으로 말미암은 모호함의 위험을 감내하는 '긴장이 있는 언어'(tensive language)를 구분한다(1983, 19). 와들로우는 이 두 언어 중에서 긴장이 있는 언어를 더 선호한다. 그 이유는 이 언어에는 "독자나 청중에게 실체를 깨달을 수 있는 새로운 가능성을 조성하는 힘이 있기 때문이다"(19).

케어가 이미지나 시적인 언어를 더 선호하는 이유에 대해서는 잠깐 더 살펴볼 필요가 있다. 왜냐하면 그 이유는 변혁적인 설교에 대한 다양한 논의에서도 계속 반복적으로 발견되기 때문이다. 첫째로 케어는 시적인 언어는 보이지 않는 것을 보이는 것과 서로 연결시켜준다고 주장한다. 서구 사회의 심각한 문제 중의 하나는 "보이지 않는 것들에 대한 감각을 잃어버렸다"는 것이고 이 문제는 부분적으로는 언어와 사고의 형태와 관계가 있다고 케어는 생각한다(1962, 90). 언어란 예배참가자들이 보이지 않는 것을 의식하거나 또는 좀 더 분명하게 말하자면 하나님을 만날 수 있는 통로이자 수단이기 때문에(62), 결국 설교자들이 직면한 과제는 '시(poetry)의 느낌'을 회복하는 것이라고 한다(67).

케어에게 이미지가 중요한 이유는 또 있다. 이미지는 우리가 보이지 않는 분(the Unseen)을 만나는 현장(locus)일 뿐만 아니라 보이지 않는 분에 대해서 우리 인간이 파악하고 붙잡을 수 있는 모든 것이기도 하다. 오스틴 파러(Austin Farrer)의 글을 인용하면서 케어는 이렇게 주장한다: "계시된 이미지로부터 이미지가 전혀 없는 진리나 또는 그 이미지가 겨냥하는 정확한 진리만을 끄집어 낼 수 없다. 또 다른 말로 표현하자면 이미지를 무시하고서는 결코 이미지 없는 진리를 붙잡을 수 없다".[4] 이미지의 필요불가결한 속성을 강조하는 케어는 계속해서 파러의 글을 인용한다: "하나님에 대한 유비로서의 무언가 유한한 것을 인식하는 가운데 비로소 우리는 무한하신 하나님을 의식하기 시작한다."[5] 설교자가 전문적인 지식과 기술로부터 피할 수 없는 것과 마찬가지로 이미지 역시 피할 수 없다(77-78).

---

4) Keir 1962, 65. 다음을 인용함. Austin Farrer, *The Glass of Vision* (London: n. p., 1948), lecture iv.

5) Ibid., lecture vi.

이미지가 중요한 세 번째 이유는 이미지는 보이지 않는 것을 보이는 것과 서로 연결시키며 이를 통해서 보이는 이 세상에서 지금 강조하는 것을 밝히 드러내기 때문이다. 그래서 설교자들은 "일상의 이미지"의 관점에서 성경적인 이미지들을 해석해야 하며, 그렇게 함으로써 회중도 일상의 경험을 보이지 않는 영원한 것들의 관점에서 이해하고 자리매김할 수 있도록 해야 한다(82). 또 설교자는 일상의 것들을 해석해야 하며 그렇게 함으로써 일상의 것들이 새로운 경외감으로 다가올 수 있도록 해야 한다(83).

변혁적인 설교학을 따르는 학자들 중에는 보이는 것과 이 세상의 사물들을 변혁시키는 시적인 언어의 능력을 케어보다 더 강조하는 학자들도 있다. 예를 들어 찰스 바토우(Charels L. Bartow)는 종교적인거나 은유적인 언어는 "실체를 불러내는 것을 의도하는 언어"라고 주장한다(1980, 18). 그의 설명에 따르면, 설교는 "과거의 어떤 것을 가리키거나 지시하는 것도 아니고, 어떤 개인적인 것이나 현재 상황에 대해서 지시하는 것도 아니며, 그보다는 저 너머에 놓여 있는 것을 언급하는 것"이라고 한다. 또 설교는 현재의 실존보다는 "앞으로 되어질 것"과 관련이 있다고 한다(18). 이 앞으로 되어질 것은 세상에서의 존재와 행위를 위한(20) 새로운 가능성으로 이루어져 있다(19). 이를 위해서는 시적인 언어가 필수적이다. 그 이유는 시적인 언어는 인간의 삶을 위한 하나님의 새로운 현실을 불러일으키며(evokes), 창조하고(creates) 실제로 존재하게 하기 때문이다. 시적인 언어는 사건의 언어이며 이 사건의 언어를 통해서 우리는 하나님과 만날 수 있으며 변화된 세상에서 우리의 존재와 삶의 방식을 깨달을 수 있다.

4. 언어와 경험과의 관계. 시적인 언어에 대한 논의는 변혁적인 설교관의 넷째 독특한 확신, 즉 언어와 인간의 경험의 관계는 설교에서 결정적으로 중요하다는 확신으로 이어진다. 변혁적인 설교관을 따르는 학자들은 설교 언어는 인간의 경험을 반영해야 한다는 점에 동의한다. 왜냐하면 설교에서 의도하는 변혁의 목표가 바로 인간의 경험이기 때문이다. 하지만 언어와 경험의 상호 관계에 내한 세부적인 논의에 들어가면 학자들의 입장이 다양하

게 나뉜다.

언어와 인간 경험의 관련성과 관련하여 돈 와들로우(Don M. Wardlaw)는 "인간 경험의 심층적인 깊이를 경험해 본 설교자의 개인적인 여정"에 강조점을 둔다. 이 경험은 설교자로 하여금 긴장이 담긴 설교 언어(tensive language)를 선택할 수 있도록 해 준다. "긴장이 담긴 언어"는 회중으로 하여금 일방적인 해답을 강요하지 않고 설교자의 여정에 함께 동참하여 개인적이면서도 대안의 길을 경험할 수 있도록 초청할 수 있다(19).

크래독도 설교자가 상상력을 발휘하여 "우리가 매일 살고 있는 동네와 거리로 나가볼" 때 더욱 분명해지는 일상의 평범한 경험들을 강조한다(1974, 80). 설교에서 설교자의 상상력은 회중이 살아가는 세계를 그대로 반영해야 하며 그럴 때 비로소 그 설교는 회중에게 '실제'가 될 수 있다(80).

윌리엄 말콤슨(William Malcomson)은 좀 더 적극적인 입장에서 설교에서 전통적인 신학의 언어를 일상적인 경험의 언어로 바꾸어야 한다고 주장한다(1968). 그는 계속해서 '구원'(salvation)과 같은 교회의 언어를 사용하는 대신에 서로 모여서 서로를 더 깊이 알아가고 또 자신에 대해서 더욱 잘 이해하게 되는 티 그룹(T group, 심리치료와 산업심리 등의 분야에서 자신의 행동과 타인의 행동에 대하여 정확하게 이해하고 이를 표현할 수 있도록 교육하려는 집단교육 또는 집단치료의 목적으로 구성된 그룹 - 역주)에 대해서 소개한다. 여기에서 함께 모인 이들은 구속(redemption)이란 단어 대신에, 다른 사람들을 서로 돌보는 것에 대해서 함께 이야기를 나눈다. 또 죄에 대해서 직접 말하는 대신에 자기 증오에 대해서, 또 다른 사람에게 상처를 주는 사람들에 대해서 그리고 다른 사람들을 마치 물건 취급하는 사람들에 대해서 서로 이야기를 나눈다(126-27). 말콤슨의 관심사는 막연한 종교적인 진리가 아니라 그저 단순한 사실들(127) 또는 실제로 일어나는 일들(107)이기 때문에, 모든 설교 언어 역시 신학적이지 않고 평범한 언어여야 한다고 주장한다.

찰스 라이스의 입장에서 볼 때 정작 쟁점이 되는 것은 어떤 종류의 언어나 말을 다른 것으로 바꾸는 문제가 아니라 모든 언어와 인간의 경험이 필연적으로 주관적으로 연결되어 있음(the inevitable subjective link)을 인식하는 것이다(1970). 즉 문제는 설교 언어가 인간의 경험을 반영해야 한다는 의무 사항이 아니라, 설교 언어는 인간의 경험을 필연적으로 반영할 수밖에 없는 필연성을 의식하는 것이다. 라이스의 주장에 의하면 "하나님에 관한 모든 언어"는 인간의 주관성(human subjectivity)에 기초하고 있다(13). "기독교 설교에 등장하는" 신학체계와 용어는 독특한 형태로 되어 있으며 이 형태를 설교자는 설교 전후 과정을 통해서 경험하게 된다(19). 이와 마찬가지로 설교를 위한 주해 작업과 설교의 적용 역시 설교자 자신의 주관적인 경험이 반영되어 있다는 점에서 '실존적'(existential)이라고 한다(95). 또 라이스가 보기에 모든 언어에는 언어를 사용하는 사람의 경험이 반영되어 있다.

언어와 경험에 대하여 이렇게 다양한 입장을 취하는 변혁적인 설교학자들 중에서 공통점이 있다면 그것은 언어와 특히 설교 언어와 삶의 긴밀한 연관성에 대한 중요성이다.

이상에서 살펴보았듯이 일반적으로 언어 또는 특별히 설교 언어의 속성과 기능에 관한 새로운 확신들은 변혁적인 설교관을 전통적인 설교관이나 케리그마 설교관과 구별짓는 중요한 특징이다. 만일 언어가 인간의 의식세계 속의 패러다임과 불가분의 관계에 있으며 언어의 변화가 패러다임의 변화 또는 판단 기준의 변화로 이어진다면, 결국 인간 실존의 변혁을 지향하는 설교자의 노력의 중심에 자리해야 할 것은 바로 언어이다. 일부 변혁적인 설교학자들의 입장에서 볼 때 언어 사건으로서의 설교를 구성하고 전달하려면 설교자는 시적인 언어와 인간 실존에 관한 언어에 민감해야 한다. 또 설교의 언어들이 어떻게 서로 결합하여 효력을 발휘하는지에 대해서도 관심을 기울여야 한다. 그러므로 이어서 계속 살펴볼 주제는 설교 형식이다.

4) 설교 형식

쉬러는 자신이 제안한 설교학 이론을 스스로 적용시킨 설교의 형식을 설명하는 데 일반적인 명칭을 사용하였다(1965). 그는 자신의 설교를 가리켜서 "강해적이고 교리적"(expository and doctrinal)이라고 하였다(xii). 쉬러가 자신의 설교 형식에 이토록 평범한 명칭을 사용한 것을 보면 그가 변혁적인 설교학자들 중에서도 설교 형식에 대한 창의적인 성찰을 간과한 사람들의 대표자라고 할 수 있다.

하지만 대부분의 변혁적인 설교학자들의 입장에서 볼 때 설교의 목적과 내용 그리고 언어에 대한 새로운 입장은 곧 설교 형식에 대한 새로운 논의로 이어진다. 이러한 학자들은 "하나님과의 근본적인 만남을 위한 언어는 어떤 것인가?"라는 케어의 질문(1963, 63)을 재구성하여 다음과 같은 새로운 질문을 던지는 것 같다: "근본적인 만남을 위한 또는 변화를 가져오는 사건으로서의 설교를 위한 형식은 무엇인가?"

혁신적인 설교 형식에 대해서 고민하는 학자들은, 설교 형식은 설교 전달 시간 이전의 선행하는 경험을 되풀이하거나 전달해야 한다는 주장에 대체적으로 동의한다. 하지만 선행하는 경험이 정확히 무엇인지, 그 경험의 속성에 대해서는 동의하지 않는다. 한편에는 설교 형식은 철저하게 성경 본문의 통제를 받아야 한다고 주장하는 학자들이 있다. 또 다른 편에는 설교 형식은 설교자가 성경 본문과 씨름할 때 겪었던 개인적이 경험을 반영해야 한다고 주장하는 학자들이 있다.

그런데 대체적으로는 원래 성경 저자의 의도나 또는 본문 속에 암호로 숨어 있는 본문의 의도를 강조해야 한다는 입장이 대세이다. 이런 맥락에서 할버슨(Halvorson)은 설교를 가리켜서 "원래 메시지의 재현"(reenactment) 또는 "메시지의 재생"(refleshing)이라고 부른다(1982, 47). 또 알랜(Allen)은 "비유에 대한 설교의 목적은 그 비유 속에 들어 있던 본래의 경험을 회중에게 재창조하는 것"이라고 주장한다(1983, 40). 다른 학자들 역시 설교를 가리켜서 "본문의 실행적인 목적을 청중의 마음속에 복제하는 것"이나(Eslinger 1987, 143), "본문의 주장을 재생하는 것"이라고(Long 1989a, 33) 한다.

데이비드 제임스 랜돌프(David James Randolph)는 사건으로서의 성경 본문과 사건으로서의 설교를 서로 연결시키는 매개체로서의 설교 형식에 대해서 논의한다(1969). 랜돌프에 의하면 설교는 "성경 본문의 의도를 그 본문이 요청하는 순종의 다리를 통해서 오늘의 회중과 교차하는 지점으로 끌어와야 한다"(30). 그런데 이런 목적을 달성하는 데는 앞에서 잠깐 언급했던 두 가지 전통적인 설교 형식으로는 한계가 있기 때문에 새로운 설교 형식이 요구된다. 그런데 랜돌프에 의하면 그 두 가지 전통적인 설교 형식이란, 전통적인 설교학에서 염두에 두고 있는 설교 형식인 "본문으로부터 이끌어낸 명제 진술문"(the statement of propositions)(103)과 일부 케리그마 설교학자들이 주장하는 형식인 "성경 본문에 대한 연속 주해식 설교"(103)를 말한다. 랜돌프는 이에 대한 대안으로 회중이 설교를 통해서 '모험'을 경험할 수 있는 형식을 제시한다(105). 그가 제시하는 대안은 '본문의 문학 형식'과 '본문의 의도와 분위기'(mood)를 고려하는 설교의 형식이다(106).

이어서 랜돌프는 설교 형식에 도움이 될 네 가지 성경의 형식을 소개한다. 그 첫째는 리듬과 이미지가 들어 있는 시편이다. 시적인 설교는 "설교의 효과를 끌어내기 위하여 논제에 대해서 그렇게 많이 언급하지 않는다"(107). 두 번째 형식은 이야기로서 회중을 초청하여 내러티브의 움직임에 함께 참여하도록 한다(111). 나머지 두 개의 성경의 문학 형식은 수필이나 개인적인 회고록(115-18)과 웅변적인 연설(119-23)이다. 그런데 어떤 형식을 사용하든 좋은 설교 구조임을 보여주는 한 가지 특징은 전진하는 움직임(progressive movement)이라고 한다: "설교는 맨 처음부터 회중의 관심을 사로잡아야 하며 최고조를 향하여 진행하는 흐름 속으로 회중을 끌어들여야 한다"(127). 그래서 "모든 설교는 사파리 여행과 같다"(127).

랜돌프는 이렇게 다양한 설교 형식은 각기 다른 소통의 목적을 달성하는 데 영향을 준다고 보면서 각각의 설교를 어떻게 평가해야 할지에 대한 새로운 관점이 필요하다고 주장한다. 그래서 어떤 설교이든 설교를 평가할 때에는 다음과 같은 질문에 초점을 맞추어야 한다는 것이다: "이 설교를 통해서는 무슨 일이 일어나는가?"(132) 그런데 이러한 평가는 '설교의 명제보다는 그 설교를 듣게 될 사람'을 더 중요시한다(132).

알랜(Allen)은 앞에서 랜돌프가 제시한 형식을 더욱 다양하게 확장하면서 지혜 문학과 다양한 형태의 계명들, 산상수훈, 덕과 악행에 대한 목록들 처럼 성경의 다양한 문학형식들에 대해서 어떻게 설교를 구성해야 하는지에 대한 방안을 제시한다(1983, 37). 또 그는 설교자가 본문이 제공하는 경험을 재발견하고 오늘의 회중을 위해서 그와 비슷한 경험을 만들어 보라고 조언한다(37-38).

토마스 롱(Thomas Long)은 성경 본문에 담긴 의도와 오늘의 회중이 서로 상호작용하는 지점에서 설교의 형식을 구성하라는 랜돌프의 논의를 이어받는다(1989a, 1989b). 그리고는 "본문은 그 본래의 독특하고도 복잡한 일련의 의도들을 소유하고 있다"고 주장한다(1989b, 84). 그래서 설교자는 성경 본문의 문학적 장르가 무엇인지 - 시편, 잠언, 내러티브, 비유 혹은 서신서 중에 어떤 장르에 속한지를 연구하고 그 장르에 일치하는 수사적인 도구들을 확인하여 본문이 독자에게 끼치려고 의도했던 효과에 주의를 기울여야 한다는 것이다. 그럴 때 비로소 설교자는 "본문에 들어 있는 것과 유사한 수사적 효과를 회중에게 창조"할 설교를 구성할 수 있다는 것이다(1985a, 50).

변혁적인 설교관을 따르는 일부 학자들은 배타적으로 성경 본문만 중요시하는 경우도 있다. 설교는 본문이 원래 만들어내려고 했던 의도나 또는 그 의도에 대한 현대적인 의미를 회중이 경험할 수 있도록 해야 하기 때문에 결국 이 의도를 겨냥해서 짜여진 본문의 형식은 설교의 형식을 위한 실마리를 담고 있다는 것이다.

또 다른 학자들은 본문의 형식을 강조하는 것과 달리 설교자가 본문 연구 과정에서 경험한 개인적인 경험을 강조하는 경우도 있다. 예를 들어, 트로이거는 다음과 같은 질문을 통해서 이러한 변화를 잘 보여준다.

본문은 내가 무엇을 하기를 원할까?

손뼉을 치며 노래 부르기를 바랄까?
무릎을 꿇고 기도하는 것?
회중의 대표자들을 적어보는 것?

하나님은 본문을 통해서 어떻게 나를 새롭게 하실까?

내 마음에 쏟아지듯 들려오는 희망의 메타포를 통해서 말씀하심으로?
내 삶에 빛을 비추는 이야기를 들려주심으로?
내 상처를 만져주시고 용기와 힘을 공급해 주심으로?(1983, 154).

크래독에 의하면 설교는 설교자의 경험을 재창조해야 한다. "그 경험을 단지 떠올려 회고해보는 정도가 아니라 그 경험을 다시 구현해내야 한다" (1974, 77). 설교에서 재현해야 할 것이 본문의 수사적 동력이든 본문에 대한 설교자의 경험이든 두 진영의 학자들은 기본적으로 성경 본문의 중요성을 강조하면서도, 그 강조점이 본문에 대한 설교자의 경험 쪽으로 더 쏠리는 편이다.

설교자의 일차적인 과제는 하나님의 말씀을 경험하는 것이다. 그 다음에는 설교자가 본문에서 경험했던 것을 이제 회중을 위하여 설교에서 재현하는 것이다(Rice 1983, 104).

본문에서 설교자가 경험했던 것을 재현하기 위해서는 창의적인 설교 형식이 필요하다. 이러한 논의에 기여한 대표적인 세 명의 학자로는 그레디 데이비스와 프레드 크래독 그리고 유진 로우리가 있다. 이들이 남긴 설교학적인 통찰로서 세 가지 설교 형식이 있는데 그것은 이야기설교(the story-sermon)와 귀납적 설교(the inductive sermon) 그리고 내러티브 설교(the narrative sermon)이다.

먼저 그레디 데이비스는 설교 형식에 대한 최근의 발전을 위한 기초를 마련했다(1958). 그가 남긴 가장 중요한 유산은, 설교를 만들어 가는 과정을 보여주는 이미지를 설명함에 있어서 설교의 형식을 만들어내는 '생성적인 사고'(generative idea)가 계속 이어지는 유기적인 과정으로 설명했다는 점이다(21). 설교자가 설교에서 전하는 설교의 내용 또는 핵심과 그것을 전달하는 방법으로서의 설교의 형식은 설교 준비 과정에서 결코 별개의 것이 아니다. 데이비스의 설교관을 따르는 설교자들은 전통적인 설교관을 따르거나 케리그마 설교관을 따르는 설교자들과 달리 먼저 설교 메시지를 정하고 그 다음에 이 메시지를 소통하는 데 어울리는 형식을 정하지 않는다. 그 대신 설교 형식은 설교자의 마음속에 생성적인 사고가 착상되어 자라는 과정에서 유기적으로 발전해간다.

그렇다면 생성적인 사고(generative idea)란 무엇인가? 그것은 설교자의 삶 속에서 "떠오른 생각이거나(21, 58), 설교의 결실로 이어질만한 통찰"(58)을 말한다. 또 그것은 "무엇보다도 설교자의 마음을 관통"할 수 있는 생각이다(58, 43). 이렇게 데이비스는 생성적인 사고에 대해서 설명하면서 성경 본문의 의도보다는 주로 설교자의 경험에 초점을 맞춘다.

그렇다면 이 생성적인 사고가 어떻게 설교를 만들어낼 수 있는가? 데이비스에 의하면 "설교자의 경험으로부터 유래된 이 생성적인 사고가 일단 설교자의 마음에 생겨나면, 그렇게 착상된 사고는 설교자와 회중이 함께 공유하는 경험을 끌어냄으로써(182) 살아 있는 설교로 발전해가는 힘이 있다"고 한다(82).

데이비스가 남긴 또 다른 설교학적인 유산으로는 설교를 묘사하는 이미지를 "시간 속에서 진행되는 청각적인 움직임(an audible movement)으로 설명했다는 점이다"(22). 설교는 회중에게 어떤 경험을 이끌어내야 한다. 그래서 설교의 연속성이나 움직임은 "설교자의 관점이 아니라 회중의 관점에서 반드시 해결되어야 할 문제"를 제시해야 한다는 것이다(164). 이와 관련하여 데이비스는 다섯 가지 유형의 설교의 움직임이나 연속성을 소개한다. 그 중에 두 개는 크래독과 유진 로우리의 연구를 통해서 좀 더 발전적인 형태로 결실을 맺었다. 먼저 크래독이 제시한 귀납법 형식은 데이비스가 언급했던 귀납적인 연속성(inductive continuity, 175-77)과 유사하며, 로우리가 제안한 내러티브 설교 형식은 데이비스의 연대기적이며 이야기체의 연속성(chronological and narrative continuity)과 유사하다(180-84).

데이비스가 남긴 설교학의 유산으로는 이 외에도 "이야기하기"(a story told)라는 독특한 설교 형식도 있다(156-62). 그는 이 설교 형식에 대해서 설명하면서 전통적인 설교학자들과 케리그마 설교학자들이 제시하는 이야기식 설교와 일부는 비슷하고 또 일부는 차이가 나는 관점들을 제시한다. 앞에서 언급한 바와 같이 설교는 생성적인 사고의 착상으로부터 발전되어간다는 확신을 데이비스는 결코 버리지 않았으며 이 점은 다른 설교학자들과 크게 다르지 않다. "이야기하기"로서의 설교 역시 '사고의 착상'(157)으로부터 또는 '핵심 주제'(159)나 '중요한 메시지'(161), 혹은 요점을 중심으로 점점 자라가야 한다는 것이다. 이와 동시에 이야기 설교를 통해서 데이비스가 기대하는 것은 회중이 "이야기 설교에 등장하는 인물과 자신들을 동일시하며, 인물들의 사건에 함께 동참하고 그 인물들의 동기를 이해하고 그 인물들의 입장과 의견, 성격 그리고 행동에 대한 평가와 판단을 내리는 것"이다(161).

데이비스에 의하면 회중(혹은 예배 참가자)은 이야기 설교를 자신들의 입장에 맞게 해석할 자유를 갖고 있다. 그런데 설교를 다 들을 회중이 설교자의 결론점에 도달해야 한다고 주장하는 전통적인 설교학자들이나 케리그마 설교학자들과 달리, 데이비스는 회중은 "자신들에게 맞는 스스로의 결론을 끌어내야하고 각자의 삶에 맞는 적용점을 스스로 만들어야" 한다는 것이다(161). 그래서 데이비스는 "회중이 이렇게 할 수 있을 것으로 신뢰하지 못하는 설교자는 이야기 설교 형식을 활용하지 말라"고 경고한다(161). 설교자가 독단적으로 나서서 지나칠 정도까지 이야기를 해석하는 것(overinterpreting)은 "내러티브의 내재적인 힘"을 파괴하는 것이다(161). 이야기 설교에 대한 데이비스의 견해의 저변에는 "의미를 소통하며 회중의 삶에 영향을 줄 수 있는 이야기의 힘"에 대한 확신이 자리하고 있었다(158).

데이비스의 관심은 주로 성경의 내러티브에 한정되었다. 자신은 설교자들이 "허구적인 내러티브를 만들거나 복음서에 있는 내러티브를 허구적으로 바꾸라고 조언하는 것이 아니라"고 주장한다(158). 하지만 데이비스의 설교학적인 유산을 이어받은 이후의 학자들 중에는 허구적인 이야기와 다시 허구적으로 각색된 성경의 이야기 모두 이야기 설교를 위한 정당한 형식으로 인정하는 경우도 있다. 아무튼 이야기 설교 형식에 대한 통찰이 변혁적인 설교관에 기여한 점은 설교자의 이전 경험에 기초하여 회중에게도 이와 유사한 경험을 가져다 줄 수 있는 설교 형식을 고안해야 한다는 입장이다.

설교 형식에 대한 혁신적인 연구를 통해서 변혁적인 설교관에 큰 영향을 주었을 뿐만 아니라 성경 본문에 대한 설교자의 경험을 강조한 두 번째 학자가 바로 프레드 크래독이다(1974). 그렇다면 변혁적인 사건으로서의 설교에 적합한 형식은 무엇인가? 크래독은 그 형식은 바로 귀납적인 설교라고 확신했다. 한편으로 크래독은 귀납적인 형식을 본문의 메시지(125) 또는 본문의 저자가 의도했던 요점(105)과 연결시킨다. 그래서 설교는 "본문이 선포했던 것을 선포해야 한다"는 것이다(123). 그러나 또 다른 한편으로 크래독은 귀납적인 형식을 본문에 대한 설교자의 경험과도 결부시킨다. 귀납적인 형식의 설교가 시작되는 지점은 어디인가 라는 질문에 그는 이렇게 대답한다. "'나를 따르라'는 예수의 단순한 명령에 전율을 느끼고 놀라며 감동을 받고 마비가 되고 경의를 표하면서 이 메시지를 들은 사람이라면 설교를 위한 기본적인 기초 자료를 확보한 셈이다"(140).

그렇다면 귀납적인 설교 형식은 어떻게 구성해야할까? 귀납적인 설교는 본문의 핵심 메시지에 도달했던 설교자의 이전 경험을 설교에서 다시 회중을 위하여 재현하는 것이다. 그리고 본문에서 "아이디어를 마음에 품고 그 아이디어와 함께 놀고 고민하며 더욱 명료하게 구체화하려고 애썼던" 설교자의 경험을 되풀이하는 것이다(162). 귀납적 설교는 "설교자가 보았던 장면과 들었던 소리에 대한 경험을 언어로 다시 포착해냄으로써 회중도 설교자가 들었던 것을 다시 들을 수 있기를" 기대하는 것이다(77). 그래서 귀납적 설교를 통해서 크래독이 기대하는 것은 설교자와 회중이 같은 결론에 도달하는 것이다(57, 162). 그러면서도 크래독은 회중은 설교의 "사상과 움직임 그리고 결정단계"를 자기들 스스로 완성하는 자유가 주어져야 한다고 주장한다(64, 146). 그래서 귀납적인 형식은 설교자가 본문을 연구하는 과정에서 본문의 핵심 의미에 도달했던 이전의 경험에 근거하여 회중을 위한 설교의 경험을 새롭게 끌어내기에 적합한 수단이 되어야 한다는 것이다.

본문과 씨름했던 설교자의 이전 경험을 반영하는 설교 형식에 대한 대안을 제시한 또 다른 학자는 유진 로우리이다(1980, 1985, 1989, 1990). "변혁적인 사건으로서의 설교에 적합한 형식은 무엇인가?"라는 질문에 대해서 로우리가 제시하는 또 다른 해답은 내러티브 설교이다. 로우리에 의하면 내러티브 설교(narrative sermon)는 이야기 설교(story sermon)와 차이가 있다. 이야기 설교는 쉽게 말하자면 이야기를 들려주는 설교이다. 반면에 내러티브 설교는 연속적으로 진행되는 플롯을 따라가는 설교이다.

플롯에 대한 로우리의 정의는 다양하다. 『강단에서의 시간 구성』(*Doing Time in the Pulpit*, 1985)이라는 책에서 그는 플롯의 분명한 형태에 대해서 이렇게 설명한다: 플롯은 불균형에서 해결로 진행되는 이야기의 연속적인 긴장이다(52, 64). 불균형 단계와 해결 단계의 중간에 기존 관점이 바뀌고(73) 입장이 뒤바뀌는 '낯선 모퉁이'(strange corner, 57) 또는 역전의 전환이 있다. 『이야기식 설교 구성』(*The Homiletical Plot*, 1980)이란 책에서 로우리가 제안하는 플롯은 더욱 확장되고 정교해진다. 이 책에서 설교의 구성(homiletical plot)은 다음 다섯 단계로 제시된다: 균형감을 깨뜨리는 1단계, 불일치를 분석하거나 또는 불일치의 근본 이유에 대한 설명을 발견하는 2단계, 역전의 전환점 또는 해결을 향한 실마리를 드러내는 3단계, 복음을 경험하는 4단계, 결과를 예상하는 마지막 단계. 로우리는 이상의 다섯 단계에 어울리는 감탄사로 웁스(혹은 아이구 저런, Oops, 놀랄 때의 감탄사), 악(Ugh, 두려워서 놀랄 때의 감탄사), 아하(Aha, 무언가를 알았을 때), 와아(Whee, 기쁘거나 흥분할 때), 예에(Yeah, 환호를 지를 때)를 덧붙인다(25). 『비유 설교법』(*How to Preach a*

Parable, 1989)이란 책에서 로우리는 다시 내러티브 설교 형식을 다음 네 단계의 연속적인 흐름과 동일시한다: 불균형을 제시하기, 갈등을 고조시키기, 놀랄만한 역전 그리고 대단원의 종결(25, see also 1990, 70). 이 밖에 다른 책에서도 로우리는 이러한 네 단계의 패턴을 "전형적인 플롯"이라고 부른다(1985, 64). 하지만 "내러티브의 진행 과정"을 가장 단순한 형태로 설명한다면 "불균형에서 해결"로의 이동이다(1989, 26). 나는 이렇게 가장 단순한 형태의 플롯이 내러티브 설교를 구성할 가장 충분한 여지를 제공한다고 생각한다. 즉 플롯의 가장 핵심적인 요소는 불균형으로부터 시작하여 역전의 전환점을 거쳐 해결로 나아가는 것이다.

초기의 불균형을 설명하는 로우리의 용어에는 곤경(bind)이나 가려움, 문제, 불균형, 모호함, 긴장, 불완전, 갈등, 모순 그리고 문제와 같은 단어들이 있다(1980, 28-35; 1985, 53-56; 1989, 32-33). 이 중에서 가장 중요한 점은 갈등이 살아 있어야 하며(1985, 47), 모호함이나 문제점이 느껴져야 하고(1980, 29), 그 문제가 너무나도 사실적이어서 "해결책이 제시될 때까지 숨조차 제대로 쉴 수 없을 정도"여야 한다는 것이다(1980, 29). 즉 설교자와 회중 모두의 입장에서 볼 때 무언가 문제가 있다는 것이 느껴져야 한다는 것이다(1985, 64). "설교자가 느끼는 가려움이 그대로 회중의 것이어야" 하며(1980, 29), "그 모호함을 설교자가 아니라 회중이 느낄 수 있어야 한다"는 것이다(1980, 23; see also 1985, 24, 64).

내러티브 플롯에서 매우 중요한 두 번째 요소는 해결책이다. 로우리는 해결책을 설명하기를 경험이나 사건으로서의 설교 구조를 정돈하는 "근본적인 원리"라고 한다(1985, 20). 해결 단계에서는 "복음에 의해서 우리 인생의 판이 새롭게 정돈되거나(1989, 25) 삶이 다시금 원래대로 정리된다"(1985, 73). 그 해결은 복음이나 말씀에 의해서 일어나는 변화, 즉 긴장이 해소되며 균형감이 다시 확립되고, 모호함이 해결되는 변화를 말한다. 그리고 지성과 감성 모두의 차원에서 일어나는 경험이다(1980, 29). 이 해결의 또 다른 두 가지 특징은 "복음에서 비롯되는" 해결책이라는 점과(1985, 66), 플롯에 "억지로 덧붙여지는 것이 아니라" 플롯 자체에 필연적으로 내재된 것이라는 점이다(1989, 140).

내러티브 설교 형식의 흐름을 시작하는 불균형에 대해서 설교자와 회중은 함께 해결책을 공유해야 한다. 그리고 설교자는 "그 해결책으로서의 복된 소식을 먼저 경험한 수납자"이다(1989, 114). 이 점에 대해서 로우리는 이렇게 적고 있다.

> 만일 회중이 말씀에 의해서 변화되기를 바란다면, 그리고 설교가 그러한 변화를 가져오는 계기가 되기를 원한다면, 우리는 우리 먼저 그러한 변화를 경험할 준비가 되어 있어야 한다. 우리 혼자의 힘으로 변화를 만들어 낼 수는 없지만, 복음의 능력으로 우리가 먼저 변화될 수 있는 최적의 위치로 우리를 먼저 데려다 놓을 수 있는 일들은 할 수 있다… 말하자면 다른 사람들을 위해서 무언가를 준비하기 전에 먼저 우리 스스로를 위한 자리를 마련해야 한다(1980, 86-87).

설교 형식으로서의 내러티브 플롯에 대한 로우리의 논의에서 내가 주목하고픈 첫 번째 사항은 역전 지점 혹은 전환점이다. 가끔 로우리는 "위와 아래를 뒤바꾸는 역전의 원리"를 강조하곤 한다(1980, 48, 60). 설교의 역전이란 마치 "누군가 앉아 있는 양탄자를 갑자기 잡아당기는 것"과 비슷하다고 한다(1980, 56). 그런데 로우리는 복음은 "급진적인 불연속성"과 "정반대"로 경험되는 것이라고 주장하면서 이러한 역전의 움직임을 강조한다(1980, 60, 1985, 73). 때로는 로우리가 전환점이 그렇게 급진적이고 파괴적이어야 한다는 주장을 덜 강조하는 경우도 있다. 역전의 원리를 보여주는 두 가지 조크를 분석한 다음에 그는 "모든 조크의 형식이 앞에서 살펴본 것처럼 그렇게 급진적인 역전으로 이루어진 것은 아님"을 인정한다(1980, 49).

> 매 주일 평범한 설교자가 내가 방금 연극이나 조크를 통해서 묘사한 것처럼 그렇게 극적이고 파격적이며 우스운 역전을 제시해야 한다고 생각하는 것은

다소 비현실적이다(1980, 51).

이어서 로우리는 이렇게 말한다. "그럼에도 불구하고 여기에서 제시된 원리는 여전히 타당하며 그 역전은 생각하는 것보다 더 쉽게 달성될 수 있다"(1980, 51). 이어서 로우리는 자신이 말하는 해결의 실마리나 설교의 전환점은 단순히 급격한 전환(a sudden shift, 1980, 49-50)이나 새로운 빛으로 사물을 보기(1980, 46) 또는 자아를 발견하는 것으로 이해될 수 있는 가능성의 문을 열어 두고 있다.

로우리에 의하면 내러티브 설교의 전환점은 설교자가 본문과 씨름하는 과정에서 비롯된다. 그리고 이 역전의 전환점은 설교자가 인내로 기다려야 하는 놀라운 사건 혹은 계시와 같은 형태로 다가온다고 한다(1980, 84). 그는 이 과정을 다음과 같은 가설로 설명한다.

> 당신은 구약의 내러티브에 관한 설교를 준비하고 있다. 그런데 당신은 이미 설교에서 무엇을 말할 것인지를 알고 있다. 그런데 본문을 연구하는 과정에서 그 본문이 당신을 새로운 길로 이끌기 시작한다. 이때 당신은 아마도 새롭게 본 장면들에 놀라서 스스로에게도 큰 소리로 되뇌어 볼 것이다. 그리고 갑자기 당신에게 떠오른 질문 하나: 내가 방금 보고 들은 것을 청중 역시 보고 들을 수 있도록 하려면 강단에서 나는 이 경험을 어떻게 재현해야 할까?(1985, 49).

로우리와 크래독 모두는 실교단에서의 설교가 회중을 위한 경험이 되어야 한다는 데 관심이 있으며, 본문과의 상호 작용을 통해서 설교자가 겪었던 경험을 설교 시간에 회중을 위하여 다시 재현해 낼 수 있는 설교의 형식을 강조한다. 하지만 이 두 학자는 설교를 구성하는 과정이 서로 반대편으로부터 시작한다는 점에서 차이가 있다. 먼저 크래독의 경우는 설교의 지향점을 설교자가 알고 있는 상태에서 설교의 끝에서부터 시작한다. 그리고 귀납적인 설교 형태를 택한 설교자는 이 형식을 통해서 "회중을 그 결론점으로 끌고가는 경험을 재창조한다"(1974, 125). 반면에 로우리는 설교의 시작점으로부터 그대로 시작하되 "실제로 설교문을 쓰기 전에는 그 결말을 알지 못하는 상태에 대해서" 설교자가 만족해야 한다고 조언한다(1985, 104). 그러면서 로우리는 내러티브 설교자는 설교문을 쓰기 시작할 때 "결말이 어떻게 될지에 대해서 전혀 모른다고 말하는" 예술가들에게 속해 있다고 한다.

변혁적인 설교학은 설교학의 대화 테이블에서 셋째 입장을 대표한다. 그런데 세 설교학은 다른 설교학의 입장을 일부 빌려오기도 하지만 설교의 목적과 내용 그리고 방법에 대한 나름의 독특한 관점을 지니고 있다. 전통적인 설교학과 케리그마 설교학 그리고 변혁적인 설교학의 상호 관계를 묘사하는 또 다른 이미지로는 빛의 전체 스펙트럼을 이루는 여러 파장들의 대역이다. 각각의 대역은 서로 겹치기도 하고 또 다른 대역으로 가까이 접근하면서 본래의 대역 색깔이 흐려지기도 하지만 각각의 고유하고도 결정적인 특성에 의해서 서로 구분이 가능하다. 케리그마 설교학 이론을 전통적인 설교학 이론과 분명히 구분하는 것은 설교의 목적과 내용에 대한 새로운 관점 때문이다. 또 케리그마 설교학과 변혁적인 설교학을 서로 구분하는 것은 언어와 설교 형식에 대한 새로운 확신 때문이다.

2. 변혁적인 설교학에 대한 평가

변혁적인 설교학에 대하여 비평하려고 할 때 약간의 당혹감이 느껴진다. 그 이유는 나는 오랫동안 변혁적인 설교학의 울타리 아래서 설교자로서나 설교학자로서 편안함을 맛보아 왔기 때문이다. 또 1980년대 중반에 설교학의 새로운 흐름을 발견했을 때 이는 마치 고향에 돌아온 것처럼 반가웠다. 그래서 나는 설교자로서의 내 자신의 모습을 발견할 수 있도록 도와준 이들 학자들에게도 깊은 감사와 존경의 마음을 가지고서 이 설교학 이론을 평가하고자 한다. 나 역시 변혁적인 설교학으로부터 많은 영향을 받았음을 인정한다. 또 이 설교학에 담긴 여러 확신들과 전제들의 상당부분을 아직도 버리지 못하고 있다. 다음에 소개하는 세 가지 평가와 설교에 대한 대안적인 제안들은 나름대로 새로운 돌파구를 마련해보려고 시도하더라도 내 입장이 기존의 변혁적인 설교관과 여러 면에서 겹치고 있음을 보여줄 것이다.

1) 비평 하나: 설교자와 회중의 간격

변혁적인 설교관에서 발견되는 중요한 쟁점은 설교자와 회중의 간격이 여전히 극복되지 않고 있다는 점이다. 그래서 설교에 대한 변혁적인 관점은 설교자와 회중이 교회 안에서 서로 연대를 이루고 함께 서 있는 존재로 이해하는 우리에게는 여전히 문제를 남긴다. 이 간격의 문제에 대해서는 이미 앞에서 지적하였기 때문에 여기에서는 반복하지 않겠다. 그 대신 설교자를 계속해서 회중으로부터 구별하는 분리감(the sense of separation)을 지적하는 몇몇 변혁적인 설교학자들의 글을 인용하겠다. 그 다음에는 설교자가 설교 전에 먼저 경험한 것을 설교를 통해서 회중에게 전달하겠다는 설교의 전략에 대해서 질문을 던져볼 것이다.

변혁적인 설교학의 논의 중에는 회중을 향한 설교자의 공세적인 태도 속에서 이 양자 사이의 간격이 너무 분명하게 나타난다. 예를 들어 리거트(Riegert)는 설교자는 예배 참가자의 마음과 삶을 재배열하고 재구성해야 한다고 주장한다(1990, 121-134).

또 때로는 메시지 전송에 대한 전통적인 설교학의 강조점을 그대로 인정하는 모습 속에서도 이 간격의 문제가 그대로 남아 있다.

예를 들어 샐먼(Salmon)은 복음의 변혁적이며 은혜로 충만해지는 경험을 가리켜서 '선한 대격변'(eucatastrophe)이라고 표현한다. 그 경험은 "긍정적인 대변란이며 놀라운 축복의 개입 사건"이다(1988, 10). 샐먼의 입장에서 볼 때, "설교는 본질적으로 선한 대격변의 경험을 회중에게 소통하고 전송하며 전달하려는 노력"이다(11). 그런데 여기에서 전송되는 것은 이전의 전통적인 설교학에서 처럼 아이디어나 메시지가 아니라 혁신적인 경험이다. 다른 학자들 역시 이와 유사한 입장을 피력한다. 예를 들어 토마스 롱이 제시하는 증인으로서의 설교자의 최우선의 임무는 "증인된 설교자가 이전에 들었고 보았던 사건을 그대로 전달해 줄 수 있는 용어들과 패턴들을 그대로 찾아내는 것이다"(1989b, 46).

이렇게 볼 때 설교자는 이전의 전통적인 설교학에서 전제한 것처럼 자기가 먼저 경험한 변화를 이제 회중도 경험할 수 있도록 전달해 주는 특권의 자리에 머물러 있는 셈이다. 그러면 회중은 선택할 수 있는 입장이라고는 변화를 가져올만한 이미지나 수사적인 패턴들, 시야 그리고 소리들을 그대로 받아들이거나 아니면 거절할 뿐인 수용자로서의 종속적인 위치에 머물러 있을 뿐이다. 그래서 변혁적인 설교는 설교단과 회중석의 간격을 너머서 여전히 일방향으로 진행되는 의사소통을 따를 뿐이다.

설교학에서 계속 논의되는 경험이 성경 본문 속에 암호화되어 있는 언어 사건에 관한 것이든 아니면 본문과 씨름하는 과정에서 설교자가 경험한 것이든 관계없이 그 경험을 전달하거나 전송하는 도구로서의 설교의 이미지에 대해서는 추가적인 논의가 필요하다. 엘리자베스 쉬슬러 피오렌자 (Elisabeth Schussler Fiorenza, 1983)는 이러한 설교의 이미지에 대해서 질문을 던진다. 그녀에 따르면 지식 사회학이나 현대 신학의 관점은 가공되지 않았거나 해석되지 않은 경험을 인정하지 않는다(44). 모든 경험이란 구체적이며 "특정한 시간과 공간 안에서 그리고 특정 문화와 성의 사회화에 의한 역사적 조건들(historical conditions)에 의하여 형성"된다고 한다(44-45). 그래서 본문에 대한 모든 경험은 각각의 해석자의 입장에 따라 고유할 수밖에 없으며 역사적인 조건의 영향을 받을 수밖에 없다. 쉬슬러 피오렌자는 설교와 각 설교자의 구체적인 경험의 상호 연관성 자체를 부인하려는 것이 아니다. 그 보다는 그 연관성은 구체적인 상황에 의하여 주어진다는 것이다. 그래서 설교자들이 자신들의 경험이 오늘날 하나님에 대한 기독교적인 경험의 전범(典範)인 것처럼 그렇게 자신들의 경험을 제시하지 말아야 한다고 주장한다(44). 달리 말하자면 본문의 원래 또는 수사적인 의도에 대한 해석 뿐만 아니라 본문에 대한 설교자의 개인적인 경험 모두가 사실은 설교자의 독특한 사회적 및 역사적인 조건의 흔적을 간직하고 있는 독특한 경험이라는 것이다.

쉬슬러 피오렌자는 자신의 주장을 회중석에 앉아 있는 이름난 여성의 입장에서, 또 오늘날 대다수의 기독교 교회 안에서 자기만의 경험에 근거하여 선포(혹은 설교)의 기능을 정의하는 자리에서 제외된 '침묵하는 다수'의 일원으로서 경고한다고 한다(45). 그녀는 이렇게 주장한다.

> 그러한 교회 상황에서는 설교가 하나님에 대한 그 백성들의 풍부하고도 다양한 경험들을 제대로 충분히 밝혀내지 못하고 남자 설교자가 자기 개인의 경험만을 해설하면서 그 자신만의 독특한 경험을 마치 하나님에 대한 최고의 모범적인 경험인 것처럼 선포하고 주장할 위험이 존재한다. 그 자신에게만 국한되는 독특한 경험이 마치 모두를 위한 보편적이고 모범적인 경험으로 선포될 수 있다.[6]

쉬슬러 피오렌자가 지적하는 위험은 여성 설교자를 배척하는 교회에만 국한되지 않는다. 이런 위험은 설교자가 본문에 대한 자신의 경험이나 또는 본문이 말하고 행하는 것에 대한 자신만의 해석을 모두에게도 해당되는 규범으로 생각하고 그런 개인적인 경험을 회중 전체에게 전달하는 수단으로

---

6) Schussler Fiorenza 1983, 45. 피오렌자는 자신의 책무에 대해서 이렇게 설명한다: 제 2차 바티칸 공의회에서 신자의 역할을 강조한 이후로 신자들 속에 내포되어 있는 불안의 문제를 다루는 설교를 꽤 자주 들어보지만 문제는 회중이 아니라 설교자에게 있는 것이 분명해 보인다… 권력에 대한 욕망을 정죄하는 설교나 교만의 유혹을 경계하는 설교를 인내심을 갖고 들어보지만 이런 설교들은 주로 남성들의 욕망과 죄악을 염두에 두고 있는 것 같지만 자신들의 삶을 통제해야할 필요가 있는 여성들을 고려하거나 또는 자기 확신을 찾을 수 있도록 격려받을 필요에 대해서는 전혀 염두에 두지 않는 것 같다. 또 오늘날 소비문화의 태도나 이기적인 부를 깎아 내리는 설교나 회중들 중의 중산층 혹은 상류층의 소비문화에 대해서 경계하는 설교도 계속 들어보지만 경제적인 생존의 문제 때문에 고생하는 사람들을 다루는 설교는 전혀 들어보지 못했다. 플로리다 해변이나 아리조나의 휴양지에서 햇볕에 몸을 잘 그을리고 방금 돌아온 설교자는 근래 수년 동안 휴가 한 번 가본 적이 없는 어떤 주부의 소비문화에 대해서는 전혀 설교할 준비가 되어 있지 못하다 (1983, 46).

설교를 이용할 때도 나타난다.

월터 브루그만도 이와 비슷한 맥락에서 해석은 결코 "중립적이거나 공평하지" 않다고 주장한다(1988, 131). 모든 성경 본문은 해석을 필요하지만, 이 해석은 항상 해석자의 '기득권'(vested interest)을 담고 있다는 것이다(130, 135, 144). 또 해석자는 "항상 파당적인 방식으로 실체를 제시하기 마련이며 이 외의 다른 방법은 있을 수 없다"고 한다(137). 따라서 해석의 한 가지 행위인 설교는 "결코 결백하거나 솔직하고 투명한 행동이 아니다. 또 스스로를 결백하거나 순수한 본문 설교자라고 생각하는 사람은 자기 기만에 빠진 것이다"(131). 그래서 본문 속에 암호화된 본문의 의도를 찾아내기 위해서나 또는 개인적인 투쟁의 일환으로 성경을 읽고 설교를 준비하는 과정에는 설교자의 자기 중심적인 독특성이 개입한다.

설교 준비와 관련하여 쉬슬러 피오렌자와 브루그만의 주장에 담긴 함축적인 의미는 매우 중요하다. 성경 본문에 대한 설교자의 해석 작업이나 연구 과정은 항상 독특하고 역사적으로 조건지워질 수밖에 없으며 설교자 개인의 이해관계의 영향을 받을 수밖에 없다는 주장에 대해서 공개적으로 인정하는 설교학자는 거의 없다. 이들은 대부분이 본문 속에 들어 있는 어떤 것은 설교를 통해서 그대로 복구될 수 있다고 주장한다. 그것이 어떤 학자들에게는 저자의 의도이거나 또 다른 이들에게는 본문 속에 암호화되어 있는 하나님의 말씀에 대한 경험이다. 예를 들어 데이빗 버트릭에 의하면, 본문이 청중의 마음속에 다시 형성해 내려고 하는 의식 세계(the consciousness)는 명민한 설교자라면 충분히 접근 가능하다고 한다(1987). 또 그는 "본문의 용어와 수사적인 전략들과 같은 것들을 연구함으로써 고린도교회 회중들의 의식 속에 있었음이 분명한 이해의 세계를 다시 구성할 수 있다"고 주장한다(296-97).

하지만 리차드 리셔(Richard Lischer)는 본문의 의미를 재구성하려는 노력에 대해서 동의하지 않으며, "이러한 신비주의는 얼마나 많은 주해 작업이나 설교적인 기교가 동원되더라도 설교자나 회중이 자신들과 전혀 다른 시대와 삶 속으로 건너들어가는 것을 허락치 않을 것이다. 그래서 과거의 이질성은 여전히 남아 있다"고 주장한다(1981, 89-90). 리셔는 마틴 루터의 입장을 따르면서 하나님의 말씀에 대한 참된 이해로부터 떨어져 있는 해석자의 한계에 대해서 지적한다. 그에 의하면 이 한계는 "인간의 죄와 피조성의 결과"라고 한다(89). 그러면서도 리셔는 "설교는 하나님의 음성을 듣는 데서부터 시작된다"고 한다(91). 이와 마찬가지로 토마스 롱도 "성경에서 우리 자신의 입장을 그대로 반향시키는 왜곡된 소리를 듣지 않고 성경의 참된 음성을 듣는 것은 결코 쉬운 과제가 아님에도 불구하고" 성경의 음성은 분별할 수 있다고 확신한다(1989a, 28). 그런데 리차드 리셔나 토마스 롱 그 누구도 "성경의 음성"(ibid)이나 또는 "하나님의 음성"(Lischer 1981, 91)을 듣는 모든 사건은 "우리 자신의 입장을 되풀이하는 소리들"(Long 1989a, 28)과 불분명하게 뒤섞일 수 있는 가능성에 대해서는 의문을 제기하지 않는다. 또 "어떤 본문이든 관계없이 설교의 색조와 구성이 설교자의 개성과 관점에 의하여 영향을 받을 수 있다"고 주장하는 가드너 테일러(Gardner Taylor, 1983, 138)처럼 그렇게 분명하게 인정하는 설교학자는 드물다.

테일러나 쉬슬러 피오렌자 그리고 브루그만의 지적은, 서로 다른 경험과 해석들 그리고 각기 다른 현상학적인 이야기들을 별로 용납하지 않는 획일적인 세상에서 오랫동안 살아오고 일해 오면서 우리 중 일부가 오랫동안 느껴왔던 것을 그대로 전하고 있다. 우리 중 일부는 모든 성경 본문에 대한 모든 해석과 하나님으로부터 들었거나 성경에 들어 있다고 여겨지는 모든 음성들은 그 해석자의 개성에 물들어 있으며 그런 해석의 사회회로부터 영향을 받았으며 해석자의 이해관계에 종속되어 있다.

이렇게 주장하는 나의 의도는 설교를 통한 변화를 주장하는 변혁적인 설교학의 우산 아래 모인 학자들의 주장 속에 오류가 많다고 폄하하려는 것이 아니다. 이런 주장을 통해서 바라는 것은 설교에서 이런 주장이 무시될 때 발생하는 위험에 대해서 미리 경고하고 또 회중과 설교자 간의 간격이 더욱 멀어질 수밖에 없음을 증명하려는 것이다. 크래독의 표현을 빌리자면, 설교에서 조심해야 할 것은 "제국주의적인 사고와 정서"이다(1974, 65). 또 크래독이 제안하는 귀납적 설교 방법에는 설교에 대해서 "스스로 응답할 수 있는 여지"를 회중에게 줌으로써 그러한 제국주의적인 독단을 피하려는 그만의 특별한 노력이 들어 있다(65). 하지만 설교자가 "독단적인 생각을 회중에게 강요하려는 유혹에 저항해야" 하는 어려움에 대한 크래독의 설명 속에는 (64) 그가 여전히 설교자와 회중 사이의 근본적인 분리를 전제하고 있음을 보여준다. "설교 주제 뿐만 아니라 그것을 듣는 모든 사람들을 소유하고 통제하기를 원하는" 설교자에 대한 크래독의 설명은 설교자와 회중 상호간의 분리에 대한 그의 전제를 잘 보여준다(64). 그러한 유혹을 거부하고 "민주적인 공유"의 관점에서 설교를 끌어가는 설교자(64)는 회중과의 분리를 극복하려는 열정과 헌신을 잘 보여준다는 것이다. 하지만 어느 경우든 이 설교자의 근본적인 입장은 여전히 회중으로부터 분리되어 있다는 것이다.

변혁적인 설교에서 회중과 설교자 사이의 간격은 부분적으로 존중할만한 자산으로든(Long 1989b, 131) 아니면 극복 가능한 짐으로든(Craddock 1974) 여전히 남아 있다. 회중에 대한 우리의 근본적인 경험은 분리가 아니라 연합이기 때문에 "제국주의적인 사고와 정서"에 대한 유혹으로부터 비교적 자유로운 우리의 입장에서 볼 때, 여전히 해결되지 못한 질문은 '과연 설교는 무엇인가?'하는 것이다.

2) 비평 둘 : 설교 언어

경험은 결코 중립적이지 않고 항상 역사적인 조건에 종속될 수밖에 없다는 쉬슬러 피오렌자의 주장(1983)은 변혁적인 설교학의 입장과 관련하여 또 다른 문제점을 제기한다. 변혁적인 설교는 회중의 내면에 의식세계를 형성하는 언어의 능력을 전제하고 있지만 그 언어활동도 역사적인 조건을 반영할 수밖에 없다는 언어의 편향적인 속성은 묵과한다.

또 대부분의 변혁적인 설교학자들은 언어의 왜곡 문제를 솔직히 논의하려고 하지 않는다. 또 이들이 과학적인 언어나 묘사적인 언어를 거부하는 데 그 이유는 언어와 실체의 긴밀한 연관성이 비현실적이기 때문이 아니다. 그보다는 "깊고도 심원한 존재의 신비 차원에서 마음과 심령에 접촉하기에는" 언어와 실체의 긴밀한 대응관계로는 부적합하다는 확신 때문에 이 연관성을 거부한다(Wardlaw 1983, 18). 또 이들이 확신하는 것은 모든 언어가 역사적인 조건의 한계에 갇혀 있다는 것이 아니라 과학적인 언어에 비해서 시적인 언어가 더 선호할만하고 또 언어의 서술적인 기능보다는 실행적인 기능이 더 바람직하다는 것이다. 이들이 시적인 언어를 가치 있게 여기는 이유는, 이 언어는 인간의 실존을 언어 너머에 존재하는 참 실체나 말씀 또는 언어로 표현되려고 하는 음성과 서로 연결시킬 수 있다고 생각하기 때문이다. 또 실행적인 언어를 가치 있게 여기는 이유도, 언어가 지시하는 실체를 실제로 창조하거나 불러낼 수 있다고 생각하기 때문이다.

하지만 만일 모든 언어가 타락으로 오염되었고 편파적이며 언어 사용자의 이해관계와 결부되어 있다면 어떻게 되는가? 또 모든 언어가 악한 왜곡에 관여하고 인간 실존과 특정 시대의 특정 공동체의 한계에 얽매여 있다면 어떻게 되는가? 그리고 설교자 역시 본문 해석 과정에서 필연적으로 중립을 지키지 못하고 변덕스러울 수밖에 없다면 어떻게 참 진리의 선포가 가능할까? 설교학자들 중에 이러한 가능성에 대해서 적극적으로 논의하는 경우는 거의 드물다.

그런데 "언어의 상대성(linguistic relativity)에 관한 이론"을 설교학의 대화에 끌어들인 학자가 바로 클레멘트 웰쉬(Clement Welsh, 1974)이다. 그는 벤자민 리 워프(Benjamin Lee Whorf)가 제안한 언어의 상대성에 관한 이론에 대해서 깊이 숙고하였다(80). 워프의 전제에 의하면, "언어는 특정한 사람들의 문화 속에 스며들어 있고 또 세상에 대한 이들의 경험도 자연히 제한적이기 때문에 결국 그들이 사용하는 언어도 제한된 세계관만을 담아낼 수밖에 없다"는 것이다(80).[7] 웰쉬는 언어의 상대성 이론으로부터 느낀 괴로움을 이렇게

---

7) 소설 작가인 캐더린 패터슨(Katherine Paterson)은 일본에서 선교사로 활동했던 경험에

고백했다: "우리는 자신이 사용하는 언어의 한계에 너무나도 철저하게 갇힐 수밖에 없어서 결국 언어가 세상에 대한 인식을 통제하고 또 세상에 대해서 우리가 아는 것을 제한할 수밖에 없다면… 이 언어의 상대성에 대한 가설은 참으로 고통스럽다"(81). 웰쉬는 그러한 고통을 받아들이면서 한 사람의 언어는 어떤 경험은 받아들이는 반면에 또 다른 경험은 제외할 수밖에 없음을 인정했다. 그리고는 언어의 "명백한 한계"와 "발견 가능한 상대성"(discoverable relativism)에 대한 적극적인 관심을 표명하였다(82).

로버트 브라우니(Robert E. C. Browne)의 입장에서 볼 때도 언어의 모호성은 당연하다(1985). 인간의 지식도 제한되어 있기 때문에 언어 역시 몸짓 이상으로 명료하거나 명백할 수 없다. 그리고 모든 진술은 근사치에 가까울 뿐이다.

> 현대 과학자들은 우주를 정확하게 문자적으로 서술할 수 있다고 주장하지는 않는다. 다만 그들은 가장 정확한 측정과 조사라도 그저 가장 근접한 근사치에 가까울 뿐이라고 말할 것이다. 시인도 마음 속에서 전달하고 싶은 것을 그대로 말로 정확하게 옮길 수 없기 때문에 자기들이 말한 것이 본래 말하려고 했던

근거하여 이와 유사한 결론을 내렸다. "언어는 단순히 우리가 가진 생각을 서로에게 전달해주는 도구가 아니다. 말할 때 사용하는 언어는 그 자체로 이미 생각과 감정을 구체화시킨다"(1981, 8). 그녀는 처음에 배웠던 일본어 단어 몇 개만으로 일본어로 의사소통하려던 시도가 좌절된 경험을 떠올리면서 당시 품었던 자신의 확신에 대해서 이렇게 설명한다. "여러분이 내 성품을 단지 영어의 세계 안에서만 이해한다면 내가 한때 얼마나 똑똑하고 쾌활한 사람인지를 금방 알아볼 것이다"(1981, 7). 4년 후에 미국의 고향에 살고 있던 부모와 자매들에게로 돌아온 다음에 그녀는 이전과 다른 확신에 대해서 다시 이렇게 설명한다:
  내 가족들이지만 내 속으로는 "이 사람들"이라고 말하겠다. "이 사람들은 나를 잘 모른다." 내 가족들이 나를 잘 모른다고 생각하는 이유는 이들은 일본어로는 나를 전혀 모르기 때문이다.
  말하자면 지난 4년 동안 나는 이전과 전혀 다른 사람이 되어버린 것이다. 내 자신을 표현하는 새로운 방법을 배웠을 뿐만 아니라 이전과 차원이 다르게 표현할 새로운 생각을 품게 되었다(8).
  언어는 사고와 표현을 가능하게 하는 동시에 제약을 가한다. 그래서 우주와 우리 자신에 관한 진리를 추구하는 것이 가능하게 해 주는 도구로서의 언어는 이 언어가 없이는 결코 진리를 찾을 수 없을 것이라는 점을 스스로 보증한다(11).

정확한 의미는 아니라고 생각한다. 화가도 마치 어린아이의 속셈실력을 평가할 때 맞았거나 틀렸다는 식으로 무심하게 평가하듯이 풍경 하나를 정해서 그대로 그려내는 무심한 구경꾼의 입장에서 그림을 그릴 수는 없다. 하나님의 말씀을 전하는 목회자의 진술 역시, 자신의 모든 교리적인 진술은 그저 실체에 대한 근사치에 불과하고 말끔하지 못한 서술에 불과함을 이해하는 데 도움을 주는 예술가들과 과학자들의 솔직한 고백처럼 정확하지 않고 모호하다(70).

화가는 "무심한 구경꾼이 풍경 하나를 정해서 그대로 그려내듯이" 그림을 그릴 수 없는 것과 마찬가지로(70), 설교자도 "자신이 참여하여 살아가는 사회의 선입관에 의하여 조건지워진 방식으로부터" 결코 자유로울 수 없다(93). 설교자가 사용하는 언어는 그가 속한 특정한 세대의 산물이며 "그 시대의 신앙과 불신, 그 시대의 선입관과 불안, 성취, 즐거움 그리고 그 시대의 희망과 두려움"을 반영한다(92). 브라우니는 언어는 "실체에 대한 부정확하고 근사치의 서술"에 불과하다고 생각했던 반면에(70), 조셉 시틀러는 언어와 실체의 대응관계에 대해서 심각한 의문을 제기하였다(1966, 48, 51). 하지만 시틀러의 관심사는 언어 이상의 것이었다. 그가 관심을 기울였던 주제로는 언어 뿐만 아니라 '악전'(樂典, musical grammar, 음악에 쓰이는 음을 악보에 적기 위한 약속이나 규칙을 설명하는 이론)과 '건축 문법'(architectural grammar)도 포함되었다(47). 그의 주장에 의하면 언어와 음악 그리고 건축은 더 이상 실체의 본질에 대한 합의점을 표현해내지 못한다는 것이다. 계속해서 그는 18세기 헨델의 음악과 델러니어스 몽크(Thelonious Monk)의 현대 음악을 서로 비교한다. 헨델의 음악의 경우에는 당시에 "세계에 대한 다수의 합의점"이 있었기 때문에 그 음악은 "세상에 대한 분명한 실체"를 잘 반영한다(50). 또 달리 표현하자면, 헨델의 음악은 "영국과 오스트리아, 프랑스 그리고 식민지 미국의 상류계층의 잘 정돈되고 확신에 찬 정치적 및 사회적 삶의 세계"를 잘 담아내고 있다(49). 그래서 시틀러는 헨델의 음악을 "특정한 시대에 특정한 장소에 있던 특정 계층의 내면적이고 분명한 세계의 명확하고도 청취가능한 소음"과 같다고 본다(49). 반면에 몽크의 음악은 "실체가 변하고 있는" 불규칙적인 세상을 반영한다(50). 그래서 "몽크는 자신의 노래가 얼마나 이상하고 제멋대로 들리든 상관없이 그 자신만이 알고 있는 실체, 그에게만큼 분명히 존재하는 자신만의 삶을 음악에 담아낼 수밖에 없다"(50). 오늘날에는 실체의 본질에 대하여 모두가 동의하는 합의점이 존재하지 않기 때문에, 무언가 실체를 표현하려는 현대 예술가들은 결국 자기가 보고 접하는 것들에 예술적인 형태를 부여하는 한도 안에서만 예술품을 만들어낼 수밖에 없다고 주장한다(54).

시틀러에 의하면 언어는 "가장 신뢰할만한 형성 활동"(most venerable forming activity)중의 하나이며(53), 우리의 마음 내면을 표현하는 문법이다(51). 그리고 20세기 후반기의 혁명적인 발견 중의 하나는 우리의 사고와 시각을 형성하는 이 문법이 사물의 존재와 서로 일치하지 않을 수 있다는 점이다(51). 시틀러는 "사물의 실체의 본성 그 자체가 자신을 표현할 수단으로서의 적절한 용어들을 찾고 있는지"(49) 아니면 헨델이나 몽크의 음악의 경우처럼, 언어는 실체를 무작위적으로 가리키면서 특정한 시대에 특정한 지역에서 살아가는 한 예술가나 특정 계층의 사람들이 생각하는 특정한 세계관을 표현하는 것에 불과한지 어느 입장에 서 있는지가 불분명하다.

그런데 시틀러는 언어는 "실체에 대한 부정확한 근사치의 서술"에 불과하다는 브라우니의 입장에 더 가까와 보일 때도 있다(1958, 70). 시틀러는 "실체에 대한 선명한 이해"를 기대하며(55), "사물의 내적인 본성"에 대한 확신을 가지고 있다(60). 또 그의 입장에서 볼 때, 실체는 세상에서 작용하면서 미와 은혜를 불러일으키며 창조할 힘을 가지고 있다(65). 언어는 실체에 가까운 방식으로 실체를 드러내며 경축하려고 한다는 것이다.

그런데 시틀러는 좀 더 급진적인 주장을 제시하려고 하는 것처럼 보이는 때도 있다. 예를 들어 그는 연구자가 "철학적으로나 객관적으로 즉 과학적으로 검증 가능한 것은 하나도 없다고 주장하는 과학의 절차 모델(procedural model)의 맥락에서 언어를 포함한 모든 형식(form)에 대해서 논의한다"(51).

여기에서 그는 기독교 신앙은 본체론적이든 또는 실존론적이든 초역사적인 토대 위에서는 검증 가능하지 않다고 주장한다(63). 그래서 그는 신앙의 언어가 실체와의 관계에서 확정적이거나 논의의 여지가 전혀 없을 정도의 기계적인 대응관계에 있다고 보지 않는다. 그리고 신앙의 언어는 일종의 "관습적인 형식"으로서(49) 특정한 신앙 공동체가 세상의 무질서에 부여한 관습적인 질서의 한 유형으로 간주한다.

또 그는 망가진 세상의 사고방식에 새로운 실체를 부여하는 예술가와 성경 이야기에 등장하는 용어와 에피소드 그리고 여러 문학적인 패턴들의 역사적 독특성으로부터 하나님과 인간 그리고 세상의 의미를 상세히 설명하려고 노력하는 오늘날의 신학자를 서로 비교한다(62). 이러한 비교에 담긴 함축적인 의미는 인간의 문화적 형식으로서의 언어는 특정한 시대를 살아가는 특정한 부류의 사람들 간의 합의점을 반영하는 실체에 특정한 질서를 부여하고 있다는 점이다.

그렇다면 언어는 실체의 본성 속에 내제한 질서를 반영하는가 아니면 거꾸로 언어가 실체에 독특하고도 제한된 질서를 부여하는가? 이 두 극단적인 질문에 대해서 나는 시틀러가 제기한 모호함과 긴장을 그대로 유지하는 쪽을 택하고 싶다.[8]

언어는 강력하다. 언어는 인간의 의식 속에 새로운 세계를 창조할 수 있다. 그럼에도 불구하고 언어는 제한적이며 그 언어를 사용하며 발전시키는 특정 세대의 문화의 죄악과 왜곡의 영향을 그대로 받을 수밖에 없다. 내가 보기에 언어의 이러한 제한적인 속성에 관한 확신 때문에, 설교에 내한 변혁적인 입장의 한계를 뛰어넘어서 언어의 한계를 고려한 설교에 대한 새로운 통찰이 필요하다고 본다. 모든 언어는 필연적으로 편파적이라는 주장 때

---

8) 모호힘을 그대로 유지한다는 의미는 나는 하나님께서는 이 세상 속에서 살아 역사하심을 믿는다는 뜻이다. 그와 동시에 나는 또 개인이든 신앙 공동체든 하나님의 임재와 활동에 대한 모든 해석 속에는 필연적으로 언어의 한계와 왜곡의 영향을 받기 마련이고 이러한 언어의 한계와 왜곡은 근본적으로 인간의 죄성과도 결부되어 있다고 믿는다. 이런 이유로 언어와 실체의 우선순위에 대한 판단에는 모호함이 허용될 수밖에 없다.

문에, 설교자가 성경 연구를 통해서 끌어낸 의도나 음성 또는 경험이 그대로 본문의 정확한 의도(전통적인 설교학)나 하나님의 말씀(케리그마 설교학) 또는 복음에 대한 모범적인 경험(변혁적인 설교학)이라는 확신에 대해서는 재론의 여지가 남는다.

3) 비평 셋 : 변화의 동인으로서의 설교

변혁적인 설교관에 대한 셋째 평가는, 한편으로 설교를 매 주일 새롭게 경험하는 사건으로 생각함으로써 문제가 생긴다는 점과 아울러 또 다른 한편으로 그 설교의 사건이 예배에 참여하는 회중을 변화시키는 계기가 되어야 한다고 주장함으로써 또 다른 문제가 야기된다는 것이다. 설교를 매 주일의 사건으로 간주할 때의 문제점에 대해서는 앞에서 다루었기 때문에 여기에서는 후자의 문제에 대해서 논의하고자 한다.

일부 설교학자들은 설교가 시종일관 변함없이 회중을 변화시킬 수 있는 사건으로 기대하는 것은 너무 무리일 것이라는 점을 인정한다. 그리고 상당수의 학자들은 회중의 삶을 변화시키는 데 설교가 사실은 형편없는 역할을 하고 있음을 인정한다. 설교를 변혁적인 사건으로 간주하는 학자들의 대표 자격인 리거트도 설교에 대한 이러한 비난을 인정한다.

> 열광적이면서도 우여곡절이 많았던 1960년대 어떤 사람들은 설교가 사람들을 변화시킬 수 있다는 기대를 이제 포기해야 한다고 당당히 주장하곤 했음을 다시금 기억해보는 것이 좋을 것이다. 그 중에 클라이드 리드(Clyde H. Reid)는 가장 신랄한 사람 중에 한 사람이었다. 그의 주장에 의하면 설교는 정보를 준다거나 영감을 주고 위로하며 용기를 북돋아주고 새로운 비전으로 사람들을 도전하며 사람들이 이미 가지고 있는 태도와 신앙을 더욱 강화시키는 것과 같은 여러 일들을 할 수 있다고 한다. 그리고 그 중에 가장 확실한 것은 청중이 이미 가지고 있는 태도와 신앙을 더욱 강화시킬 수 있다는 것이다. 하지만 설교는 결코 사람들을 변화시킬 수 없다. 바로 그 점에서 리드는 무자비할

정도로 단호하다(1990, 19).

랜달 니콜스(J. Randall Nichols) 역시 설교가 전혀 사람들을 변화시키지 못한다는 비판에 대해서 논의했다(1987). 그러면서도 니콜스는 리거트처럼 설교는 사람들을 변화시켜야 한다는 자신의 확신을 거듭 주장하면서 이를 위한 좀 더 효과적인 전략을 제시하였다(57). 하지만 "사제의 삶과 사역에 관한 주교위원회"(The Bishop's Committee on Priestly Life and Ministry)에서는 설교는 "회중의 태도나 행동의 차원에서 변화를 일으키려고" 하지 말아야 한다고 주장한다(1982, 26). 이 위원회의 이같은 주장은 "한 사람의 구술 연설이 사람들을 변화시키는 데 그렇게 효과적이지 못하다"는 사회과학적인 연구조사 결과에 근거한 것이다(26). 그래서 이 위원회는 회중의 변화에 대한 관점을 넘어서는 입장에서 설교를 다시 설명하려고 하였다.

그렇다면 과연 설교는 매 주일 회중의 변화를 의도해야 하는가? 입장에 따라서 아니오라는 대답도 나올 수 있다. 그런데 설교에 대한 변혁적인 관점의 여러 논의들은 신학계 내에서 비유 연구라는 특정 분야와 아울러 비유의 정의에 관점의 변화에 기초하고 있다.[9] 설교학 관련 도서들에서 비유가 예화나 진리를 설명해 주는 보조 수단으로 정의되면, 설교에 대한 전통적인 입장이나 케리그마의 입장이 강세를 띠게 된다. 하지만 비유가 그 비유를 듣는 사람들의 의식 세계 속에서 일어나는 상상의 역전을 일으키기 위한 수단으로 정의되면, 변혁적인 설교관이 강하게 부각된다. 일부 변혁적인 설교학자들의 입장에서 볼 때 설교는 마치 비유처럼 이 세상에서의 기존의 확립된 존재 방식을 뒤흔들어서 복음에 더 잘 어울리는 새로운 존재 방식을 창조해야 한다. 그래서 예를 들어 리거트는 설교는 "관습적인 실체를 산산히 부수고 하나님의 실체에 관한 세상(the world of God's reality)을 드러내야 한다"고 주장한다(1990, 14). 그러한 설교는 "새롭게 드러난 세상에서 새로운

---

9) 설교를 회중을 변화시키는 사건으로 설명하는 여러 논의들이 주로 신약성경의 비유에 관한 연구에 기초하고 있다는 통찰에 대하여 컬럼비아신학대학원의 동료교수인 찰스 캠벨에 빚지고 있다.

방식으로 살아가도록" 회중을 초청하는 것이다(110).

이 단계에서 던져볼 질문은 매 주일의 설교는 회중의 변화를 추구해야 하는가라는 것이다. 달리 바꾸어 질문하자면 매 주일의 설교는 마치 성경의 비유처럼 작용해야 하는가? 이 질문에 대해서 브라우니는 우회적으로 '아니오'라고 대답한다(1958). 이어서 그는 T. S. 엘리엇의 싯구를 인용한다. "설령 그것이 가능할지라도 영속적인 변혁의 상태에서 살아가는 것은 결코 바람직하지 않을 것이다."[10] 나도 설교가 매 주일 회중의 세계관을 바꾸어주고 기존의 태도를 바꾸거나 새로운 의식의 세계를 향한 창문을 열어서 그들을 인도해야 한다고 생각하는 사람들에 대해서 이의를 제기하고 싶다. 일부 변혁적인 설교학의 입장 중에는 설교자와 회중은 계속해서 변화하는 영속적인 변화의 상태에 있어야 한다는 인상을 준다.

설교가 때로는 변혁적인 사건으로 다가올 때도 있다. 설교가 가끔 사람들을 개종시킬 때도 있고, 구원의 문으로 슬쩍 밀어 넣을 때도 있고 성화를 향하여 이끌어갈 때도 있다. 나의 관심사는 설교가 이렇게 가끔 회중의 변화를 가져오는가(does) 마는가가 아니라, 모든 설교가 가장 일차적인 목표로서 매 주일 회중의 변화를 반드시 의도해야 하는가(should seek) 그럴 수 없는가 하는 점이다.

나는 설교자와 설교학자로서 변혁적인 설교학에 큰 빚을 지고 있다. 그동안 설교에 대하여 내가 경험해오고 확신한 것들과 더욱 일치하는 방향으로 설교를 계발해오는 데 있어서 변혁적인 설교학은 크나큰 발판이 되어 주었다. 그래서 내가 비록 새로운 설교학을 모색하더라도 나의 제안은 분명 기존의 변혁적 설교관의 토대 위에서 제시될 것이다.

---

10) Browne, 1958, 30. 다음을 인용함. T. S. Eliot, *Selected Prose*, ed. John Hayward (n.p.: Penguin Books, 1953), 63.

제 4 장

새로운 설교학을 위한 대안의 목소리

설교자와 회중이 서로 간의 근본적인 관계를 차별과 분리보다는 "연결과 연합"으로 경험한다면(Smith 1989, 48) 과연 그런 상황에 어울리는 설교는 과연 무엇일까? 이 질문은 예배참가자인 회중을 신앙과 실천의 문제와 관련하여 설교자와의 동반자로 간주하는 설교자들로부터 제기된다. 또 이 질문은 회중들 스스로 삶과 신앙의 문제에 대한 자기 주도적인 해석자가 되어야 하며 하나님과 서로에 대해서 그리고 좀 더 커다란 신앙 공동체 안에서 스스로 책임지는 존재가 되어야 할 책임을 받아들이는 예배 공동체의 일원들로부터도 제기된다. 앞에서 살펴본 세 가지 설교학의 영향력 있는 목소리들이 이 문제에 대해서 분명히 탐구하지 않았기 때문에 실교학의 대화 테이블에 대안의 목소리가 필요하다.

1. 두 가지 근본적인 확신

설교에 대한 대안적인 관점을 모색하는 나의 연구의 저변에는 두 가지 확신이나 전제가 자리하고 있다. 그 하나는 신앙의 헌신을 이해하고 이를 삶으로 구현해가는 신앙의 여정 속에서 동등한 동반자로 존재하는 설교자와 회중의 동반자적인 관계에 대한 확신이고 두 번째는 언어의 한계와 죄성에 대한 인식이다.

1) 설교자와 회중의 동반자관계

설교에 대한 내 자신의 과거 경험이나 성찰에서 근본을 이루고 있는 것은, 설교자와 회중은 분리된 존재가 아니라 함께 신앙 공동체에 속해 있다는 확신이다. 설교에 대한 나의 경험은 연합과 연대감에 뿌리내리고 있으며 이는 차별이나 분리와는 정반대이다. 나는 설교에 대한 과거의 경험 속에서 이 두 가지 극단을 이해하게 되었다. 한때 나는 설교자로서의 나와 내 주변에 모여든 사람들 사이에 차별을 강조하는 상황 속에 처한 적이 있었다. 그런 상황에서 자연히 나는 나를 회중들과 구별 짓는 차별에 그대로 부응하는 방식으로 행동하고 처신하게 되었다. 그리고 사람들과 관계를 맺는 방식 역시 내 자신을 그들로부터 구분하고 방어하려는 방어적인 형태를 띠곤 하였다. 이러한 차별의 경험을 가장 극단적으로 보여주는 사례는 "설교하는 것은 곧 회중과 싸우는 것이다"는 장-프랑수아 리오타르(Jean-Francois Lyotard)의 주장이다(Lyotard 1984, 10). 그러다가 나는 다시 나와 내 주변에 모인 사람들 사이의 유사성을 강조하는 상황에 놓이게 되었다. 여기에서 나는 내가 한 집단 속에 속해 있다는 사실을 내 정체성으로부터 결코 부인할 수 없었다. 그 집단의 하나는 곧 내 가족이고 또 다른 집단은 특정한 공동체, 또 좀 더 일반적으로 말하자면 하나님의 집이나 가족으로서의 교회였다. 그러한 상황에서 나는 주변 사람들과 나를 하나로 묶는 연대와 동질성 그리고 상호 관계에 부응하는 방식으로 처신하게 되었다. 이러한 상호 연대에 대한 경험의 극단에는 자신을 타인으로부터 구분하는 경계선이 흐려지는 상호 의존성(co-dependency)이 자리하고 있다.

연대와 차별의 두 가지 대조적인 관계를 경험해보면서 나는 나의 근본적인 존재감이 연대에 뿌리내리고 있기 때문에 결국 분리를 강조하는 상황에서는 내가 제 역할을 잘 감당하지 못한다는 것을 깨닫게 되었다. 여권주의 학자들은 연합이나 분리는 삶에 대한 각자의 근본적인 경험의 특성을 잘 나타낸다고 생각한다.

여권주의 학자들에 의하면 대다수의 남자들이 타인과 관계를 맺는 방식은 타인으로부터의 분리감에 기초하고 있다. 이들 일부 남자들이 보기에 친밀감과 공동체적인 상호 의존은 자율성을 허무는 위협 요인이다. 하지만 또 다른 이들의 입장에서는 친밀감과 공동체적인 상호 의존은 마땅히 지향해야 할 최고의 가치들이다. 여권주의 학자들 역시 대부분의 여성들이 지향하는 타인과 관계를 맺는 방식은 분리감보다는 연관성에 기초하고 있다. 그래서 일부 여성들은 타인으로부터의 분리를 끔찍한 고립처럼 두려워하기 마련이다. 반면에 또 다른 이들에게 분리는 성장을 통해서 일어나는 개성화의 부수적 산물이다.

설교자와 회중 사이의 간격을 전제할 때 자연히 설교에 대한 지배적인 관점은 주로 연합보다는 차별에 근거할 수밖에 없다. 이런 경우에는 설교자와 회중을 함께 공존하는 이미지로 이해하더라도 설교자는 여전히 청중에게 전달하거나 소통시켜야 할 아이디어나 복음의 메시지 혹은 경험을 미리 가지고 있는 것처럼 설명하기 마련이다. 또 설교자의 임무가 회중을 교육하고 설득하며 그들의 삶을 변화시키는 것이라면, 설교자와 회중은 서로 떨어져 존재하는 것으로 이해할 수밖에 없다. 그렇게 되면 공동체와 삶의 공유를 강조하더라도 설교자와 회중은 여전히 나뉜 상태로 남아 있을 수밖에 없다.

하지만 설교단과 회중석 양쪽에 있는 우리 대부분이 실제로 경험하는 것은 우리는 상호의존적이며 갈라진 틈으로 서로 나뉘어 있는 것이 아니라 공동의 제자도와 공동의 과제에 의하여 서로 결합되어 있다는 것이다. 우리가 보기에 그 틈은 변하기 마련이다. 한편에는 설교자와 회중이 함께 공동의 탐구자로 서 있고 그 반대편에는 본문이나 본문의 의미 또는 신비가 절대타자로서 우리와 마주하고 있다. 설교자와 회중의 위치를 이렇게 이해하면 설교자로서 우리는 회중이 건네 받아야 하는 메시지나 복음 혹은 경험을 우리가 미리 가지고 있는 것이 아니다. 강단에서 우리는 전달자만도 아니고 또 회중석에서 우리는 수신자만도 아니다. 설교자와 회중의 연합에 대한 근본적인 경험은 결국 설교자와 예배참가자의 역할을 재정립해야 할 것을 요구하며 설교의 목적과 내용 그리고 방법에 대한 새로운 관점을 요청한다.

2) 언어의 한계

본인이 제시하는 대안적인 설교관의 저변에 깔린 두 번째 확신은, 신앙의 언어를 포함하여 모든 언어는 필연적으로 편견에 치우쳐 있고 제한적이며 역사적인 조건의 영향 아래 있고 그래서 언어를 사용하는 특정 세대와 공동체의 죄로부터 불가분리의 관계에 있다는 것이다. 이와 관련하여 브라우니와 시틀러의 입장을 잠깐 다시 살펴보고자 한다.

브라우니는 "모든 언어의 활용 속에 내재한 모호성"(ambiguity)에 대해서 설명하였다(1958, 73). 브라우니에 의하면 언어는 변하지 않는 실체와 긴밀하게 연결되어 있는 것이 아니기 때문에 마치 우리가 어떤 것을 언어로 명백하게 지시하고서는 "내가 이 단어를 사용할 때에는 더도 말고 덜도 말고 정확히 내가 의미하고자 했던 것이 바로 그 단어이다"라고 자신 있게 말할 수 있는 것이 아니라고 한다(65).

한마디로 말해서 언어의 모호성은 필연적이다. "언어의 모호함을 피할 수 있는 유일한 방법은 침묵 뿐"이라고 한다(66). 그렇다면 언어의 모호성이 이렇게 필연적인 이유는 무엇인가? 브라우니에 의하면, 인간의 지식은 단편적이고 부정확하기 때문이며(40, 48, 73, 112), 인간으로서 우리는 한계가 있는 피조물이고 죄인이기 때문이며(22, 48), 우리 모두는 각자가 참여하는 사회의 선입견에 의해서 제약을 받을 수밖에 없기 때문이다(93, see 92).

하지만 브라우니에 의하면 언어의 모호성은 그 언어를 통해서 표현될 지식의 표현 가능성마저 배제하지는 않는다(39). 지식이 "전혀 모호함이 없는 용어로 소통될 수는 없다"(94). 이와 마찬가지로 언어가 모호하다고 해서 설교자가 "진리를 말할 수" 없다는 의미는 아니다(25). 다만 설교자가 무슨 진리를 말하든, 항상 모호성은 남아 있기 마련이라는 것이다.

> 기독교인들은 하나님을 아버지로 부르도록 배웠고 그 교훈은 최고의 권위로 가르쳐져왔다. 또 하나님을 위격(혹은 인격체, person)으로 불러야 한다는 것도 옳다. 왜냐하면 위격은 우리가 아는 생명체 중에서 가장 최고로 높은 종류의 이름이기 때문이다. 하지만 우리가 하나님을 위격으로 부른다고 해서 하나님에 대한 어떤 정의를 내리는 것은 아니다. 우리는 위격(person)이란 단어의 의미에 대해서 완전히 아는 것도 아니다. 그 단어는 인간(human)이란 무슨 의미인지에 대한 우리의 제한된 지식을 표현하는 데 사용될 뿐이다(43).

계속해서 브라운는 이렇게 설명한다. "하나님은 인격체이시다"라고 말할 때 이 문장에서 하나님과 인격체의 관계를 마치 수학의 등식(=)처럼 진술하는 것이 아니다. 왜냐하면 "하나님은 인격체이시다"라는 진술에서 우리는 수학의 등식에서처럼 우리가 정확하게 파악하고 있는 것을 등식으로 표현하는 것이 아니라 우리에게 잘 알려지지 않은 두 가지(하나님과 인격체)를 함께 다루고 있기 때문이다(43). 만일 인격체에 대한 정의를 선택함으로써 이러한 어려움을 피해보려고 한다면, 그 결과 우리는 그 등식에서 벗어나기는커녕 더 큰 어려움에 휘말리고 말 것이다(43). "하나님은 여전히 완전히 알려지는 분이 아니시기 때문에 결국 우리는 우리의 등식을 증명할 수 없다"(43).

언어는 그 언어가 속한 역사적, 사회적, 및 정치적 세계의 특이성을 반영할 수밖에 없다고 믿는 또 다른 설교학자가 바로 조셉 시틀러이다(1966). 시틀러에 의하면 실체와 그 실체를 구성할 뿐만 아니라 반영하려는 언어 사이에는 결코 간단한 대응관계가 존재하지 않는다. "생각과 실체 간의 대응관계의 한계"에 대한 인식을 계기로 "세상에 대한 우리의 이해에 혁명이 일어났다. 그 혁명은 지극히 중요하고도 절대적이다"(48). 이와 동시에 시틀러는 하나님의 실체는 인간의 경험 속에서 활동한다고 믿었다. 즉 하나님은 계속해서 인류의 역사 속에서 사람들을 해방시키신다. 그리고 그리스도는 여전히 신뢰할 수 있는 존재로 남아계시며 성령은 계속해서 신자들의 공동체를 세우시며 보존하신다고 믿었다(63).

이상의 두 가지 확신, 즉 설교자와 회중은 하나님을 향한 신앙의 헌신을 이해하고 이를 구현해내는 여정을 함께 걸어가는 동등한 동반자이며 신앙의 언어를 포함하여 모든 언어는 결코 중립적이거나 명백하고 모호함이 전혀 없는 것이 결코 아니라는 확신이 설교학의 테이블에서 본인이 제안하는 새로운 대안의 토대이다.

2. 설교의 목적을 재고하기

설교의 목적에 대한 본인의 관점은 기존의 설교관에 대해서 질문을 던지면서 내 자신의 설교관을 만들어 볼 수 있는 여지를 제공했던 브라우니(Browne, 1958)의 통찰에 기초하고 있다.

브라우니에 의하면, 설교의 목적은 전통적인 설교관이나 케리그마 설교관에서처럼 메시지를 전송하는 것이 아니다. 그의 논증에 의하면 설교는 마치 시와 같다(23).

광고와 달리 시나 설교는 관심을 기울이는 사람들에게 어떤 것을 강요하려고 하지 않는다. 시인과 설교자들은 자신들의 발화(發話, utterance)에 대한 사람들의 반응을 미리 예상하거나 통제할 수 없다. 시를 짓거나 설교를 하는 것은 그 안에 자체의 생명력을 불어 넣어 주는 것이다… 그래서 설교가 존재하는 자리는 설교자와 회중 중간의 어느 지점이다. 설교는 설교자가 마음

속에서 표현하려고 애쓰는 것의 실체와 다른 설교 자체의 실체를 갖고 있다(29).

브라우니의 관점에서 볼 때 변혁적인 설교관에서 주장하는 것처럼 설교자가 본문 연구 과정에서 경험한 설교 이전의 경험을 재현하는 것도 설교의 목적이 될 수 없다. 어느 경험이든 이를 회상하고 묘사하는 것은 다시 새로운 경험을 만들어내는 것이기 때문에 그 어떤 설교라도 경험을 그대로 다시 만들어 낼 수는 없다고 브라우니는 주장한다(28-29).

그래서 브라우니는 설교가 설교자 자신의 메시지나 경험을 강요하는 대신 사람들에게 자신의 삶을 어떻게 이해해야 하는지를 보여주는 것을 의도해야 한다고 제안한다.[1] 또 각각의 설교는 삶의 경험을 그대로 해석하려는 정직한 시도여야 한다는 것이다. 여기에서 중요한 것은 회중이 설교자의 해석을 액면 그대로 믿는 것이 아니라 설교자 입장에서는 그 해석이 참으로 진실된 것임을 그들이 인정하는 것이다(77-78). 브라우니에 의하면 설교는 설교자 자신의 사고의 결과물을 소통하는 것이 아니라, 회중 스스로 자신들과 자신들의 삶을 보다 더 분명하게 이해할 수 있도록 하는 사고의 과정(a

---

1) 청중은 설교를 통해서 자신들의 삶을 더 잘 이해할 수 있도록 도움을 받아야 한다는 견해는 클레멘트 웰쉬(Clement Welsh, 1974)에 의해서 설교학적인 논의의 주류에 포함되었다. 웰쉬에 의하면 설교자는 청중이 "자신의 세계에 대한 종교적인 이해"의 폭을 넓힐 수 있도록 돕는 역할을 한다(32-33; see also 16, 46). 설교를 이해의 차원으로 설명하는 웰쉬의 정의는 이후 또 다른 여러 설교학자들의 주목을 받게 되었다. 웰쉬의 통찰에 빚지고 있음을 인정하는 새 학자들로는 다음과 같다. O. C. Edwards, *The Living and Active Word: One Way to Preach from the Bible Today* (New York: Seabury Press, 1975); J. Randall Nichols, *Building the Word: The Dynamics of Communication and Preaching* (San Francisco: Harper & Row, 1980), J. Randall Nichols, *The Restoring Word* (1987); and George W. Swank (1981).
로버트 브라운(Robert E. C. Brown, 1958) 이전에 해리 에머슨 포스딕도 자신의 설교 방법을 이와 비슷한 관점에서 설명한다.
(이 방법을 활용하면) 설교 준비가 설교자와 회중 사이에 협동 작업 속에서 이뤄질 수 있다. 설교자가 회중의 마음과 삶 속에서 실제로 벌어지는 문제들에 대해서 진지하게 고민하다보면, 교리적인 논리보다는 오히려 이들과 함께 협력하는 사고방식으로 이들의 문제에 접근하는 설교자 자신을 발견하게 될 것이다. 그렇게 준비된 설교는 설교자가 회중 안으로 직접 들어가서 그들로 하여금 자기들만의 해결책을 발견하도록 도와주려는 진지한 시도와 마찬가지이다(Lionel Crocker, comp. and ed., *Harry Emerson Fosdick's Art of Preaching: An Anthology* [Springfield, Ill.: Charles C. Thomas, 1971],33).

process of thinking)을 소통해야 한다(77, 97).

설교의 목적에 대한 브라우니의 통찰은 설교자와 회중의 역할에 대한 새로운 입장 정립을 요구한다. 그의 입장에서 볼 때 설교자는 해답을 던지는 사람이 아니다. 최종적인 해답은 설교나 교리의 결과가 아니다. 교리는 "모든 문제에 대한 직접적인 해답이 아니라 해답을 찾기 위한 탐색 방법이라고 한다. 교리는 사람들에게 무엇을 생각해야 하는지 직접적인 답을 던지는 것이 아니라 각자의 상황에 맞는 답을 찾기 위해서 어떻게 생각해야 하는지를 제시한다"는 것이다(47). 그래서 설교자는 회중에게 일방적인 해답을 던지는 사람이 될 것이 아니라 "회중이 스스로를 더욱 잘 이해하는 이해의 정도를 확장하고 심화시키는 살아 있는 살아있는 동인"(動因, living agent)이 되어야 한다는 것이다(77). 물론 이 과정에는 교리의 관점에서 삶을 해석하고 다시 삶의 관점에서 교리를 해석하는 과정이 포함된다(52). 그리고 회중은 설교를 통해서 이러한 해석 과정에 참여하는 방법을 배운다.

그런데 설교의 목적에 대한 브라우니의 입장으로부터 내가 느끼는 불편함은 설교자와 회중의 간격을 여전히 전제하고 있기 때문이다. 그의 입장에서 볼 때 설교의 목적은 설교자가 이미 이해한 성찰의 과정을 회중에게 소통시킴으로써 회중 자신의 삶에 대한 성찰의 깊이와 폭을 더 확장하려는 것(77)이라는 점에서 그의 설교는 여전히 쌍방향이 아니라 일방향이다. 그래서 그의 입장을 따르는 설교자는 여전히 혼자 고독한 존재이며 회중과 동등한 동반자로서의 역할보다는 지나치게 지도자의 입장이 강하게 남아 있다.

하지만 브라우니는 설교의 목적에 대한 전통적인 입장과 구별되는 그 나름의 견해를 잘 제시하고 있다. 그의 제안에 따르면 설교의 목적은 예배자들이 자기들 각자의 삶을 자기주도적으로 이해하는 책임을 떠안는 과정을 촉진하는 것이다. 기존의 널리 알려진 설교의 목적에 대한 브라우니의 대안적인 입장은 나에게도 상당한 지적 자극이 되었다. 그리고 삶을 책임 있게 이해하는 과정을 촉진하는 것으로서의 설교의 이미지는 나의 제안의 토대를 이루고 있다.

설교의 한 가지 목표는 매 주일 하나님의 백성들의 핵심적인 대화가 계속 촉진되고 강화되는 하나님의 말씀 주위로 신앙 공동체를 불러 모으는 것이어야 한다는 것이 나의 제안이다. 나는 이 제안을 대화 설교(conversational preaching)라고 부른다. 그리고 이 제안의 저변에는 일부 설교자들과 예배 참가자들이 실제 설교 시간에 경험했던 설교자와 회중 간의 연대감이 자리하고 있다. 그리고 이 제안의 다양한 요소들은 내 설교학 동료들과의 대화와 경청으로부터 듣고 배우고 함께 나눴던 통찰들로 이루어져 있다.

내 제안의 중심에는 설교는 하나님의 말씀 주위로 신앙 공동체를 끌어 모은다는 관점이 자리하고 있다. 디트리히 리츨(Dietrich Ritschl)은 설교를 묘사하는 이미지로서 모임 활동(a gathering activity)을 소개하였다(1960). 그에 따르면, "설교는 사람들에게 어떤 능력을 배급하거나 무언가를 나눠주는 시간이 아니라 힘을 함께 공급받고 사람들을 함께 끌어 모으는 시간"이라고 한다(2). 그렇게 하나님의 백성들을 함께 끌어 모으고 그 신앙 공동체를 세우고 계속 유지할 수 있는 힘이 바로 하나님의 말씀이다.

리츨의 입장에서 볼 때 함께 모여서 하나님의 말씀의 지배를 받으며 살아가는 공동체 안에서는, 설교자와 회중을 서로 나누는 간격은 전혀 불필요하고 화를 자초할 정도로 위험하다. 그는 이렇게 적고 있다. "우리 교회의 끔찍한 비극의 일부분은, 설교자는 혼자이며 심지어 설교가 추구해야 할 궁극적인 목적으로서의 공동체로부터도 고립되어 있을 정도로 목회자와 회중이 서로 나뉘어 있다"(15-16). 그는 설교자와 회중이 함께 만인대제사장의 권리를 공유하고 있다고 믿는다. 올바로 이해하고 있듯이 이 교리가 의미하는 바는 훈육(또는 교화, edification)의 책임은 모든 회중 전체 구성원들이 함께 짊어져야 한다는 것이다(122). 신앙 공동체 구성원 모두에게는 서로를 교화시키도록 하기 위한 목적의 은사인 카리스마타(charismata)가 주어졌다(122). 그래서 설교를 포함한 모든 목회사역은 설교자와 회중 공동의 임무(또는 합동 임무, the joint task)이다.

함께 공유하는 대제사장적 책임을 감당함에 있어서 설교자와 회중은 하나님의 말씀을 함께 해석해야 한다. 설교자가 회중과 떨어져서 혼자서 본문을 연구하고 해석학적인 결정도 혼자 내리는 대신, 그러한 개인적인 성경 연구의 결과를 사람들과 함께 나누고 이에 대하여 회중 구성원들이 질문을 던져보고 그 해답을 서로 제안하며 또 그들로부터 새로운 질문과 해답을 들어 볼 수 있는 설교 전 성경 공부 모임(pre-sermon Bible study group)을 조직하고 여기에 회중들을 참여시켜 보라고 리츨은 조언한다(155).[2] 이 제안 속에서 리츨은 모든 참가자들이 함께 질문을 던지고 해답을 제안하면서도 다른 사람들로부터의 추가적인 질문과 해답의 여지를 남겨 두는 상호 대등한 만남과 공유의 자리를 소개한다. 그러한 상황에서 설교자는 단독의 교사나 유명한 신학자(155)도 아니고 설교 이전에 미리 확보했던 메시지를 확실한 방법으로 포장하여 전달할 방법을 찾는 자도 아니다. 그 대신 설교자와 회중이 함께 "하나님의 말씀 아래에서" 형제 자매가 되어서(155) 그들 모두를 향한 하나님의 말씀을 함께 분별하는 것을 공동의 임무로 받아들이는 것이다.

또한 리츨의 입장에서 볼 때 공동체 구성원들은 주일의 설교뿐만 아니라

---

2) 설교 전에 설교를 위한 예비모임을 통해서 설교자와 회중이 함께 설교 주제를 놓고 토론하는 이미지는 1960년대 이후의 설교학 교과서에서 계속 반복적으로 등장한다. 하지만 이 모든 저서에서도 설교자와 회중을 분리시키는 간격은 여전히 존재한다. 예를 들어 Reuel L. Howe는 설교자는 가르치는 자라면 평신도는 학습자로 묘사한다.

이 학습 그룹으로부터 도출된 결론이나 결과물은 설교자에게 절대적으로 유익하다. 예를 들어 평신도들과의 예비 모임을 거치지 않고서는 그 어떤 설교자라도 "은혜로 주어진 믿음을 통한 칭의"에 대해서 제대로 설교할 수 없을 것이다. 왜냐하면 하나님 앞에서 의로워지기 위해서 율법을 의지했던 어떤 평신도가 예비 모임 처음에는 하나님의 은혜를 그저 어리석은 것으로 생각하다가 토론에 참여하는 과정을 통해서 마침내 율법으로부터의 자유에 도달할 수 있기 때문이다(Partners in Preaching: Clergy and Laity in Dialogue [New York: Seabury Press, 1967], 95).

설교를 묘사하는 디트리히 리츨(Dietrich Ritschl)의 이미지에서 설교자와 회중 양쪽은 모두가 함께 학습자로 묘사된다(1960). 리츨이 설명하는 설교자는 청중을 이미 설교자가 알고 있는 더 깊은 이해의 차원으로 인도할 목적으로 설교 전 예비모임에서 청중의 이야기를 경청하는 것은 아니다. 또 이미 설교자가 염두에 둔 메시지나 경험을 설교시간에 청중이 더 잘 수용하도록 하는 어떤 방법을 찾아내기 위해서 고심하는 것도 아니다. 리츨이 묘사하는 설교자는 청중으로부터 배우며 청중과 함께 배우는 자이다.

존 맥클루어(John McClure, 1995)도 리츨이 설명했던 설교 전의 비교권적인 토론 모임으로부터 발전된 설교 준비 방법을 소개하고 있다. 맥클루어에 의하면 설교는 핵심적인 의미를 지향하는 토론 모임의 움직임의 핵심 요소들을 설교가 그대로 엮어내야 한다.

주중의 일상적인 삶 속에서 복음을 선포함으로써 설교에 대한 추가적인 책임을 진다. 또 이들의 선포 사역은 설교자의 선포 사역과 차이가 있을 수 없다(126). 그리고 전체 교회의 책무로서의 설교(33)는 설교자와 회중을 공동의 사역 안에서 서로를 결속시킨다.

리츨이 이해하는 설교는 하나님의 말씀을 선포하여 예수 그리스도가 "참된 설교자"로 회중 가운데 임하도록 한다는 점에서 설교의 목적에 대한 그의 입장은 여전히 케리그마 설교학에 속해 있다(20, 22, 108; see also 33, 45). 하지만 그의 관점으로부터 설교의 목적에 대한 새로운 통찰을 찾아볼 수 있는데, 그것은 바로 하나님의 말씀 주위로 신앙 공동체를 모으는 것이다.

또 리츨은 설교자와 회중의 간격을 극복하기 위하여 설교를 설교자만의 고유한 사역이 아니라 모든 예배자들이 함께 감당해야 할 사역으로 이해하면서 모두가 "서로를 훈육하기"(mutual edification) 위한 은사를 가지고 있다고 본다(122). 이러한 설교관은 만인대제사장의 관점과 하나님의 말씀과 동행하며 살아가는 신자의 삶에 대한 이해에 기초한 교회의 비교권적인 자기 이해를 암시한다.

내가 제안하는 설교관의 구성 요소 중의 하나도 하나님의 말씀 주위로 모여든 하나님 백성들의 모임이다. 그 다음 둘째 요소는 대화 설교는 교회의 중심적인 대화를 촉진하고 강화하는 것이라는 점이다. 설교를 지속적인 대화의 맥락에서 이해하는 관점은 그리 새로운 것이 아니다.

조셉 피츠너(Joseph Fichtner)는 설교를 "기독교적인 삶에 관한 대화"로 설명하면서 자신의 책 『그리스도를 위한 정립과 설교: 설교신학』(*To Stand and Preach for Christ: A Theology of Preaching*)을 시작한다. 여기에서 다루는 핵심 주제는 하나님과 그 하나님에 대한 인간의 관계이다(1980, v)[3]. 책 전편에서

---

[3] 조셉 피츠너(Joseph Fichtner, 1981) 이전의 설교학자들이 설교와 대화 간의 상관관계에 대해서 이미 설명했다. 그 중에 대표적인 두 학자로는 진 바틀렛(Gene E. Bartlett)과 루돌프 보렌(Rudolf Bohren)이 있다.

바틀렛은 설교와 대화의 차이점을 설명하기 위하여 세 가지 행위를 묘사하는 단어들을 동원한다. 먼저 교회와 세속 사회 사이에 진행되는 토론(discussion, 1962, 35-36)과 모든 개인들 내면 속에서 이뤄지고 있는 내적인 대화(inner conversation) 그리고 신자와 하나님

그는 설교와 대화를 서로 연결시키고 있다. 헬라어에서 호밀리(homily)라는 단어는 예를 들어 엠마오 도상의 두 제자들이 걸어가면서 예루살렘에서 "일어난 이 모든 일에 대해서 서로 이야기를 나누었던" 것처럼 "익숙한 대화"(familiar conversation)이란 의미를 담고 있다고 한다(124). 또 피츠너는 만일 회중이 설교자의 질문에 즉시 해답을 제시하면서 대화를 시작하려고 하더라도 절대로 놀라지 말라고 조언한다(124). 피츠너에 의하면 대화로서의 설교에는 설교자와 회중 그 이상의 것이 포함된다고 한다. 그런데 피츠너의 설교관은 케리그마이기 때문에 하나님은 설교의 주제일 뿐만 아니라 설교에 참여하는 능동적인 참여자이신 것으로 이해한다.

"사제의 삶과 사역에 관한 주교위원회"(The Bishop's Committee on Priestly Life and Ministry) 역시 설교를 설교자와 회중 사이에 진행되는 대화로 이해한다(1982). 이 위원회에서는 호밀리(homily)라는 단어가 '대화에 참여하는 것'을 의미하는 두 가지 성경적인 사례를 소개한다. 그 첫 번째는 누가복음 24장 14절에서 엠마오 도상의 두 제자가 나눈 대화와 사도행전 24장 26절에서 바울과 벨릭스 총독 간의 대화이다. 이런 사례에 근거하여 호밀리(homily)는 때로는 매우 중요한 주제를 다루고 있기는 하지만 연설이나 교실의 강의보다는 좀 더 사적인 대화에 가깝다고 이 위원회는 결론 내린다(24). 그러한 대화의 목적은 새로운 정보를 전달하거나 상대방의 태도나 행동을 바꾸려고 하기 보다는 "이전에 갖고 있던 지식이나 태도를 더욱 명백히 나타내거나 강화하는 것"이라고 한다(26).

주교위원회에 의하면 설교자와 회중은 하나님 앞에서 함께 신자로서의 공통의 정체성을 공유한다. 회중들도 하나님을 예배하기 위하여 함께 모였

사이에 진행되는 대화(dialugue)이다(103). 바틀렛에 의하면 설교는 이 모든 대화에 각각 개입해야 한다.

한편 루돌프 보렌에 의하면 하나님의 말씀은 사람들을 대화 속으로 끌어들일 뿐만 아니라(1965, 61) 설교자가 청중을 잘 이해하고 설교할 때 그 설교가 곧 대화가 된다고 한다(57). 보렌의 첫 번째 통찰 즉 하나님의 말씀이 청중을 대화 속으로 끌어들인다는 통찰은 말씀과 교회에 관한 리츨의 기존 논의(1960)에 비하여 그리 새로울 것이 없으며 설교자가 청중을 이해하고 설교할 때 그 설교가 곧 대화가 된다는 보렌의 둘째 통찰은 이후에 더 깊이 발전되지 못했다.

기 때문에 그들 편에서도 일정한 단계의 신앙을 기대할 수 있다(6, 17). 물론 설교자의 신앙도 중요하다. 어떤 통계 조사에서 교인들에게 설교가 전달되는 동안에 무엇을 경험하기를 원하는지에 대해서 물었을 때 그들은 "단지 한 신앙인의 말을 들어보고 싶다"고 대답했다(15). 여기에서 찾아볼 수 있는 설교의 이미지는 신앙을 더욱 명료하게 하고 강화시키기 위하여 다른 신자들과 함께 어울려서 좌담식으로 말하는 한 신자의 모습이다.

조지 스웽크(George W. Swank) 역시 "대화를 위한 여지를 마련하는" 설교의 이미지를 제시하면서 회중과 함께 공동의 성찰(communal reasoning together)을 조장하는 관점의 설교를 주장한다(1981, 23). 그래서 그의 설교는 '대화적인 스타일'을 취한다(20).[4] 브라우니의 입장을 다시금 상기시키는 표현들을 사용하고 있는 스웽크는, 설교자가 "모든 사람들이 동일한 결론과 동일한 견해에 도달해야 할 필요가 없음을 인정하면서 다만 그들이 함께 생각할 수 있도록 도와야 한다"고 주장한다(21-22). 그러한 설교는 "설교자와 회중 사이의 지속적인 대화의 일부분을 구성하며 설교자가 설교단에 오르기 이전부터 시작되고 또 축도가 끝난 이후에도 계속 이어진다"는 것이

---

4) 조지 스웽크(George W. Swank) 이전에 설교와 대화의 상관관계를 더 깊이 발전시킨 세 명의 설교학자들로는 Reuel L. Howe와 Henry H. Mitchell, 그리고 Alvin J. Porteous가 있다. 하지만 이 셋 중에 그 누구도 설교를 케리그마 설교학 이론 이상의 관점으로 발전시키지 못했다. 『설교의 동반자들: 대화 속의 성직자와 평신도』(Partners in Preaching: Clergy and Laity in Dialogue, New York: Seabury, 1967)라는 책에서 호웨(Howe)가 제안하는 대화 설교(dialogical preaching)는 하나님의 말씀이 신자들의 삶 속에서 실현되도록 하는 설교의 영적 만남을 추구한다(42, 46). 또 미첼(Mitchell)은 설교와 진정한 대화의 상호관계를 다루고 있는데(1979, 97), 그에 따르면 참된 선교를 위해서는 회중 모두가 함께 참여할 수 있는 것에 관한 토의와 아울러(101), 설교자와 회중 간의 밀접한 동질성(close identity)이 요구된다(103). 이렇게 미첼도 설교를 대화의 맥락에서 다루고 있지만 설교에 대한 그의 입장은 대체적으로 케리그마 설교학의 전통 속에 머물러 있다. 좀 더 자세한 내용을 위해서는 이 책의 2장에서 미첼에 대한 논의를 참고하라. 앨빈 포르테우스(Alvin J. Porteous)는 호웨의 관점과 흑인해방신학자들의 통찰에 근거한 설교학 이론을 발전시켰다(1979). 그는 설교의 목표는 비평적인 성찰에 함께 참여할 수 있는 대화 공동체를 증진시키는 것이 설교의 중요한 목표가 되어야 한다고 주장했다(91). 포르테우스의 제안은 내가 이 책에서 제시하는 입장과 매우 가까워보인다. 하지만 해방시키는 사건으로 설교를 설명하는 포르테우스의 견해와 "기독교적인 메시지의 본질"(the essentials of the Christian message)을 식별하려는 데 대한 그의 관심(35)은 결국 그를 케리그마 설교학 이론으로 끌어들이고 있다.

다(57).

스웽크는 설교를 "잠재적인 동등자"(potential equals) 사이에 진행되는 대화로 이해한다(45). 회중은 "설교자로부터 빠져 나온 동시에 다시 결합되어야 할 동료들"이다(21). 그래서 스웽크는 회중을 "격려와 도전적인 메시지가 필요한 미숙한 그리스도인들의 집단"으로 생각하는 설교자를 비판한다(45). 만일 그들이 미숙하다면 이는 그들의 책임을 배려하지 않은 일방적인 설교 때문이고 이제 그들은 각자의 삶을 쓰로 점검하고 정돈해야 할 책임을 져야 한다고 스웽크는 주장한다(45).

이러한 대화적 관점의 설교는 1세기 유대인들의 설교로부터 그 역사적인 선례를 찾아볼 수 있다고 스웽크는 주장한다. 그들의 설교에는 회중이 함께 참여할 수 있었고 질문들과 웃음, 돌연적인 비평과 다른 여러 형태의 개입이 가능했다고 한다(46-47). 또 그는 신약성경에 기록된 설교는 마치 논쟁과 비슷하다고 주장한다. 그 증거로 스웽크는 누가복음과 특별히 사도행전에 등장하는 설교의 대화적인 패턴을 제시한다(48-49). 그리고 이렇게 결론을 내린다: "기독교 설교가 시작되는 처음 단계에서부터 설교는 모든 회중이 함께 참여하는 활동으로 여겨졌었다. 당시 설교는 그 자리에 참여한 모든 사람들의 업무였다."(49).

설교자와 회중 사이에 진행되는 대화의 관점에서 설교를 재정립하도록 하는 데 영향을 준 또 다른 학자가 바로 엘리자베스 쉬슬러 피오렌자이다(1983). 그녀는 회중석에 앉아 있는 하나님의 백성들에게서 발견되는 다양성(variety)을 설교가 담아낼 수 있어야 한다고 주장한다. 그동안 설교자들은 자기 개인의 경험과 신앙의 관점에서 말해왔고 또 그녀 역시 수 많은 설교로부터 자신의 입장이 배제되었다고 느껴왔기 때문에, 이제 설교자들은 "하나님의 백성들, 특히 여성들과 가난한 자 그리고 불리한 위치에 있는 자들의 학습 과정(the learning process)과 경험을 공개적으로 해설해야" 한다고 주

제4장 새로운 설교학을 위한 대안의 목소리   185

장한다.[5] 특히 여성들과[6] 가난한 자 그리고 불리한 위치에 있는 자들이 더욱 그렇다는 것이다. 또 피오렌자는 계속해서 주장하기를 "회중 편에서 볼 때 설교자 자신의 신학적이고 사회적인 선입견과 이해관계들과 갈등을 일으키는 해석을 심각하게 취급할 때 비로소 설교자들은 선포 속에 들어 있는 경험적이고 해석적인 편견의 벽을 극복할 수 있다"고 한다(52).[7] 하나님의

---

5) 쉬슬러 피오렌자(Schussler Fiorenza)의 이런 제안은 전적으로 새로운 것은 아니다. 이미 여러 설교학자들이 설교자는 세대 차이나 기질의 차이, 삶의 경험의 차이처럼 청중의 다양성을 고려해야 한다는 주장을 제기했다. 이와 관련해서는 예를 들어 James Wright (1958, 43-58)을 보라. 또 로날드 알랜(Ronald J. Allen, *Preaching for Growth* [St. Louis, Mo.: CBP Press. 1988], 49-52)은 청중 내에서 한편으로는 나이 차이의 문제와 또 다른 한편으로는 사회적인 지위의 차이 문제를 잘 보여주는 도표를 제시했다. 여기에서 로날드 알랜은 후자의 범주에 남성, 여성, 흑인, 백인, 아시아계 미국인, 남미계 미국인, 중산층, 하층민들을 포함시켰다(52). 또 쉬슬러 피오렌자는 사람들은 항상 동일한 방식으로 학습하고 정보를 습득하며 결정을 내리는 것은 아님을 보여주는 여러 연구 결과들을 언급함으로써 청중의 다양성에 관한 이상의 범주를 더욱 확장시켰다. 좀 더 자세한 내용으로는 Gilligan(1982)과 Belenky and others(1986)을 참고하라.
6) 내가 확신하는 점은 남성 설교자들 뿐만 아니라 남성 설교학 교수들 역시 여성의 경험에 대해서 더 많은 관심을 기울여야 하며 이들의 경험을 반영하는 연구 결과물들에 대해서 더 숙지해야 한다는 것이다. 비록 몇몇 설교학자들은 선별적으로 여성 학자들의 연구 자료들을 요약하여 소개하고 있지만 이들 여성 학자들의 중요한 확신들은 이미 남성 학자들이 옹호하고 있는 기존의 설교 관점에 그다지 크게 영향을 미치지 못하는 것 같다. 1990년 이전에 여성 학자들의 견해를 인정해준 설교학자들로는 다음을 들 수 있다: Clyde E. Fant, *Preaching for Today*, rev. ed. (San Francisco: Harper & Row, 1987, 57-63, 194, 200); Sider and King(1987, 67-68), and Best (1988, 116-20). 오직 크리스틴 스미스(Christine M. Smith, 1989)만이 여성해방론자의 관점에서 설교학 이론에 대한 재구성을 시도했다. 또 비어즐리(Beardslee)와 다른 학자들(1989)은 설교에 관하여 여성학자들이 제기한 쟁점들을 인정하면서 설교에 대한 기존의 관점을 새로운 각도에서 고찰하기 시작했다. 이 점에 대해서는 이 책의 4장에서 비어즐리와 다른 학자들에 관하여 내가 정리한 부분을 참고하라. 성(性)에 관한 쟁점에 근거하여 설교 이론을 새롭게 고찰한 또 다른 두 학자로는 Patricia Wilson-Kastner(1989)와 William K. McElvaney(1989)가 있다.
7) 자신의 입장과 다른 해석에 세심한 관심을 기울여야 할 것을 강조한 학자로는 웨인 부스(Wayne C. Booth)가 있다. "수사학 연구가 종교로 이어지는가?"(Does the Study of Rhetoric Lead to Religion?)라는 제목의 강연(1986년 2월 19일 에모리 대학의 캔들러신학대학원에서 프랭클린 파커 기념 설교학 강좌에서 진행된 강연)에서 부스는 이렇게 주장한다: "그러나 수사적인 탐구에 필요한 순전한 정신은 이렇게 주장한다. 여러분의 반대자들의 견해가 거의 틀림 없이 여러분이 지금까지 발견한 것보다 훨씬 더 설득력이 있다는 것이다. 하지만 여러분들은 자신의 견해가 반대자들에 대해서나 또는 그들의 약점에 대해서 훨씬 더 설득력이 있다고 주장할 것이다. 그래서 어떤 조우의 상황에서든 여러분이 희망할 수 있는 가장 최선의 진리는 그 조우를 계기로 도출된

백성들의 다양한 경험을 반영하는 설교라야만 다양한 계층으로 구성된 회중들을 설교적인 대화의 장으로 초대할 수 있다는 것이다(49)".

이상의 학자들의 통찰은 설교의 이미지를 설교자와 회중 사이의 대화로 이해하는데 직, 간접적으로 많은 도움이 된다. 대화 설교에서 설교적인 대화는 설교자와 회중 사이의 연대감, 즉 신앙 공동체 안에서 그리고 하나님 앞에서 모두가 함께 하나님을 믿는 백성으로서 또 함께 만인대제사장으로 부름받은 자들로서 그리고 하나님의 말씀을 함께 분별하고 함께 선포한다는 공동의 정체성에 기초한다.

그런데 설교를 설교자와 회중 사이의 대화의 관점에서 논의하더라도, 예배 중에 설교를 위하여 할당된 시간 동안에 설교자를 제외한 다른 예배참가자들이 말해야 한다는 뜻은 아니다. 예를 들어 좌담 설교(dialogue sermon)나 상호 대화식 설교(interactive sermon)는 대화 설교(conversational sermon)를 위한 한 가지 가능한 형식을 제공할 수도 있지만 그렇다고 본인이 제안하는 대화 설교는 좌담 설교나 상호 대화식 설교가 아니다. 그보다는 대화 설교는 설교자가 신앙과 삶의 문제에 대해서 모든 것을 알고 있는 자가 아니라 회중과 동등한 동료의 입장에서 설교자와 회중이 함께 지속적인 대화를 키워가면서 이를 반영하는 설교를 말한다. 그래서 설교자가 회중에게 어떤 최종적인 간단한 해답을 던지면서 건전한 대화를 방해하는 대신에 다양한 관점과 학습 과정들과 해석 입장들 그리고 다양한 삶의 경험들을 분명히 인정함으로써 오히려 상호간의 건전한 대화를 지속적으로 조성해야 한다.

여러 학자들이 대화로서의 설교 개념을 계속 발전시키고 있다. 예를 들어 마이클 슈마우스(Michael Schmaus)는 교회는 스스로에게 설교해야 한다고 주장한다(1966). 그는 설교를 세례를 통해서 전체 교회에게 주어진 책임으

변증법적인 진리(a dialectical truth)라는 점이다. 이 진리는 여러분이 처음부터 주장했던 것과도 다르며 그래서 여러분이 보기에 이 진리는 여전히 파편이나 조각에 불과하고 제한적이며 앞으로의 더 많은 대화와 변증법적인 수정이 필요한 진리일 것이다".

부스가 여기에서 주장하려는 요지는 수사학에 대한 이런 관점은 결국 도달해야 할 진리를 전제하기 때문에 수사학은 종교로 이어진다는 것이다. 하지만 이 진리는 여전히 파악하기 힘든 채로 남아 있다(ibid).

로 이해한다. "교회 안의 모든 이들은 형제나 자매들이 심각하게 말하는 것이 무엇인지를 세심하게 들어야 하는 자리로 부름을 받았다"고 한다(82). 그래서 교회가 스스로에게 설교함으로써 교회 안의 다양한 영역에 개혁이 일어난다고 한다(82-83). 또 설교가 교회를 스스로 개혁시키는 역할을 할 뿐만 아니라 "오늘날의 다원화된 세상에서 교회의 설교는 우리의 지향점과 명확한 설명, 격려, 분별 그리고 방향을 발견하는 것을 돕는다"고 한다(98).

교회 안에서 역동적으로 상호 작용하는 설교에 대한 슈마우스의 관점으로부터 설교의 목적에 대한 새로운 통찰이 발견된다. 그는 이렇게 적고 있다.

> 설교의 목적이 교회 자체 내의 상호 작용을 의도할 때, 다시 말해서 교회 스스로의 조우 사건(encounter)에 있을 때 그리고 설교가 교회 내부의 한도 안에서 선포되어 퍼져갈 때, 어떤 한 사람이 다른 사람에게 설교하고 또 교회 내의 한 집단이 교회 내의 다른 이들에게 설교하게 된다. 이런 상황에서는 당연히 어느 한 사람이 항상 설교자일 수도 없고 또 다른 한 사람이 항상 청취자인 것도 아니다(96).

설교의 목적은 다만 교회 스스로의 조우 사건을 조장하는 것이다(96).

그렇다면 대화 설교가 촉진하는 중심적인 대화(the central conversation)란 무엇인가? 교회 안의 중심적인 대화를 구성하는 요소들로는 설교자와 회중 사이의 상호 대화 뿐만 아니라 교회와 그 안의 여러 구성원들 간의 대화(Schmaus 1966), 사람들과 하나님의 말씀 사이의 상호 대화(Ritschl 1960), 그리고 설교자와 회중 그리고 하나님 삼자간의 대화(Fichtner 1981)를 모두 포함한다.

월터 브루그만도 회중과 하나님 사이의 대화와 설교와 본문 사이의 대화 그리고 마지막으로 설교자와 회중 사이의 대화의 세 가지가 서로 수렴하는 지점으로서의 설교에 대해서 논의한다(76). 브루그만에 의하면 설교의 중요한 기능은 침묵이 하나님과의 생명을 주는 대화(the life-giving conversation)를 중단시킬 때마다 다시금 대화를 다시 각성시키는 것이라고 한다(49-50, 75-77). 이런 주장의 각주에서 그는 이렇게 적고 있다: "해방 신학에서 추구하는 상당 부분은 침묵하는 자들 가운데 대화와 담론을 다시금 회복시키는 것이다"(150).

설교가 참여하는 교회의 중심적인 대화는 복잡하고 다양한 층으로 이루어져 있다. 존 맥클루어는 회중을 가리켜서 "대화의 망"(a web of conversation)이라고 부른다(1995, 57). 한편에는 복잡하고 다양한 목소리를 담고 있는 성경 본문 속에서 들려오는 하나님의 말씀이 신적인 파트너로 참여하는 하나님과 인간 간의 대화가 있다. 또 다른 한편에는 특정한 신앙 공동체 내에서 또는 여러 신앙 공동체들 간에, 유력한 목소리와 무력한 주변의 목소리들 간에 그리고 교회와 세상 간에 진행되는 인간과 인간 사이의 대화가 자리하고 있다. 그런데 엠마오 도상의 두 제자가 서로 대화를 나눌(homiled) 때 부활하신 예수께서 이들의 대화에 참여하셨듯이(눅 24:13-15), 때로는 하나님께서 성령을 통해서 사람과 사람 사이의 대화에 참여자가 되실 때도 있다. 그런데 이 모든 대화들을 촉진시킴에 있어서 가장 중요한 것은 설교가 여성들과 가난한 자들 그리고 권리를 박탈당한 자들(Schussler Fiorenza 1983, 44-47)과 침묵하는 자들(Brueggemann 1989, 150)의 배제된 목소리를 철저히 인식하는 것이다.

설교의 목표가 매 주일 하나님의 백성들의 중심적인 대화가 촉진되고 강화되는 말씀 주변으로 신앙 공동체를 불러 모으는 것이라면 이 설교를 중심으로 새로운 힘(또는 영향력)의 작용이 가능해진다. 대화 설교를 통해서 형성되는 그 영향력의 속성에 대해서는 그동안의 본인의 진술을 통해서 어느 정도 충분히 암시되었을 것이다. 다음 네 명의 학자들의 견해는 설교학의 대화에서 의미하는 이 영향력의 속성을 잘 보여준다.

쉬슬러 피오렌자는 설교할 수 있는 권리는 세례로부터 파생되며 하나님에 대한 각 신자들의 경험에서 나오는 것이기 때문에 목회자는 설교단에 대한 독점권을 포기해야 한다고 주장한다(1983, 48, 55). 목회자로서의 자신들의 지위를 설교자로서의 역할과 동일시하는 대신에 교회 안에 설교 사역이 발생하고 또 평신도들도 설교할 수 있도록 격려하고 그런 실력을 갖추어주는 자로서의 자신들의 책임을 재해석해야 한다고 주장한다(48-49, 55).

크리스틴 스미스 역사 교회 안에서의 설교와 능력의 관계를 재구성한다(1989). 그녀는 설교자의 권위와 다른 사람들에게 영향력을 행사하고 다른 이들을 변화시키는 능력 간의 연결고리를 거부한다(46). 그 대신 그녀의 입장에서 볼 때 권위와 변화시키는 능력은 모두가 공동체에게 속해 있다는 것이다(47, 52). 설교자가 회중을 변화시키려고 노력할 것이 아니라 기독교 공동체가 사회를 변화시키려고 노력해야 한다는 것이다. 신앙 공동체 안에서 설교는 상호 관계와 동등성, 연결성 그리고 친밀성에 기초하고 있다. 그러한 설교는 공동체 내의 각각의 신자들이 삶의 문제를 스스로 정하고 그에 대한 해답을 스스로 찾으며 스스로 분투하며 경축하도록 허락해 준다(57). 하지만 스미스는 교회와 사회 안에서 여성들은 오랫동안 침묵해왔음을 인정한다. 그래서 설교는 여성들의 이야기와 경험을 무시하지 말고 이를 존중하고 이들의 입장에 대해서 특별한 자리를 배려해 주어야 한다는 것이다(99).

설교와 능력의 관계에 대한 재평가의 셋째 근거는 토마스 미키(Thomas Mickey)의 통찰로부터 발견된다.[8] 그의 주장에 의하면 설교는 공동체의 정체성과 사회 질서를 표현하며 정의하고 재정립하는 과정에 참여하기 때문에 결국 설교는 힘을 갖고 있다고 한다. 그런데 그의 설교관에서 볼 때 이러한 과제들과 그 책임은 설교자가 아니라 전체 회중에게 속해 있다. 동등한 이들이 함께 모인 신앙 공동체 안에서 설교의 목표는 공동의 정체성과 사회 질서를 정의하고 유지하며 재구성하는 공동의 임무를 촉진시키는 것이다.

마지막으로 존 맥클루어는 설교와 리더십의 상호관계에 대해서 논의한다(1995). 그가 제안하는 공동(제작)의 설교(collaborative mode of preaching)는 중심으로부터 주변까지 신앙 공동체 내의 모든 신자들이 공동체의 사명을 해석하

---

8) 토마스 미키(Thomas J. Mickey)의 논문은 다음과 같다. *Role Conflict for the Preacher: A Study in Communication and Religion* (University of Iowa, December, 1979). 이 학위논문의 요약은 조셉 피츠너(Joseph Fichtner)의 책(1981, 159-64)에 소개되고 있다

며 결정을 내리는 전체 과정에 참여할 수 있는 공유된 권력을 전제한다(21).

그런데 대화 설교의 관점에서 볼 때 함께 모인 신앙 공동체는 단순한 개인들의 집합체 이상이며, 공동의 정체성과 자기 삶을 정돈하는 공동의 방법을 갖고 있다. 또 대화 설교는 한 개인이 다른 개인 신자들에게 사적인 메시지를 던지는 것 이상이며, 상호간의 훈육과 공동의 의사 결정의 임무를 책임지는 사람들의 모임을 세워가기 위한 "교회의 형성과 발전"에 깊은 관심을 가진다"(Brown 1983, 70). 교회 세우기를 강조하는 것은 교육을 설교의 중요한 요소로 간주하는 전통적인 설교학의 입장에서도 그리 낯선 모습이 아니다. 하지만 교회 세우기는 하나님과의 개인적인 만남을 강조하는 케리그마 설교학의 대부분의 논의에서나 변화에 대한 개인적인 경험을 강조하는 변혁적인 설교학의 논의에서 종종 간과되던 주제이다.[9] 하지만 대화 설교에서는 해답이나 진리를 제공함으로써 교회를 세워가야 하는 설교자의 책임을 스스로의 세움과 개혁을 위한 공동체 전체의 책임으로 바꾸어 놓았다.

1) 요약

설교의 목적이 진리를 전달하거나 하나님과의 만남을 중재하거나 회중을 변화시키는 것에 있지 않다면, 결국 설교는 무엇에 관한 것인가? 설교의 목적은 교회의 중심적인 대화를 촉진시키고 강화하기 위하여 신앙 공동체를 매 주일 하나님의 말씀 주위로 끌어 모으는 것이다. 여기에서 설교의 관건은 상호간의 훈계(Ritschl 1960, 122)와 상호간의 권면과 분별, 방향 찾기, 결정하기(Schmaus 1966, 98)에 있으며 그렇게 함으로써 신자 모두가 만인대제사장으로서 교회를 스스로 세워가는 것이다. 이러한 설교를 통해서 특정한 회중은 복음에 합당한 삶을 살려고 노력하는 가운데 그 특정한 회중의 가치가 재확인되고 다시 입증될 것이다. 그런데 이 대화 설교에는 설교자뿐만

---

[9] 이 점에 대한 예외로는 데이빗 버트릭의 *Homiletic: Moves and Structures*(1987)을 들 수 있는데 버트릭은 이 책에서 회중의 자의식의 변혁을 설교의 목표로 제시하고 있다.

아니라 하나님과 교회 안의 다양한 계층의 사람들, 소외된 사람들과 침묵하던 사람들 그리고 세상이 함께 참여한다. 그래서 설교의 자연스러운 결과로서 변혁이나 개혁은 결코 배제될 수 없는 것이다. 하지만 변혁은 절대로 성공적인 설교 한 편의 영향이 아니라 임의로 부는 바람과 같으신 성령의 역사이다(요 3:8). 그리고 이 대화 참가자로는 함께 모인 신자들뿐만 아니라 성경 본문과 역사적인 신앙 공동체들도 함께 포함된다. 그래서 이런 설교가 자꾸 선포되고 누적되어감에 따라 교회가 가진 신앙의 전수는 자연스러운 귀결이다. 하지만 대화설교에서 설교의 최우선의 목표는 하나님의 말씀 주위로 매주 정기적으로 예배자들을 모아서 그 공동체 가운데 성경 본문과 그에 대한 해석을 선포하여 하나님의 백성들의 본질적인 대화를 조성하고 촉진시키는 것이다.

설교의 목적에 대한 이상의 새로운 견해에 근거하여 나는 그동안 설교학계를 지배했던 지배적인 입장들에 대한 세 가지 응답을 제시하고자 한다. 첫째로 설교의 목적에 대한 기존의 세 가지 입장은 설교자와 회중을 차별하는 간격을 전제하는 반면에 대화 설교는 상호간의 연합에 대한 경험에서부터 출발한다. 둘째는 케리그마 설교학과 변혁적인 설교학의 설교 효과에 대한 지배적인 관심사는 공동체가 아니라 개인 신자에 집중된다. 하지만 대화 설교는 개인 신자의 중요성을 부인하지 않으면서도 함께 모인 신자들의 공동체와 하나님의 말씀 속에서의 그 공동체의 위치를 더 중요시한다. 세 번째로 설교는 매 주일의 영적인 사건이 되어야 한다거나 매 주일 계속해서 회중을 변화시키는 사건이 되어야 한다는 기대감은 너무나 웅내할 뿐만 아니라 다수의 설교자와 회중을 낙심시킬 수밖에 없다. 하지만 대화 설교의 관점에서 의도하는 설교의 목적은 "신앙의 문제와 관련하여 아무것도 일어나지 않은 것 같은 때"라도 교회 안에서 실제로 발생할 수 있는 것들을 추구한다(Bartlett 1962, 98). 즉 그것은 신앙 공동체가 하나님의 말씀 주위로 함께 모여서 교회의 중심적인 대화를 촉진시키고 강화하는 것이다.

설교의 목적에 대한 새로운 진술은 필연적으로 설교의 내용과 방법에 대한 새로운 입장과도 밀접하게 결부되면서 설교학의 대화 테이블에서 새로운 대안의 목소리를 가능하게 한다.

3. 설교의 내용을 재고하기

다음 세 가지 질문이 설교 내용에 대한 기존의 관점을 재평가하도록 안내하였다. 첫째는 언어의 편향성과 한계를 고려할 때 설교의 내용은 과연 무엇일까? 달리 말하자면 복음에 대한 전혀 왜곡이 없는 진리나 고정적인 공식 문구가 존재하지 않다면, 그리고 성경 본문의 원래 의미와 저자가 본래 의도했던 의도 또는 본문의 편견 없는 실행성(unbiased performance of the text)을 있는 그대로 복구하는 것이 불가능하다면 오늘날의 설교자는 본문에서 과연 무엇을 설교해야 하는가? 그 다음 둘째 질문은 계시나 하나님의 말씀, 케리그마 그리고 진리라는 단어는 설교의 내용을 설명하는 데 여전히 유효한 단어인가? 마지막 질문은 진리나 복음 또는 본문의 의미의 확실성을 인정하지 않는 상황에서 설교의 내용을 결정하고 통제할 어떤 방법이 있을까?

이런 질문과 관련하여 브라우니(Browne, 1958)의 통찰이 나에게 중요한 지적 자극이 되었다. 브라우니는 모든 인간의 지식은 제한적이며 불확실하고 모든 인간 존재는 비록 하나님의 형상을 따라 창조되었더라도 항상 한계와 죄악 속에 갇혀 있다는 전제에 근거하여 설교 내용에 대한 자신의 입장을 전개하였다(22). 인간의 한계에 대한 그의 전제는 계시와 진리에 대한 입장과도 결부되어 있다. 그래서 인간의 모든 지식이 부정확하고 불완전하다면 그 인간에게 주어진 계시 역시 불완전하고 확정적일 수 없다. 또 계시는 항상 특정 시대의 문화적인 관점으로 표현될 수밖에 없으며 매 세대마다 새롭게 적용되어야 한다(92). 그래서 계시의 내용으로서의 복음의 진리는 여전히 단편적이고 불확실하고 근사치에 가까울 뿐이다. 또 하나님도 인간의 언어로 완벽하게 표현될 수 없기 때문에 그 하나님에 대한 언어적 표현으로서의 계시 내용 역시 불완전하고 부정확하다(27, see 43). 하나님에 관한 인간의 언어행위(혹은 연설, speech)는 하나님의 분명한 한계를 지정하는 공식 문구가 될 수 없고 다만 하나님을 향한 "몸짓" 하나에 불과할 뿐이다(30). 오직 하나님만이 확실성 속에 거하실 수 있으며 모든 의미의 완전성을 이해하실 수 있다(32, 43, 59). 반면에 인간은 제한된 지식과 조각난 진리의 불확실성을 받아들이고 그 한계 안에서 살아가는 방법을 배워야 한다(32, 39-40, 127).

이렇게 진리가 불확실한 상황에서 설교자가 선포해야 할 설교의 내용은 무엇일까? 이 질문에 대해서 브라우니는 기존의 대답을 제쳐둔다. 그가 염두에 두는 설교자는 회중에게 어떤 결정된 해답을 제시하는 데 별 관심이 없다. 또 명확한 교리나 공식 문구를 제시하는 데도 관심이 없다(69, 77, 94). 만일 설교 내용이 어떤 하나의 공식 문구로 압축될 수 있다면, "굳이 설교를 따로 할 필요도 없을 것이다"(77). 브라우니가 염두에 두는 설교자는 고정된 불변의 결론을 거부하고 실수의 가장자리에서 흐트러진 마음을 그대로 인정하면서 살아가는 방법을 먼저 배워야 한다는 것이다.

그렇다면 설교의 내용은 뭐란 말인가? 설교는 삶에 대한 해석을 제시하거나(77), 잠정적인 판단이나(54; see 57, 59, 113), 잠정적인 결론을 제시하는 것이라고 한다(113). 어떤 이들이 보기에 그런 설교는 "삶으로 연결시키기에는 너무나도 내용이 빈약하다"고 생각할 수도 있다는 점을 브라우니는 인정한다(40). 하지만 그의 주장에 의하면 인간의 지식과 계시 그리고 진리의 불확실성과 분열에도 불구하고 그리스도인들은 이미 가지고 있는 것으로 삶을 충분히 감당해 낼 수 있으며 의미 있는 삶을 꾸려가는 것이 가능하다고 한다(34, see 47-48).

설교에 대한 나의 제안은 브라우니의 통찰에 기초하고 있다. 그의 견해를 따라서 생각해 볼 때 설교는 일종의 시험적인 해석(또는 한시적인 해석, tentative interpretation)에 관한 것이며, 반대제안(counterproposal)으로 초청하는 제안이며 다른 사람들이 내건 내기(wager)와 함께 진행되는 대화 속에서 순전한 확신으로 참여하는 설교자의 또 다른 내기와 같다. 이 설명 중에서 해석과 제안 그리고 내기의 세 단어에 대해서 좀 더 살펴볼 필요가 있다.

설교 내용에 대한 나의 첫 번째 제안은 설교 내용은 브라우니가 제안했듯이 삶에 대한 해석 또는 월터 브루그만이 제안했듯이 성경 본문에 대한 해석 중에 특히 잠정적인 해석(tentative interpretation)이어야 한다는 것이다. 이런 해석들이 왜 잠정적인가? 브라우니의 주장에 의하면 진리가 불완전하고 파편적인 것만큼이나 설교 내용 역시 제한적이고 불완전하다는 것이다. 브루그만은 다른 관점에서 이런 논지를 펼친다(1988). 그의 주장에 의하면 "중립적이거나 공평하고 객관적인 해석은 결코 존재하지 않는다"고 한다(131). "계몽주의와 근대화의 등장으로 말미암아 소위 객관성(또는 객관적인 실체 objectivity)에 대한 환상이 생겨났다": " 그리고 이어서 실체는 더 이상 해석될 필요가 없다는 잘못된 생각들이 뒤따랐다. 실체는 더 이상 해석될 필요가 없기 때문에 마찬가지로 성경 본문도 해석이 없더라도 올바른 방법으로 읽을 수 있다는 잘못된 생각들이 퍼져갔다"(135- 36). 하지만 브루그만은 모든 성경 본문은 해석이 필요하고 또 모든 해석은 해석자의 기득권의 영향을 받는다고 한다(130, 135, 144). 달리 말하자면 설교자를 포함하여 모든 해석자들은 "항상 파당적인 방식으로 실체를 제시하기 마련이고 이 외의 다른 방법은 있을 수 없다"고 한다(137). 설교가 삶과 성경 본문의 해석에 관한 것이라면 이 해석은 필연적으로 제한적이고 해석자의 자기 이해의 영향 아래 있기 때문에 결국 시험적이고 잠정적일 수밖에 없다.

설교 내용에 대한 나의 입장을 구성하는 두 번째 단어는 제안(proposal)으로서 나는 이 단어를 『예수의 죽음에 관한 성경적 설교』(Biblical Preaching on the Death of Jesus, Beardslee and others 1989)에서 빌려왔다. 브라우니와 브루그만처럼 이 책의 저자들 역시 절대적인 진리의 확보 불가능성의 맥락에서 설교 내용을 다루고 있다. 절대적인 것은 인간의 모든 활동 너머에 존재하기 때문에 결국 절대적인 것을 찾으려는 노력은 잘못된 것이라고 주장한다(41). 진리란 "모든 것을 있는 그대로 정확하게 아시는" 하나님께만 속해 있다(57). 또 무한에 가까이 다가가는 인간의 근접성은 하찮은 것이며 인간의 지식 역시 항상 파편적이고 참 지식으로부터 멀리 떨어져 있기 때문에, 인간의 지식으로는 하나님의 진리를 질적인 차원에서는 결코 완벽하게 도달할 수 없다(57). 인간의 지식으로는 하나님의 진리를 질적인 차원에서 다만 가까이 근접할 수 있을 뿐이다. 달리 말하자면 모든 것을 포괄할 수 있고 공평하신 하나님과 같이 되려는 노력 속에서 하나님의 진리에 가까이 접근할 수 있을 뿐이지 이를 완벽하게 획득할 수는 없다(59). 그리고 이런 방식으로 진리에 접근하기 위해서는 겸손한 고백과 모험이 필요하다.

> 백인인 우리는 흑인들이나 남미 사람들의 경험에 대해서 무지하다. 또 남성인 우리들은 여성들이 경험하는 세계를 잘 모른다. 남성들이 여성들의 경험을 이해한다는 것은, 그동안 남성들의 경험이 제한적일 뿐만 아니라 왜곡되기까지 하였으며 남성들의 경험 속에서 만들어진 가장 훌륭한 이상이라도 여성들에게는 종종 억압의 도구로 작용했음을 깨닫는 것이다. 이런 현실을 깨닫는다고 당장에 해결책이 생기지는 않는다. 그러나 진리를 실현하기 위해서는 그동안 시도해보지 않은 대안을 시도할 모험이 요구된다(60).

인간의 다양성 때문에 설교 내용을 결정하는 일은 매우 어려울 수밖에 없다. 한 부류의 예배자들 예를 들어 말하자면 남성들에게 해방의 기쁨으로 다가올 수 있는 것은 또 다른 부류의 예배자들 예를 들자면 여성들에게는 그 반대로 압제로 다가 올 수도 있다(36, 134). 절대적인 진리를 발견할 수 없고 회중 역시 다양한 상황에서, 설교의 내용은 회중의 "집단적인 반응"을 끌어내기 위한(37) 일종의 제안이나 제언의 형태가 될 수밖에 없다(36).

설교 내용에 대한 본인의 제안에 담긴 세 번째 핵심 단어는 내기(wager)이다.[10] 헬무트 틸리케는 설교자가 자신의 삶에 대해서 분명한 정보를 제공한

---

10) 나는 내기(wager)라는 단어를 처음으로 폴 리꾀르(Paul Ricoeur)로부터 빌려왔다: 해석학에서는 철학자(philosopher)가 자신의 신념에 대하여 내기를 걸 수 있는 용기가 필요하며 실체를 노출시키는 상징의 힘을 점검함으로써 그 내기에서 이길 수도 있고 질 수도 있다는 점이 전제되어야 한다. 그래서 스스로를 더 잘 이해하려는 철학자의 노력 속에서 어느 시점까지는 자신의 신념에 대한 내기를 스스로 확증할 수 있어야 한다 (*The Symbolism*

것들을 선포해야 하며(1965, 5-11) 그들이 너무나도 분명하게 확신할 수 있어서 그것을 진리라고 기꺼이 주장할 수 있는 것들을 선포해야 한다고 조언한다(3). 틸리케의 바램은 그렇게 분명히 확인된 진리를 선포하는 설교자가 분명 그러한 진리의 집 안에 머무르는 것이다(5). 그런데 여기서 내가 제안하려는 바는, 틸리케의 표현을 따르자면 설교자가 설교한 이 진리의 집(this faith-house)에 정녕 머무를 때 또는 그들의 분명한 경험과 확신의 깊이로부터 설교할 때 그들의 설교는 설교자로서 인생의 순례 여행 중에서 잠시나마 쉴 곳을 발견했던 유익한 통찰들과 자기 삶 전체를 전부 내기로 내걸고 모험을 시도하는 것과 같다는 것이다. 설교자들은 설교라고 불리는 대화를 통해서 자신들이 내거는 설교의 내기가 독특하면서도 제한적임을 공개적으로 인정하면서 이 내기들을 제안하는 것이다.

실험적이고 잠정적인 해석으로서의 설교 내용 그리고 다른 이들을 제안으로 초청하는 잠정적인 제안으로서 그리고 대안적인 내기임을 인정하는 개인적인 내기로서의 설교 내용에 대한 이러한 관점은 계시나 하나님의 말씀, 케리그마 그리고 진리에 대한 관점의 전환을 요구한다.

에드워즈 쉴레벡스(Edward Schillebeeckx)는 계시의 개념에 대한 재해석이 필요하다고 주장하였는데(1954) 이러한 주장은 대화 설교의 이론적인 근거와 밀접한 관련이 있다. 그는 계시는 대화(256-57, 270), 즉 말하자면 해석과 재해석을 요구하는 역동적이고 지속적인 상호교환(exchange)이라는 관점을 제안하였다(256-57). 하나님의 말씀이신 그리스도의 인성 역시 역사적인 조건의 제약 아래 놓여 있었던 것과 마찬가지로 자연과 역사 속에서의 하나님과 인간 사이의 일반적인 대화로서 계시는 항상 역사적인 조건의 제약에 묶여 있다(257-58). 이런 입장에 근거하여 쉴레벡스는 하나님과 인간 사이의 "특별한 대화"(special conversation, 257)로 계시를 이해하고자 한다.

---

of Evil, trans. Emerson Buchanan [Boston: Beacon Press, 1967], 308).

설교로 청중을 내기에 초청하는 자로 설교자를 설명하는 학자로는 마틴 마티(Martin Marty)가 있다(The Word: People Participating in Preaching [Philadelphia: Fortress Press, 1984], 74).

브루그만은 하나님과 인간 사이의 대화로서의 계시에 대한 이 개념을 한 걸음 더 발전시킨다(1989). 쉴레벡스는 인간과 인간 사이의 대화와 하나님과 인간 사이의 대화 양쪽에서 인간 쪽 참여자는 종종 변화한다는 점을 인정하였다(1964, 270). 그런데 브루그만은 여기에서 한 걸음 더 나아가서 하나님과 인간 간의 대화에서 때로는 "양쪽 참가자가 모두 변화한다"고 주장했다(76). 브루그만은 하나님과 인간 사이의 대화를 멈추게 만드는 분노와 소외에 대한 논의에서 이런 개념들을 도입하였다. 대화가 진행되면서 때로는 대화 참가자들이 서로 대적자가 되고 서로 멀어진다는 것이다. 이런 상태에서 대화를 계속 이어가려면 양쪽 모두에게 변화가 일어나야 한다. 브루그만은 먼저 인간의 변화에 대해서 논의한 다음에 하나님에 대해서도 설명한다.

> 대화는 소외되었고 분노감에 휩싸인 사람들에게 영향을 주어 이들을 찬양의 피조물들로 변화시킨다. 대화는 또 침묵하고 부재중인 주권자에게 영향을 주며 하나님을 고통과 희망이 번갈아 교차하는 이 세상 안으로 다시금 불러들인다. 그래서 대화는 대화 참가자 양쪽을 변화시키며 둘을 친교로 이끈다(76).

브루그만에 의하면, 하나님과 인간 간의 대화에는 공동의 변화의 가능성이 내포되어 있다. 다른 이들의 또 다른 해석과 제안 그리고 내기의 필요성을 그대로 인정하는 해석과 제안 그리고 내기로서의 대화 설교의 내용은 항상 역사적인 상황의 제약 아래 있으며 때로는 대화 참가자 모두가 함께 변화하는 공동의 변화에 개입되는 양방향의 대화로서의 계시에 대한 재진술 작업과 함께 병행한다. 그런데 인간의 지식, 특히 자기 인식(self-knowledge)이 제한적이기 때문에 완전한 노출이 필요한 쌍방향의 대화에서 인간 편에서의 자기 노출은 항상 부분적일 수밖에 없다. 그런데 하나님의 말씀에 대한 L. M. 드베일리(Dewailly)의 설명에 의하면 하나님의 자기 계시(God's self-disclosure) 역시 부분적이라고 한다. 더베일리는 하나님의 말씀을 "하나님의 실체의 신비"에 감싸여 있는 것으로서(1964, 290) 그리고 하나님의 영원을 향하여 선포된 "하나님의 비밀"(289)로 설명한다. 하나님의 실체의 완전한 모습은 하나님이 스스로를 잃어버림이 없이는 온전히 표현될 수 없기 때문에 결국 하나님의 말씀은 인간에게는 온전히 전달될 수 없다고 한다(290). 또 하나님이 누구이신지를 분명하고도 정확하게 파악하거나 충분하게 표현하는 것은 불가능하기 때문에, 결국 하나님의 말씀이 계시하는 것은 부분적이고 제한적일 수밖에 없다고 한다(293, 294). 하나님은 다만 하나님의 침묵 속에서나마 볼 수 있을 뿐이라고 한다(295).

그런데 드베일리의 주장에 의하면, 하나님의 말씀은 "모든 것을 아시지만 그 모든 것을 말할 수 없는" 그리스도시라고 한다(293). "하나님이 과거에 행하셨고 지금 하고 계시며 앞으로 하실 일에 대한 그리스도의 계시 안에서도 하나님의 말씀은 여전히 감추어져 있다"고 한다(293). 왜냐하면 계시는 결국 하나님의 비밀이기 때문이다.

> 하나님의 말씀이 하나님의 신비로운 침묵을 깨고 나타났다. 하지만 그 전체를 완전하게 드러내지는 못했다. 그래서 말씀은 여전히 그 침묵 속에 싸여 있으며 그 침묵과 함께 갇혀 있다. 말씀은 너무나도 무겁고, 너무나도 많은 것을 담고 있으며, 하나님의 온전함에 대해서 이루 헤아릴 수 없을 정도이다(293).

그런데 성경 저자들의 증언 속에서 발견되는 말씀 역시 여전히 신비에 싸여 있다고 한다. 만일 그리스도께서 "모든 것을 아시면서도 모든 것을 말씀하실 수 없었다면" 사도들 역시 모든 것을 알고 있는 것이 아니었기 때문에 그 모든 것을 말할 수조차 없었다는 것이다(293-94). 하나님의 말씀이 신비 속에 갇혀 있는 상황에서 교회는 계속해서 "각기 다른 양상으로 하나님의 실체를 순전히 표현하고 있는 상징과 이미지를 얻기 위하여" 성경으로 되돌아가야 한다. 이 상징과 이미지들은 이 비밀의 절대성을 우리에게 강제하지 않으면서도 성경에 접근하는 자들에게 그 비밀의 실체를 파악할 수 있도록 한다는 것이다(196). 드베일리는 성경의 상징과 이미지에 대해서 다음과 같이 계속 설명한다.

> 상징과 이미지의 다양성은 무한하신 하나님에 대한 일종의 여백을 남겨두면서도 하나님의 실체의 풍성함을 잘 나타내 보여준다…하나님의 존재, 일치, 연속성 그리고 하나님께서 사람들에게 개입하시는 궁극적인 의미 이 모든 것들은 항상 우리 이해를 초월한다. 하지만 예배를 통해서 노래로 표현되는 성경의 언어적인 이미지들의 수단들이 하나님에 대한 성찰을 촉진시키는 자양물로서 우리에게 주어졌음을 알 수 있다(296).

말씀의 침묵에 직면했을 때 신앙은 "하나님을 얼굴과 얼굴을 마주 대하고 볼 수 있는 날"을 기다리면서 항상 불완전한 채로 남아 있을 수밖에 없다(296). 그리고 그날이 오면 우리는 드러난 신비 앞에 무한히 놀랄 것이라고 드베일리는 주장한다(296).

드베일리가 설명하는 말씀(the Word)은 하나님에 대한 절대적인 진리나 명확한 지식을 제공하는 전달자가 아니다. 오히려 그가 설명하려는 하나님의 말씀은 말이 없고 파악하기 어려운 말씀으로서 성경의 "언어 이미지들"(word images)의 다양성 안에서 계속해서 추적해야 할 말씀이다. 그리고 이 세상에서는 결코 파악할 수 없는 말씀으로서 우리는 지속적이면서도 쉼 없는 대화를 통해서 관계해야만 히는 말씀이다.

마우린 캐롤(Maureen P. Carroll, 1983) 역시 말씀을 하나님에 대한 영원한 진리나 변함 없는 지식과 구분한다. 그런데 말씀을 하나님의 영역과 서로 연결시키려 하였던 드베일리와 달리 캐롤은 말씀을 인간의 영역과 서로 연결시킨다. 쉴레벡스의 입장을 따르는 그녀는 말씀을 인간의 자유를 증진시키는 행동으로 이해한다. 캐롤의 입장에서 볼 때 설교된 말씀은 타인의 자유를 위한 행동의 취지에 올바른 이름을 붙이는 것이다(45).

비록 드베일리와 캐롤은 말씀에 대해서 각기 다른 관점의 진술을 제시하고 있지만 이 두 견해 모두 대화 설교와 양립될 수 있다고 본다. 먼저 드베일리가 이해한 말씀은 인간과 하나님 간의 지속적인 대화로서의 계시에 대한 새로운 관점을 지지해 준다.

그 다음 캐롤이 이해한 말씀은 케리그마라는 용어가 대화 설교에서 어떻게 제 기능을 감당할 수 있는지를 보여준다. 인간의 자유와 결코 떨어질 수 없는 것으로서의 말씀에 대한 캐롤의 논의에 비추어 볼 때 자유의 개념은 케리그마의 차원에서 기능을 할 수 있다. 여기에서 내가 의미하고자 하는 바는 캐롤은 말씀의 심장 또는 핵심이 무엇인지에 대한 분명한 개념을 가지고 있었으며 그것이 바로 인간의 자유라는 점이다. 물론 캐롤은 자신의 논의 속에서 케리그마라는 단어를 직접적으로 사용하지는 않았지만 그녀의 입장에서 볼 때 케리그마는 곧 자유에 대한 개념과 동등하다. 그래서 내가 제안하고자 하는 것은 대화 설교에서 케리그마는 단번에 모든 이들을 위한 계시로서의 사도들의 설교에 근거하여 결코 변함 없는 복음의 핵심으로 이해할 것이 아니다. 그보다는 케리그마는 오늘날의 교회를 위해서 매우 중요하며 하나님과 말씀 그리고 성경 본문과의 지속적인 대화로서의 계시에 기초하고 있는 이 세상 속에서의 하나님의 활동의 한 모습에 대한 시험적인 공식 문구(a temporary formulation)를 지시한다. 그 케리그마는 어떤 교회의 한 모퉁이 구석에 모인 한 세대를 위한 케리그마는 인간의 자유가 될 수도 있다. 그리고 그 케리그마는 다른 교회의 모퉁이 구석에 모인 또 다른 세대에서는 또 다른 내용이 될 것이다. 케리그마를 이렇게 새롭게 진술하다보면, 케리그마의 시험적인 내용을 확정하고 재편성하는 작업이 결국 공동체적이고 교회적인 활동으로서의 설교 사역의 일부분으로 자리매김될 것이다. 다시 말해서 바람직한 미래를 위한 개선책으로 기능하는 말씀의 긍정적인 차원을 과거와 현재의 왜곡으로부터 걸러내는 작업이 설교 내용으로서의 케리그마를 확정하는 과정에서 매우 중요한 논의의 초점이다.

케리그마에 대한 이러한 견해는 초대교회의 케리그마를 연구했던 다드의 연구에 대한 클라우드 톰슨(Claude H. Thompson)의 재평가 작업 속에 내포되어 있다(1962). 톰슨에 의하면 케리그마를 이해하는 작업은 과거를 살피거나 사실에 대한 명제 진술문을 살피는 것이 아니라 현재를 살피고 또 의미로서의 케리그마에 참여하고 있는 오늘의 신자들의 실존적인 연관성을 살피는 것이다. 톰슨은 알프레드 화이트헤드의 통찰을 인용하면서 이렇게 말한다: "그리스도는 자신의 생명을 주셨다. 그리스도인들에게 이 사실은 교리를 분별하는 기준이다."[11] 이어서 톰슨은 "그리스도는 하나님 나라의 새 시대를 여셨다. 그리스도인들에게 이 사실은 의미를 분별하는 기준이다"라고 주장한다(25).

톰슨의 입장에서 볼 때 케리그마는 신학자들과 설교자들이 단번에 영원히 결정될 만한 객관적인 실체나 영원한 진리와 연결되는 교리나 의미들로 이루어진 것이 아니라고 본다. 그 대신 교리와 의미들은 실존적인 참여를 통해서 파악되고 분류되어야만 하는 것이다. 그래서 톰슨은 케리그마를 위해서는 설교자들과 신학자들뿐만 아니라 일반 그리스도인들 역시 자신들의 시대를 위한 진정한 케리그마가 무엇인지에 대해서 부단히 재해석 작업을 해야 한다고 주장한다(25).

계시와 말씀 그리고 케리그마는 재진술될 때에는 해석과 제안 그리고 내기로서의 본인이 제안하는 대화 설교의 내용을 지탱하는 용어들이다. 그런데 나는 진리(truth)라는 용어에 대해서 약간 마음이 불편하다. 이 단어에는 특히 설교학계에서 부정적인 역사적 과거가 내포되어 있다고 느껴지기 때문이다. 과거에 너무나도 자주 강단에서 선포된 "진리"가 실은 나의 삶과 신앙 그리고 다른 많은 이들의 삶과 신앙을 형성한 여러 다양한 경험과 해석 그리고 확신들을 배제시키곤 했었다. 그래서 진리라는 단어에 대한 사용 중지(모라토리엄)를 요청하고 싶을 정도이다. 그러한 사용 중지를 계기로 여러 설교자들과 설교학자들이 그동안 진리라는 단어가 그동안 얼마나 무의식적으로 그리고 때로는 무자비할 정도로 파당적인 해석과 개인적인 내기 걸

---

11) Thompson 1962, 25. 다음을 인용함. Alfred North Whitehead (*Religion in the Making* [New York: The Macmillan Co., 1926], 56).

기를 지시하는 데 사용되었는지에 대해서 각성할 수 있는 계기가 될 수 있을 것이다. 너무나도 자주 객관적인 실체와 연결되는 데 사용되는 진리라는 단어 대신에 나는 헌신과 제자도와 연결된 단어로서의 의미(meaning)를 사용한다.

도메니코 그라쏘(Domenico Grasso)는 다음과 같은 글에서 진리에서 의미로의 전환을 언급하고 있다.

> 초대교회 사도들의 글에서 우리는 실제로 일어났던 사건들에 대한 진술을 대하고 있다. 하지만 문제는 그들이 말하는 진리가 아니라 의미이다. 그리스도는 우리의 구원을 위하여 죽으시고 부활하셨다. 다시 말해서 우리가 하나님의 생명에 참여하고 인간의 끝없는 수고가 멈추고 삶이 의미를 획득하는 곳으로서의 삼위 하나님의 대화에 우리가 참여하는 것을 허락하심으로써 우리의 삶에 의미를 주시고자 그리하셨다. 그래서 이 모든 사실들의 참된 의의를 알리는 데 사도들은 한 가지 결정적인 수단을 사용하였다. 그것은 한 마디로 예수와 함께 지냈던 그들의 삶이다. 그들은 3년 동안 그와 함께 먹고 마시며 그의 말씀을 듣고 그가 기적을 행하는 것을 지켜보면서 그와 나누었던 친교가 바로 이 수단이다(1965, 169).

그래서 진리보다 더 중요한 것이 의미이고 직접 경험한 삶의 경험에 대한 이들의 증언이라는 것이다.

이렇게 객관적인 진리로부터 개인적인 증언으로의 이동이 본인이 주장하는 대화 설교의 핵심을 뒷받침한다. 그런데 이러한 입장에도 틸리케가 지적한 위험을 내포하고 있다. 그는 만일 설교자가 자신의 삶 속에서 경험한 확실성 안에서만 설교해야 하는지에 대해서 질문을 던지고, 그래서는 안 된다고 대답한다. 그러면서 대부분의 것들은 여전히 설교자의 경험과 이해 밖에 있기 때문에 설교자들은 어떤 점에 대해서는 확신이 서지 않기 때문에 무력할 수밖에 없음을 인정해야 한다고 주장한다(53).

주스토 곤잘레스(Justo L. Gonzalez)와 캐서린 군살루스 곤잘레스(Catherine

Gunsalus Gonzalez)는 설교를 재해석하기 위하여 계시와 말씀 그리고 진리에 대한 관점의 전환을 시도하였다. 남미 해방 신학에 기초한 그들의 대안은 "해방 설교"(liberation preaching)이다.[12]

곤잘레스의 입장에서 볼 때 진리는 객관적인 실체에 기초한 변하지 않는 우주적인 것도 아니고 또 본체론에 기초한 것도 아니다(20). 오히려 진리는 역사와 종말론에 기초해 있다고 보았다. 즉 진리는 역사와 종말론적인 맥락에서 "일어나는 어떤 것"(something that happens)으로서 하나님의 미래를 향하여 그리고 하나님의 약속이 모든 인류를 위하여 성취되는 역사의 완성을 향하여 인간의 역사를 열어주는 것이라고 보았다(60, 112).

진리와 마찬가지로 계시 역시 역사적인 동시에 종말론적이다. 계시는 인간의 역사 속에서 하나님의 활동을 드러내며(20. 83-84), 새로운 사회 질서 안에서 역사의 완성을 향하여 나아가는 인류 역사의 진행에 인간을 참여시키도록 초청한다(22-24).

그리고 마지막으로 곤잘레스에 의하면 말씀 역시 새로운 관점에서 이해되어야 한다. 여기서 다루는 말씀은 대문자(Word)보다는 소문자(word)로 쓰이는 하나님의 말씀(God's word)이다. 성경과 기독교 교리에 대한 교회의 전통적인 해석으로부터 단절된 이 말씀은 오늘날의 세상에서 무력한 자로 살아가는 오늘의 시몬 베드로 - 니카라과에 있는 호수에서 생활하는 가난한 어부들, 남아공의 감옥에 억류되어 있는 정치범들, 권리가 짓밟힘 당한 여성들에 의해서 가장 잘 이해될 수 있다(76). 이 말씀이 관여하는 세상은 불변의 본질이나 영원한 법칙의 영역이 아니라 바로 오늘의 역사이며 이 역사가 달려가는 종말이다(83). 진리와 계시처럼 이 말씀(the 'word')은 역사 속에서의 하나님의 활동에 대한 기록이거나 역사 속에서 일하시는 하나님에 대한 기록으로서(83) 인류 역사의 정점으로서의 새로운 질서의 도래를 알린다(24. 112). 성경은 단순히 보편적인 진리나 케리그마에 관한 기본 공식 또는

---

[12] 이 책의 개정판 제목은 『해방시키는 강단』*The Liberating Pulpit* (Nashville: Abingdon Press, 1994)이다.

본문 속에 암호화된 의도들을 캐내는 보고(寶庫)에 멈추는 것이 아니라, 오늘 우리의 구체적인 상황과 투쟁을 위하여 성경에서 하나님의 말씀이라는 믿음을 가지고 찾아내고자 하는 그 말씀의 원천이 되어야 한다(46). 하나님의 말씀이라고 우리가 믿는 이것은 일종의 내기이고 오늘 우리가 관여하는 구체적인 역사적 상황과 종말론적인 희망으로부터 결코 분리할 수 없는 해석이다.

그렇다면 계시와 말씀, 케리그마 그리고 진리라는 단어는 설교의 내용에 대한 논의에서 여전히 유용한 단어들인가? 만일 이런 단어들이 자기 비판에 대해서 열려 있다면 그리고 그 내용이 잠정적이고 협상의 여지가 남아 있는 것들이라면 나는 이 단어들이 우리의 논의에서 여전히 유용하다고 생각한다.

설교의 내용에 대한 우리의 논의는 이어서 세 번째 불가피한 질문으로 이어진다. 대화 설교의 입장에서 모색하는 설교의 내용은 계시와 말씀, 케리그마 그리고 진리에 관한 절대적인 주장으로부터 단절되어 시험적인 파당적 해석(tentative partisan interpretation)과 추가적인 제안에 대해서 열려 있는 제안들 그리고 타인의 내기에 대해서도 용납하는 개인적인 내기로 구성된다. 그렇다면 이 모든 해석이나 제안 그리고 내기는 정말 설교의 내용으로서 용납할만한 것들인가?

최근 설교학의 대화 테이블에서 확실성에 대한 위협의 목소리가 고조되면서 설교 내용의 신실성을 보장할 수 있는 보호 장치에 대한 이슈가 계속 부각되었다. 그리고 다양한 보호 장치들이 제시되었다.

이 쟁점과 관련하여 로마 가톨릭의 학자들은 교회의 특정 차원을 강조하는 경향이 있다. 예를 들어 로마 가톨릭의 슈마우스는 교황의 무오류설이 계시를 오류에서 보호할 수 있으며 더 나아가서 설교의 오류 역시 교황 무오류설에 의해서 보호될 수 있다고 주장한다(1966, 128-29). 그라소의 주장은 이보다 더 복잡하다. 개인적인 간증을 설교와 결부시키면서 그는 이렇게 질문한다: "그 증인이 우리를 속이고 싶어하는 사기꾼이 될 가능성이 있지 않을까?"(1965, 170). 그는 그럴 가능성을 부인한다. 만일 설교자가 속이려든다면, 그는 그 이전에 먼저 자신을 속여야만 한다. 왜냐하면 그들은 증언의 자리에서는 자신들이 이미 경험한 것과 자신들이 헌신한 것에 대해서 증언하기 마련이기 때문이다. 이어서 두 번째 질문이 제기된다. 그렇다면 자기기만을 막을 수 있는 것은 무엇일까? 이 질문에 대한 그라소의 답변은 "집단적인 증언"(collective testimony)이다.[13]

> 한 개인은 속일 수 있을 수 있고 심지어 몇몇 개인들을 속일 수 있을는지 모르지만 수백만의 사람들이 거짓된 메시지를 그대로 사실로 받아들이고 그 메시지에 따라서 살아갈 수 있는 가능성은 거의 없다. 특히 그 메시지를 받아들인다는 것이 희생과 재결합을 의미할 때에는 그런 가능성은 더욱 희박해진다(171-72).

이렇게 설교 내용의 오류를 보호할 수 있는 장소로서 교회에 의지하는 모습은 로마 가톨릭 신학자들의 특징이기도 하다.

리츨은 대다수 개신교 신학자들의 확신을 잘 나타내 보여준다(1960). 그는 교회가 기록된 하나님의 말씀의 증언으로 되돌아가서 설교 메시지를 점검해보아야 한다고 주장한다(144). 그래서 리츨의 관점에서 볼 때 설교 내용의 신실성은 성경에 기초하고 있다. 하지만 그 성경 역시 불완전한 인간 해석자에 의해서 해석되어야 하기 때문에, 다음과 같은 예리한 질문이 뒤따른다: "누가 어디에서 그 해석 과정을 통제할 것인가?"(Long 1989a, 26). 대다수 개신교 신학자들이 동의하는 롱의 답변은 바로 "성경 본문"이 자신의 해석에 대한 실마리를 쥐고 있다"는 것이다(26).

하지만 모든 본문에 대한 모든 해석이 해석자의 편견에 치우쳐 있다면 성경 본문만으로는 본문 해석과 설교 내용의 신실성을 충분히 보장해 줄 수 없다. 그래서 일부 개신교 신학자들은 해석의 신실성을 보장해 줄 수 있는

---

13) 자기기만을 방지하기 위한 보증 수단으로서의 집단적인 증언(collective testimony)에 관한 이런 주장은 유대교와 이슬람 그리고 불교와 관련해서도 제기되었다.

안전장치를 위하여 성경 본문에 대한 성실한 연구와 함께 두 번째 안전장치로서 성령의 인도하심을 덧붙이거나(Beadslee and others 1989, 49), 또는 성경과 함께 회중을 덧붙이기도 한다. 예를 들어, 헨리 미첼은 다음과 같이 주장한다. "오늘날의 기독교 청중들은 설교자의 상상력이 성경 본문의 진리와 목표로부터 얼마나 벗어났는지를 잘 안다"(1977, 156).

설교 내용의 진정성과 관련하여 다음과 같은 좀 더 근본적인 질문이 제기된다. 본문 해석 과정과 설교 내용의 진정성을 과연 누가 통제하는가? 이 질문에 대한 답변으로 설교자나 사제 그리고 학자일까? 아니면 교회의 중심적인 대화에 참여하는 모든 참가자들일까? 사실 설교의 내용을 통제하는 사람은 하나님의 백성들을 세우는 대화에 참여하도록 초대받은 모든 사람들이다. 설교가 촉진하는 다양한 대화에 다양한 참여자로 참가하는 모든 사람들이 설교의 내용을 통제할 수 있다는 것이 나의 확신이다.

내가 보기에 대화 설교에서 중요한 쟁점은 설교 내용이 정통주의의 어떤 절대적인 표준에 미치느냐 마느냐보다는 설교의 해석과 제안 또는 내기가 하나님의 백성들의 모임으로서의 교회의 중심적인 대화를 촉진하고 강화하느냐 마느냐(고전 14:12), 그들이 지역 사회 속에서 또는 전 지구적인 입장에서 신앙 공동체를 세우는데 기여하느냐 마느냐 그리고 침묵을 강요당한 자들과 권리를 박탈당한 자들, 가난한 자들과 여성들의 목소리가 설교에 참여하도록 허용하는가 마는가이다.

설교 내용은 종말의 때까지 계속 변화하고 여러 가지와 뒤섞일 것이다. 여러 케리그마들도 나타났다가 사라질 것이고 계속 그러할 것이다. 어느 한 지역에 속한 한 세대에게 필수적인 성경 해석은 그 다음 세대를 위한 또 다른 성경 해석으로 대체될 것이다. 그럼에도 불구하고 설교 내용이 여전히 신뢰할 수 있다는 희망은 하나님의 은혜에 달려 있으며 여러 교회의 대화들의 활력에 달려 있다.

1) 요약

대화 설교에서 지향하는 설교의 내용은 무엇인가? 그것은 회중의 삶을 감당할만하게 하고 가치 있는 것으로 일깨워줄 수 있는 의미로서, 성경 본문과 이 세상에서의 하나님의 활동에 대한 시험적인 해석이다(Browne 1958, 34). 또 그것은 진정한 대화를 위한 넉넉한 자리를 마련하며, 반대제안을 허용하고, 교회의 중심적인 대화에 참여하는 모든 이들 가운데 상호 간의 격려와 훈육 그리고 때로는 변화까지도 촉진시키는 제안들이다. 또 대화 설교에서 기대하는 설교의 내용은 설교자 편에서 회중에게 제시하는 일종의 내기로서 그 자체로는 참된 것이지만 그러나 그 자체의 독특성과 아울러 자기 개인의 이해관계와 결부되어 있으면서도 다른 사람들의 내기 역시 교정 가능성과 확정 가능성이 있음을 인정하는 겸손한 신앙고백이다.

설교 내용에 대한 관점의 전환을 위한 본인의 제안은 계시와 말씀, 케리그마 그리고 진리와 같은 단어에 대한 재정립을 요청한다. 계시는 불변의 확정적인 교리라기보다는 하나님과 인간 간의 양방향의 지속적인 대화가 된다. 또 하나님의 말씀도 하나님의 신비와 인간 경험의 특이성과 동시에 관여하면서 드러냄과 동시에 숨기는 것이다. 케리그마도 특정한 장소에 사는 특정한 세대를 위한 복음의 일부분에 대한 실험적인 공식 문구(provisional formulation)이다. 진리는 항상 파편적이고 모호하며 종말에 그 완진힌 실체가 드러나기를 기다린다. 그리고 진리보다 더 중요한 것이 바로 의미와 증언이다. 대화 설교에 대한 중요한 확신 가운데 하나는 종말의 때까지 계시와 말씀, 케리그마, 진리, 의미 그리고 증언들의 내용은 여전히 시험적이고 불완전하며 특수성에 갇혀 있고 협상 가능하다는 것이다.

설교의 내용에 대한 재진술 작업에서 확인해야 할 또 다른 중요한 확신은 이 설교의 잠정적인 내용을 분별하는 책임은 설교자 혼자에게만 속한 것이 아니라 하나님의 백성 전체에게 속해 있다는 점이다. 하나님의 은혜로 말미암아 점점 더 넓어져서 여러 다양한 경험들과 본문 해석들 그리고 복음의 구조물의 다양성을 포함할 정도로 계속 확장되는 생명을 주는 대화로부터 대화 설교가 자라나서 다시 이 생명을 주는 대화 속으로 흡수된다.

그렇다면 우리는 어떻게 설교 내용을 검사할 수 있을까? 우리가 평생토록 하나님의 백성을 일으켜 세우고 개혁하는 생명을 주는 대화에 참여함으로써 우리는 설교 내용의 진정성을 점검할 수 있다.

4. 설교 언어를 재고하기

대화 설교에서 의도하는 설교 목적과 설교 내용에 부합하는 새로운 설교 방법을 모색해야 한다. 그리고 대화 설교의 전달 방법에 관한 질문 뒤에는, 언어는 필연적으로 언어 사용자의 한계와 왜곡을 반영할 수밖에 없다는 확신에 근거하여, 설교 언어에 대한 재평가 작업이 뒤따른다.

대화 설교에서는 설교 언어의 두 가지 특징이 논의의 쟁점으로 떠오른다. 첫째 설교 언어는 하나님의 백성들의 지속적이며 그동안 계속 누적된 경험들을 반영하기 때문에 고백적(confessional)이라는 것이다. 둘째는 대화 설교에서의 설교 언어는 다양한 의미를 끌어낼 수 있는 환기적인(evocative) 언어라는 것이다.

다음 세 명의 설교학자들이 설교 언어의 고백적인 차원에 대해서 논의하였다. 첫 번째로 토르 홀(Thor Hall)은 신앙의 언어는 항상 고백의 언어라고 주장하였다(1971).

> 신학적인 진술은 (경험론적인 세계를 지시하는) 직설법적인 진술도 아니고 (다양한 의미들을 서로 결부시키는) 분석적인 진술도 아니라, 고백적인 진술이다. 신학적인 진술은 고백적인 언어를 통해서 실체를 가리킨다. 비록 실체에 대한 모든 언급들은 그런 방식으로 말하는 사람들 당사자들에게는 진짜이겠지만

말이다.[14]

신학적인 담론에서 중요한 것은 "이러한 종류의 언어는 그 언어 속에 언어를 사용하는 사람 즉 말하는 사람(homo loguens)을 포함한다"는 사실이다(86). 신학적인 담론에서는 말하는 사람(예를 들어 설교자, speaker)은 그 언어의 일부분이며 그 사람 자체가 확신의 일부분이다(86). 이들은 실체에 대한 진실된 반영과 설명이라고 믿는 여러 규범적인 신화와 이야기, 이미지 또는 일련의 개념들을 통해서 우주를 이해하는 종교적인 공동체에 속해 있다(86-87). 그래서 신학적인 언어는 하나님의 실체보다는 오히려 종교적인 공동체의 확신들을 표현한다. 홀에 의하면, 신학적인 언어가 하나님의 본성이나 하나님의 존재 혹은 하나님의 정수를 표현한다고 생각하는 것은 인간 이해의 한계성과 하나님의 무한한 초월성과 절대 타자성 모두를 주제넘게 부인하는 것이라고 한다(90). 신앙의 언어는 신자들이 자신의 경험을 이해하거나 또는 그들 이전에 믿었던 사람들이 남긴 영향력을 통해서 얻은 확신을 나타내주는 고백적인 언어이다(90).

신앙 언어의 고백적인 차원을 다루는 또 다른 설교학자인 시틀러는 이 주제를 신학적인 관점에서 접근한다. 그의 주장에 의하면 신학은 이전의 철학적이고 도덕적이며 실존적인 학문의 동맹으로부터 단절되어 왔고, 그래서 그 자체의 고유한 자원만을 의지하게 되었다는 것이다(1966, 62). 이 자원 속에는 "자신들이 하나님의 공동체임을 확증해주는 유기적 역사적 사실들의 집합체로서의 공동체에 관한 근본적인 자료들 뿐만 아니라, 이를 시시해주는 성경 이야기의 여러 용어들과 삽화들 그리고 패턴들이 들어 있다(63). 그리고 신학이 그러하듯이 신앙 언어가 지시하는 것은 성경 이야기와 신앙 공동체이기 때문에 결국 신앙 언어는 고백적이라고 시틀러는 주장한다. 홀과 시틀러는 설교자와 예배자로서 우리는 불완전함에도 불구하고 신앙 언

---

14) Hall 1971, 86. 다음을 인용함. Willem Zuurdeeg, *An Analytical Philosophy of Religion* (Nashville: Abingdon Press, 1958), 45.

어가 하나님과 인간의 상호 관계와 아울러 하나님께서 결국 이 역사 속으로 가져오실 종말론적인 실체를 어느 정도 잘 반영하고 있는 것으로 믿는다고 본다. 하지만 종말의 날까지 우리가 보는 것은 다만 거울을 보는 것처럼 희미하고 그날이 오기까지 우리가 아는 것은 일부분에 불과하다(고전 13:12). 그날이 오기까지 우리는 확실히 눈에 보이는 실체를 붙잡고 사는 것이 아니라 믿음과 소망을 가지고 살아간다(히 1:1, 롬 8:24-25). 그러한 신앙은 오직 신앙 공동체 안에서만 지속될 수 있다. 우리의 믿음과 실천을 성경적인 증언으로 점검해 보면서 하나님으로부터 계속 말씀이 들려오고 있음을 신뢰할 수 있는 공동체 안에서만 그런 신앙이 지속될 수 있다.

홀과 시틀러의 입장에서 볼 때 신앙의 언어는 고백적이다. 또 틸리케의 입장에서 볼 때도 신앙의 언어는 설교자의 개인적인 확신을 반영하기 반드시 고백적이어야 한다(1965). 틸리케는 설교자들을 괴롭히는 두 가지 언어적인 문제점에 대해서 서술한다. 좁게 말하자면 신앙의 언어는 역사 속에서 휘말려서 그 본래의 의미가 바뀔 수 있으며 그래서 항상 불순해질 수 있는 위험 속에 있다(36). 좀 더 폭넓게 말한다면 오늘날의 모든 언어는 진실되지 않다(45). 언어가 실체를 포착했다고 볼 때 한 때 언어가 진실된 적이 있었다, 하지만 지금 언어의 알맹이는 모두 사라지고 빈 껍질만 남았다(45).[15] 틸리케는 이런 문제점을 의식하면서 설교 언어는 설교자의 살아 있는 신앙을 반영해야 한다고 주장함으로써 이런 문제를 해결해보고자 한다(4-11). 은혜와 죄 그리고 그리스도와 같은 단어는 해석이 필요하며(37), 전혀 해석이 필요 없는 것처럼 사용되어서는 안 된다는 것이다(40). 교회의 용어가 그런 해석의 과정을 거쳐 왔으며 설교자를 그 과정의 증인으로 바꾸어 놓았다는 것이다(47, see 50). 그렇다고 틸리케가 기독교적인 용어들과 진리 사이의 연관

---

15) 나는 언어의 한계에 대한 틸리케의 견해를 한 단계 더 발전시켰다. 나는 단어의 본래 의미가 바뀌는 것이 문제라고 생각하지는 않는다. 그보다는 나는 단어의 의미는 시간이 흐르면서 필연적으로 바뀔 수밖에 없다고 생각한다. 언어에 그 어떤 왜곡이나 변질이 존재하지 않고 순수한 언어적인 에덴동산은 이 세상에 존재하지 않는다고 믿는다. 언어는 사용하는 사람들 간의 의견의 일치를 빈틈없이 통제하는 곳에서만 왜곡됨이 없이 올바르고 정확하게 사용될 수 있을 뿐이다.

성을 분리시키는 것은 아니다(36). 그런 용어들은 허언(虛言)이 아니라 거짓 속에 파묻힌 진리를 전달하는 수단이라고 한다(47). 이와 동시에 이런 용어들의 일차적인 관심 대상은 객관적인 실체로서의 진리로부터 증언된 설교자 편에서의 경험(50)과 확신(47)으로서의 진리로 바뀌었다.[16]

이렇게 볼 때 대화 설교에서 지향하는 설교 언어의 한 가지 특징은 고백적인 특성이다. 설교자가 선택하는 언어의 고백적인 특성 이외에 이 언어는 설교자의 삶과 긴밀한 연관성을 가져야 하며 그래서 그들이 의지하여 살아가는 확신을 충분히 표현해낼 수 있어야 한다.

설교 언어의 두번째 특성은 다의성(多義性, multivalence)이다. 버나드 브랜든 스캇(Bernard Brandon Scott)은 모든 언어가 다양한 의미를 함축하고 있다는 사실에 대해서 논의한다. 또 프레드 크래독 역시 설교 언어는 환기적(evocative)이어야 한다고 주장한다.

먼저 언어는 일반적으로 여분의 의미를 담고 있어서 필연적으로 다양한 의미를 산출할 수밖에 없다는 것이 스캇의 주장이다. 그는 언어는 지시자, 즉 언어의 물리적인 소리나 문자의 조합과 그 지시자(pointer)가 의미하는 지적인 이미지로서의 개념(idea)의 두 가지로 구성된다고 설명한다.[17]

> 우리가 잘 이해하지 못하는 어떤 단어를 바라볼 때 우리는 종이 페이지 위에서 발견한 지시자에 대한 개념을 구현하려고 애쓴다. 하지만 이해하지 못하는 단어 앞에서 우리는 지시자와 개념을 서로 결합시키지 못하기 때문에 결국 우리는

---

[16] 설교자를 증인의 이미지로 묘사하는 토마스 롱의 설명은 법정의 상황을 떠올린다(1989b, 42-47). 또 설교자가 증언할 진리에 대한 개념도 토마스 롱에게는 설교를 위해서 매우 중요한 요소이다(43). 토마스 롱은 법정적인 상황에서의 증언을 염두에 두고 있지만 나는 교회라는 좀 더 큰 대화의 맥락에서 설교자가 개인적인 경험과 확신을 선포하는 것으로서의 증인에 대한 다소 비형식적인 관점을 더 선호한다. 증인은 공식적이든 비공식적인 상황에서 "우리가 보고 들은 것을 말하지 아니할 수 없다"고 확신하는 사람들이다(행 4:20).

[17] Scott 1985:17. 여기에서 스콧은 여러 학자들의 입장을 따르고 있는데 이들 모두는 기호(sign)와 그 기호가 가리키는 실체 사이를 구분한 소쉬르(Ferdinand de Saussure)의 통찰에 빚지고 있다. Saussure, *Course in General Linguistics*, ed. Charles Bally and Albert Sechehaye in collaboration with Albert Reidlinger, trans. Wade Baskin (New York: McGray Hill, 1966).

언어를 구현시키지 못한다. 각 단어의 정의를 제시하는 사전은 그 단어와 연관된 다른 개념들을 특정 개념과 결부시키는 것이다. 우리는 이미 알려진 개념을 결합시켜서 지시자가 가리키는 새로운 개념을 조합해낸다(20).

그런데 언어의 문제는 지시자와 개념의 관계가 결코 고정적이지 않다는 점이다(29). 어떤 한 단어가 지시하는 개념(idea)은 임의적이고 고정되어 있지 않으며 계속 변화한다. 그래서 언어의 중심에는 "근본적인 불안정성과 가변성"이 자리하고 있다(29). 그렇다면 의미는 지시자와 개념 간의 안정적인 상호관계 속에 존재하는 것이 아니다. 그보다는 의미는 언어를 사용하는 사람과 결코 분리될 수 없다(14). 또 의미는 고정된 것이 아니라 관계적이며, 상상의 상호작용(imaginative interaction)이 요구된다(17, see 45). 그리고 우리 개인의 관점이 언어의 의미에 영향을 미치기 마련이다(14, see 72). 이러한 불안정성 때문에 언어는 필연적으로 다양한 의미를 만들어 낼 수밖에 없다(45). 특히 "말씀이 육신이 되어 우리 가운데 거하시매"(25-26)와 같은 시적인 문장들은 다양한 의미들을 제시한다. 이 문장에는 단 하나의 간단한 의미만 들어 있는 것이 아니다. 그리고 그 다양한 의미의 가능성을 위해서 독자들에게 상상력을 발휘할 것을 요구한다(27).

크래독이 희망하는 것은 설교 언어가 회중 가운데 의도적으로 의미를 활성화시키는 것이다(1974). 그는 설교자들이 회중들이 궁금해 하는 쟁점이나 개념들을 찾아내는 데 청중을 함께 참여시킴으로써 그리스도의 임재와 복음의 관점 아래에서 회중 스스로 사고하며 회중 자신들의 정서를 경험할 수 있기를 기대한다(157). 그래서 크래독은 설교자의 침묵에 대하여 청중이 응답함으로써 완성되는 언어 방식을 제안하며(95), 회중의 마음 속에 이미지를 일깨워주는 이미지들을 강조한다(95). 또 그는 중심적인 일련의 장면들을 떠올리는 몇 가지 단어들을 사용함으로써 세부사항들을 직접 메꾸고 나머지 이미지들을 완성하는 예배자들이 직접 자신들에게 맞는 새로운 의미와 통찰에 도달할 수 있도록 해야 한다고 주장한다(93). 이렇게 크래독은 설교자들이 철저히 환기적이고 제안적인 단어들을 선택하라고 조언한다.

고백적이고 환기적인 설교 언어는 설교자의 반대편에 있는 신앙 공동체를 강조한다. 반면에 전통적인 설교관은 회중을 설득하는 설교 언어의 힘을 강조한다. 그러나 대화 설교는 언어의 설득적인 특성에 대해서 경계한다.

설교자들은 특정한 상황에 얽매여 있으며 개인적인 것들을 규범적이고 보편적이라고 주장할 수 있을까? 케리그마 설교관은 회중을 구원사건에 참여하도록 안내하는 케리그마를 제시할 수 있는 설교 언어의 효능을 전제한다. 하지만 대화 설교는 언어가 실체를 나타내고 표시하는 특성에 대해서 경계한다. 과연 설교자들은 케리그마에 대한 모든 공식적인 표현문구에 내재하고 있는 편견을 무시할 것인가? 변혁적인 설교관은 본문을 구현하며 새로운 실체를 창조하고 이 세상에서 존재의 방식이나 가치관 그리고 세계관을 변혁시키는 설교 언어의 능력에 기초하고 있다. 하지만 대화 설교는 이러한 언어의 실행적 차원을 경계한다. 본문을 실행하려며 새로운 실체를 창조하고 이 세상에서 존재의 방식이나 가치관 그리고 세계관을 변혁시키고자 하는 설교자들은 자신들이 제시하는 본문과 새로운 실체, 복음의 가치, 세계관 혹은 이 세상에서의 새로운 존재 방식들이 자기들만의 독특한 편견을 반영하는 구조물들이라는 사실을 솔직히 인정할 수 있을까? 대화 설교에서 고백적인 언어의 가치와 효력은 설교자 한 개인에게 속한 것이 아니라 신앙 공동체에게 속해 있으며 그 속에서 환기적인 언어는 주변에 함께 모인 이들을 초청하여 공동체의 지속적이며 중심적인 대화에 참여하도록 한다.

1) 요약

우리는 어떻게 대화적인 설교를 전할 수 있을까? 그 방법은 부분적으로는 고백적이고 다양한 의미를 산출할 수 있는 언어를 사용함으로써 가능하다. 설교 언어는 신앙 공동체의 삶의 경험을 표현하고 구성한다는 점에서 볼 때 필연적으로 고백적일 수밖에 없다.[18] 또 설교자는 자신이 내건 내기와 다른 이들의 내기를 더욱 명료하게 설명하고 공동체가 함께 성경의 언어와 교회 전통 그리고 전 세계적인 교회의 언어를 평가하고 재고해야 하기 때문에 의도적으로라도 고백적이다.

또한 설교 언어는 필연적으로 다양한 의미를 산출한다. 언어의 다의성과 환기적인 차원을 인정한다면 설교자들은 설교자가 던지는 설교 자체의 의미 이외에 또는 설교 자체의 의미를 넘어서거나 이와 대조적이기까지 한 자기들만의 고유한 의미를 찾아내도록 예배자들을 의도적으로 안내할 수 있다. 그리고 다양한 삶의 경험과 해석 그리고 확신을 끌어내는 용어들을 선택할 수 있다.

우리는 어떻게 대화 설교를 전할 수 있을까? 그것은 부분적으로는 이미 알려진 것의 윤곽을 묘사함과 동시에 아직도 알기 어려운 것들의 신비를 탐색하는 언어들을 선택함으로써 그리고 삶의 풍부한 경험들의 넓이와 깊이와 신앙의 감추어진 보화를 소개하는 오래된 언어와 새 언어를 선택함으로써 가능하다.

우리는 어떻게 대화 설교를 전할 수 있을까? 그것은 부분적으로는 비록 우리가 말을 하고 설교하지만 설교자는 결코 혼자가 아님을 깨달음으로써 가능하다. 그는 역사적인 독특성과 전 지구적인 좌표 속에서 신앙 공동체의 언어를 말하고 있다. 그리고 그/그녀는 이미 이전의 셀 수 없이 많은 대화 속에서 다른 이들과 함께, 다른 이들 속에서 그리고 때로는 다른 이들을 위

---

18) 나는 폴 리꾀르(Paul Ricoeur)와 데이빗 트레이시(David Tracy)가 주도적으로 주장하는 경험표현주의 진영(the experiential-expressivist position)과 한스 프라이(Hans Frei), 조지 린드벡(George Lindbeck), 스텐리 하우어와스(Stanley Hauerwas) 그리고 데이빗 켈세이(David Kelsey)가 주도적으로 주장하는 문화-언어주의 진영(the cultural-linguistic position) 간의 논쟁에서 어느 한 쪽 편을 선택하는 데 별 관심이 없다 (Gary L. Comstock, "Two Types of Narrative Theology," *Journal of the American Academy of Religion* 55 [Winter 1987]: 688; 이 용어들은 조지 린드벡에 의해서 사용되고 있다. George Lindbeck, *The Nature of Doctrine: Religion and Theology in a Postliberal Age* [Philadelphia: Westminster Press, 1984]). 나는 양쪽 진영 모두가 레티 러셀(Letty M. Russell, 1993, 30-36)이 지적한 '나선형 방법론'(the spiral methodology)이나 남미 신학에서 주장하는 해석학적인 순환에 속해 있다고 믿는다.

해서 이미 말해 본적이 있기 때문에 이제 다시 다른 이들과 함께 또 다른 이들 속에서 그리고 때로는 다른 이들을 위해서 말한다. 또 그/그녀는 지속적인 공동체 대화에 참여하는 자로서 모든 예배참가자들의 개인적인 경험과 해석 그리고 확신을 상기시키는 용어들을 사용하면서 개인적인 경험과 여러 해석의 가능성들 그리고 확신들을 말한다.

그래서 대화 설교는 부분적으로는 고백적이고 환기적인 설교 언어의 문제라고 할 수 있다.

5. 설교 형식을 재고하기

설교 방법에는 설교 언어뿐만 아니라 설교 형식도 포함된다. 어떻게 대화 설교를 전할 것인가 하는 질문을 위해서는 설교 형식에 대해서 재고해야 한다.

형식 역시 언어와 마찬가지로 결코 객관적이거나 중립적이지 않다. 단 하나의 형식으로는 결코 인간의 모든 경험들을 모두 담아낼 수 없기 때문에 각각의 형식마다 제한적인 경험의 일부분에 관한 질서를 나타내거나 여기에 영향을 준다. 그래서 형식이 이 질서를 나타내거나 여기에 영향을 주던 관계없이 형식은 형식을 사용하는 사람들의 한계를 반영하며 부분적인 확신을 지탱하는 일종의 전략과도 같다.[19]

전통적인 설교관에서 설교 형식에 관한 논의는 설교 메시지나 핵심 사상을 통해서 객관적인 진리를 전달하는 데 집중되었다. 케리그마 설교관에서는 하나님과 하나님의 구원 활동에 관한 지식으로서의 케리그마를 소통하는 것이 설교 형식의 주된 관심사였다. 변혁적인 설교관에서 설교 형식은

---

19) 나는 형식이 실체를 겉으로 나타내는가 아니면 거꾸로 형식이 실체에 어떤 이질적인 질서를 부여하는지에 관한 논쟁에서 어느 한 쪽 입장을 선택하는 데 별 관심이 없다. 이미 나는 무언가가 존재할 것이라는 쪽에 내기를 걸었다고 생각한다. 실체를 나타내려는 시도는 항상 근사치에 불과하고 모호하며 예술가 자신의 이해관계와 결부될 수밖에 없으며 인식하든 인식하지 못하든 관계없이 해석자 자신이 속한 공동체의 입장을 반영할 수밖에 없다.

회중의 가치와 태도, 이 세상에서의 존재 방식 혹은 세계관을 변혁시키는 경험을 전달하는 것에 집중되었다. 반면에 대화적인 설교관에서 설교 형식은 신앙 공동체를 교회의 중심적이면서도 지속적인 대화에 참여시키는 것에 집중한다.

대화 설교를 촉진하는 특정한 설교 형식에 대해서 살펴보기 전에, 먼저 설교 형식에 대한 나의 논의를 지탱하는 세 가지 강조점의 변화에 대해서 이야기하고자 한다. 각각의 강조점의 변화는 설교 형식에 관한 질문을 제기한다.

첫 번째 변화는 개별적인 설교(individual sermon)의 효과로부터 설교의 누적적인 효과(cumulative effect)로의 강조점의 변화이다. 구원 사건으로서나 또는 변혁적인 사건으로서의 개별적인 설교를 강조하는 케리그마 설교학자들이나 변혁적인 설교학자들은 설교의 누적적인 효과에 대해서는 별로 관심을 쏟지 않았다. 하지만 이 주제는 설교를 교육과 연결시켰던 전통적인 설교학의 특징이기도 하다. 어떤 전통적인 설교학자는 설교를 "잘 준비된 음식"을 오랜 세월 동안 꾸준히 먹는 것에 비유한다(Ireson 1958, 26). 그렇다면 대화 설교와 관련하여 떠오르는 질문은 교육을 강조하는 설교 형식 이외에 어떤 설교 형식이 설교의 누적적인 효과를 세심하게 고려할 수 있는가?

대화 설교에서의 두 번째 변화는 설교자가 청중에게 정해진 답변을 강요하는 설교로부터 신자들 각자가 스스로 의미를 찾도록 초대하는 열린 담화로서의 설교에 대한 분명한 이해로의 변화이다. 존 브록호프(John Brokhoff)는 열린 담화와 닫힌 담화의 차이에 대해서 논의했다(1985). 그의 주장에 의하면 연설은 열린 담화이다. 왜냐하면 연설에는 질문과 토론의 여지가 있기 때문이다(27). 또 진리를 찾기 위한 지속적인 노력에도 관여한다. 하지만 설교는 닫힌 담화(closed disclosure)이다. 왜냐하면 설교는 이미 알려진 진리를 표현하기 때문이다. "설교에서 하나님은 신앙과 삶의 문제에 대해서 마지막 말씀을 하신다"(28).

하지만 대화 설교에서는 설교가 열린 담론이어야 할 것을 기대한다. 그리고 여러 설교학자들도 여기에 동의한다. 윌리엄 뮐(William Muehl)은 이렇게 적고 있다. "성경적인 신앙이 증언하는 하나님은 신비 속에 감싸여 있기 때문에 성경적인 신앙은 결국 복잡하다… 그래서 설교의 최우선의 책임은 남자와 여자들로 하여금 역사 속의 인간 존재의 본질을 찾아가도록 이끄는 것이다"(1986, 27). 윌리엄 맥엘바니(William McElvaney) 역시 "교리적인 억압" 대신에 "상호간의 탐색"에 관여하도록 안내하는 설교 형식을 주장한다(1989, 65). 그는 설교 스타일은 고백적이며 취약성이 남아 있고 탐구적이어야 한다고 주장한다(64-66). 그러한 설교는 설교자와 회중 모두의 발전을 이끌어낼 수 있으며(66), 설교자가 자신 개인의 신앙적인 투쟁이 노출될 것에 대해서 염려할 필요가 없는 "고백적인 자세"(confessional posture)의 특징을 찾아볼 수 있다고 한다(66). 그래서 이런 설교에서는 설교자와 회중이 함께 의미 탐구를 위한 동반자로서 동참할 수 있다. 셀던 토스텐가드(Sheldon A. Tostengard)는 이러한 논의에 대해서 관심을 가지면서(1989), 신약학자 어니스트 케제만(Ernst Kasemann)의 입장대로 오늘날의 교회에게 다음과 같은 매우 중요한 질문을 던진다. "지금 당장 예수의 제자가 된다는 것은 교회에게 그리고 나에게는 무엇을 의미하는가?"(197). 이러한 논의가 대화 설교에 제기하는 질문은 이렇다. 오늘날의 제자도에 관한 질문에 응답할 수 있는 실험적이고 잠정적인 답변을 찾기 위한 공동의 탐색을 촉진시킬 수 있는 설교 형식은 과연 무엇일까?

대화 설교에서의 설교 형식에 관한 논의와 관련된 세 번째 변화는 예술이란 과연 무엇이며 예술가가 자신의 예술 작품 속에서 하고 있는 것이 무엇인가에 대한 관점의 변화이다. 진 바틀렛(Gene E. Bartlett)은 예술에 대한 한 가지 관점을 소개한다(1962). 그에 의하면 예술가와 작가는 미에 대한 본질적인 의미를 파악하고 이를 예술적인 형식에 담아서 다른 이들에게 나누어 준다는 것이다(18). 여기에서 예술에 대한 바틀렛의 견해는 전통적인 설교관과 케리그마 설교관을 옹호하는 일부 학자들이 주장하는 설교 준비 과정에 대한 입장과 관계가 깊다. 설교자들은 예술가들처럼 먼저 진리나 의미를 파악한 다음에 이 의미나 진리를 전달하기에 적합한 형식을 선택한다는 것이다. 또 바틀렛은 설교를 "듣는 이들에게 경험을 나눠주기에 효과적인 형식을 찾아내는 예술"이라고 설명한다(58). 바로 이 점에서 바틀렛이 주장하는 케리그마의 설교관과 변혁적인 설교관이 서로 중복되기 시작한다. 바틀렛에 의하면 설교는 예술처럼 특정한 의미나 경험을 회중에게 전달하거나 촉발시키려고 한다는 것이다. 예술은 그렇게 이미 예술가가 발견한 개념이나 이미 체득한 경험을 다른 이들에게 표현하는 것이다.

그런데 대화 설교는 일부 설교학자들이 그러하듯이 예술을 다른 맥락에서 이해한다. 예술가의 관점에 대해서 설명하는 중에 존 킬링거는 예술가는 그림을 그리거나 시를 작문하는 과정에서 무언가를 발견한다고 주장한다(1969, 23). 유진 로우리도 이와 비슷한 맥락에서 작가들은 집필을 시작하기 전에는 자기가 구상하는 이야기가 어디로 흘러갈지 전혀 모른다는 점을 지적한다(1985, 16, 49). 또 스캇도 "사실 작가는 집필 과정에서 의미를 발견한다"고 주장한다(1985, 16). 예술에 대한 이러한 관점에서 볼 때 의미는 예술가가 먼저 발견하고 그 다음에 이를 예술적인 수단을 통해서 전달할고 하는 어떤 것이 아니다. 오히려 예술이란 예술가가 어떤 의미를 찾아가는 과정으로 이해해야 할 것이다.[20]

월터 버가트(Walter Burghardt)는 예술에 대해서 본질적으로 동일한 이해를 이와 다른 관점에서, 다시 말해서 독자의 관점에서 설명한다(1983). 버가트는 한스-게오르그 가다머(Hans-Georg Gadamer)의 통찰을 받아들이면서 독자의 입장에서 볼 때 고전 본문의 의미는 무진장 많다고 주장한다(30). 본문의 의미는 본래 저자의 의식적인 의도를 훨씬 초과하기 때문에 독서 과정은 그 본문의 의미를 공식화하는 독자를 끌어들인다고 한다. 그리고 고전 본문은 본문의 의미를 찾는 과정에서 독자를 필요로 한다는 것이다. 로우리 역

---

20) 나는 자신의 창작물을 '폐물'(refuse)이라고 부르는 조각가/시인 한 분을 알고 있다. 그가 소중히 여기는 것은 창작물이 아니라 그 창작의 과정이다. 일단 작품이 완성되면 그는 창작과정의 결과물에 대해서는 별다른 관심을 갖지 않는다.

시 내러티브는 의미를 생산한다고 주장한다.[21] 그리고 스캇도 "진정한 시"(1985, 25)는 여러 의미들을 제안하는 것이라고 주장한다(27). 예술가뿐만 아니라 독자에게도 일부 예술은 그 예술품이나 본문 안에 고정되어 있거나 미리 결정되지 않은 어떤 여분의 의미를 찾아가는 과정이다.

어떤 예술은 예술가가 미리 파악한 의미나 진리를 다른 이들에게 나누어 주려고 시도하는 어떤 전략(strategy)이 아니다. 일부 예술은 예술가 편에서 이미 경험한 의미에 대한 발견의 경험을 반영하려고 노력하면서 독자들이나 관람객들도 의미의 해석자가 될 수 있도록 그들을 초대하는 행위이다. 이런 경우에 의미는 더 이상 고정된 메시지로 예술품 속에 갇혀 있는 것이 아니라 다양한 층위로 이루어져 있으며 독자나 관람객의 입장에 대해서 열려 있다. 그리고 그 의미를 창조하거나 해석하는 과정에서 때로는 예상치 못했던 것을 발견하기도 한다. 이 단계에서 대화 설교와 관련하여 던져 볼 수 있는 질문은, 설교자 편에서의 발견의 경험을 반영할 뿐만 아니라 개별적인 해석자로서 각자에게 어울리는 고유한 의미를 발견하는 책임을 지고 있는 예배참가자들을 이 과정에 끌어들일 수 있는 설교의 형식은 과연 어떤 것일까?

이러한 설교 형식에 관한 논의에는 세 가지 질문이 함께 연결되어 있다. (1) 회중을 교육하는 것 이외에 설교의 누적적인 효과를 세심하게 고려하는 설교 형식은 무엇인가? (2) 회중들로 하여금 특히 현대적인 제자도의 관점에서 의미를 찾아가는 공동체적인 탐구과정을 격려할 수 있는 설교 형식은 무엇인가? (3) 설교자와 회중 모두에게 발견적인 가치가 있는 설교 형식은 무엇인가?

이어서 본인이 제시하려는 두 가지 설교 형식은 먼저 귀납적 형식과 내러티브 형식이 결합된 것이고 둘째는 이야기 형식이다. 이 두 가지 설교 형식에 대한 본인의 제안은 모든 질문에 대하여 철저한 답변으로 주어지기 보다

---

21) Lowry 1985, 42. 다음을 인용함. Wesley A. Kort, *Narrative Elements and Religious Meaning* (Philadelphia: Fortress Press, 1975).

는 하나의 제안으로서 또 다른 논의를 유도하려는 것이다.[22] 그리고 시험적인 해석과 제안 혹은 내기를 제시하는 형식이라면 어떤 설교 형식도 대화 설교에서 효과적으로 사용될 수 있을 것이다.

첫 번째 형식은 의미를 발견해가는 설교자의 연구 과정을 그대로 되풀이하면서 회중들이 스스로 사고하며 스스로 경험하도록 초대하여 각자에게 맞는 의미를 획득하도록 한다(Craddock 1974, 157). 설교 형식에 관한 본인의 제안은 그레디 데이비스와 크래독 그리고 유진 로우리의 통찰에 기초하고 있다.

먼저 데이비스는 "제안적인 질문"(제출된 질문, a question propounded, 1958, 154-57)이라고 이름붙인 형식에 대해서 설명한다. 이런 형식을 취한 설교는 해답이나 의미를 찾기 위하여 설교자 편에서 기울인 순수한 연구를 반영한다. 하지만 설교자의 목표는 자신이 이전에 발견했던 해답을 설교를 통해서 회중에게 전해주는 것이 아니다. 데이비스는 아서 가십(Arthur Gossip)의 설교를 분석한 다음에 다음과 같이 결론내린다: "그 설교는 한 사람의 해답, 즉 가십이 품었던 질문에 대한 복음의 해답을 주지만, 예배참가자들이 해결해야 할 질문은 다루지 않고 여전히 남아 있다"(156-57).

데이비스의 "제안적인 질문"은 크래독이 대중화시킨 귀납적인 설교 형식과 유사하다(1974). 두 형식 모두 설교자 편에서의 해답에 대한 탐구나 조사 과정을 반영한다. 또 두 형식 모두 회중들이 자신들만의 해답을 향하여 설교자의 탐구 과정과 평행선을 달리거나 심지어 다른 방향으로 나뉘는 여정을 착수하도록 초대한다. 그런데 데이비스가 제안한 설교 형식은 질문에 의하여 시작된다면, 크래독의 귀납적 형식은 성경 본문과 아울러 그 본문의 의미에 도달한 설교자의 귀납적인 결론점으로부터 시작된다. 크래독의 설

---

22) 컬럼비아 신학대학원의 학생이었던 킴 올슨(Kim Olson)은 그림을 닮은 설교 형식을 나에게 제안한 적이 있었다. 그 설교에 통일성과 일관성을 부여하는 것은 가끔은 복잡하기도 하지만 설교자가 구성하여 완성시킨 그림 하나의 이미지였다. 이 설교는 설교자의 그림으로 만들어졌으며, 이 그림을 보는 회중의 관심은 그림의 전체 이미지를 구성하는 다양한 요소들에 쏠리기 마련이다.

교 형식을 따르는 설교자들은 자신이 본문을 이해하는 지점까지 밟아갔던 여정을 회중도 반복할 수 있도록 초대한다(see 125, 57). 그래서 크래독의 귀납적인 설교는 "주해 과정의 특징인 의미 발견의 감격"을 담아내려는 것이다(124).

크래독에 의하면 귀납적인 설교자는 계속해서 두 가지 방향을 의식한다고 한다. 하나는 인간 경험의 구체적인 독특성이다(57, 58, 61). 회중 각자의 구체적인 삶의 독특성에 관심을 기울임으로써 설교자는 회중의 삶과 관련된 의미가 설교를 통해서 회중의 마음 속에서 활성화되기를 기대한다(60). 또 다른 방향은 설교자가 본문을 연구하면서 의미를 발견했던 설교자 고유의 의미 탐구 여정으로서 이 여정이 설교의 움직임(the sermon's movement)에 영향을 준다.

성경 본문과 설교자/회중의 삶과의 상호 작용에서 또는 신앙과 삶의 경험 사이의 상호 작용에서 의미를 찾는 데 설교가 집중할 때라면 크래독이 제안하는 귀납적인 설교 형식은 대화 설교를 효과적으로 촉진시킬 수 있다. 설교를 통해서 성경 본문의 의미에 대한 - 결정된 요점이나 본문 속에 암호화된 경험이나 또는 본문에 대한 적절한 실행이 아니라 - 한 가지 제안을 제시한다는 점을 인정한다면, 크래독의 귀납적인 설교 형식을 통해서 충분히 대화 설교가 촉진될 수 있다. 크래독의 귀납적인 설교 형식은 회중이 스스로 자신의 의미를 발견하고 자기들의 고유한 경험에 대해서 성찰하며 자신들의 신앙의 헌신을 확신하거나 재조정하거나 또는 설교에 대한 적극적인 반응으로서 자신들을 향한 본문의 고유한 실행성을 만들어내도록 회중을 초청하고 안내하려는 의도를 담고 있다.

로우리의 내러티브 설교 형식은 긴장에서 해결로 진행되는 플롯으로 구성되어 있다(1980, 1985, 1989, 1990). 이 형식도 회중이 설교를 통해서 자신들의 신앙과 경험을 성찰하면서 자기들만의 고유한 결론에 도달하도록 안내함으로써 충분히 대화 설교를 촉진시킨다. 설교자의 관점에서 볼 때 내러티브 설교는 설교자가 먼저 감지하고 나중에 설교를 통해서 회중도 동참하기를 기대하는 긴장과 모호함 혹은 불균형에 대해서 자세히 분석하고 탐색함으로써 설교가 시작된다. 긴장으로부터 시작되는 이 설교는 직접적으로든 간접적으로든 해결책을 향한 설교자 개인의 여정을 따라서 진행되는데, 회중의 경험과 교회 그리고 세상 안에서의 경험의 다양성을 인정하는 가운데 그 여정이 더욱 확장된다. 예배자들의 관점에서 볼 때 내러티브 설교는 그들이 직접 해석자가 될 수 있는 기회를 제공한다. 즉 귀납적인 설교처럼 내러티브 설교도 성령의 인도를 따라서 성경 본문과의 대화에 참여하며 설교에서 취하고 있는 해석적 입장이나 제안 혹은 내기를 지지하거나 다시 확증할 수 있는 기회를 제공한다. 그래서 설교의 종착점은 회중이 설교자가 제안한 해결책에 그대로 도달하는 것이 아니라 회중 스스로의 잠정적인 해결책이나 그 여정에 대한 자신들의 고유한 안식처에 도달한다. 그래서 이 설교의 결론점은 내러티브 설교에 깔린 독특한 플롯이 지향하는 바람직한 종착점(a proper ending)이다.[23]

로우리의 내러티브 설교 형식은 크래독의 귀납적인 설교 형식과 유사점과 차이점이 있다. 먼저 유사점으로 로우리는 크래독처럼 의미 발견의 과정을 단계적으로 진행시키는 설교 형식을 제안하였다. 하지만 크래독의 설교 형식을 따르는 설교자와 달리 로우리의 설교 형식을 따르는 설교자들은 가끔은 설교의 종착점이 회중 각자의 입장에서 어떻게 끝날 것인지가 미리 분명히 파악되기도 전에 회중의 마음에 긴장감을 조성하는 단계로부터 설교

---

23) '바람직한 종착점'(a proper ending)이란 개념은 세계적인 아동문학가인 캐더린 패터슨(Katherine Paterson)에게서 빌려왔다(1983, 183). 설교의 결론을 이렇게 끝내는 방식은 "뿌리는 이 세상 속에 내리고 있으면서도 그 가지의 방향은 새 예루살렘 쪽으로 기울어져 있는 것"과 마찬가지이다(191). 이러한 종결 방식을 추구할 때 패터슨이 어떤 문제에 대한 확실한 해답을 찾고 있는 것이 아님이 분명하다. 그녀는 주장하기를 인간의 삶은 몇 가지 통찰과 실행으로 쉽게 풀릴 수 있는 일련의 문제들로 축소될 수는 없다고 한다(31). 또 같은 맥락에서 주장하기를 "만일 우리가 해결을 기다리는 일련의 문제로 삶을 이해한다면, 간편하고도 말끔히 정리되는 몇 가지 해결책을 제시 못할 이유도 없다"(31). 하지만 삶과 작품을 그렇게 접근하는 것 - 그리고 여기에 나는 설교를 덧붙이고 싶다 - 은 결국 천박함으로 귀결될 뿐이다(32). 그래서 훌륭한 내러티브 설교는 마치 훌륭한 단편 소설이나 단막극처럼 간단한 해결책을 제공하는 대신에 '바람직한 종착점'(proper ending)으로 끝을 맺는다.

를 시작한다. 내러티브 설교의 시작 단계에 대해서는 나중에 좀 더 살펴볼 필요가 있다. 삶 속에서 무언가 결정적인 문제점을 확인한 내러티브 설교자는 그 다음에 이 문제점을 내러티브 플롯 형태로 담아내는 긴장이나 모호함을 만들어내야 하고 이 긴장이나 모호함은 다시 일정한 형태의 해결책이나 안식처 또는 적절한 결말지점을 향하여 나아가게 만들어야 한다. 내러티브 설교 형식에 대한 로우리의 통찰은 그레디 데이비스의 "생성적인 사고의 착상"으로부터 빌려온 것으로서(1958), 완전한 형태로 발전된 설교는 설교자의 머릿속에서 맨 처음 착상되는 생성적인 사고(generative idea) 속에 씨앗처럼 들어 있다고 데이비스는 확신하였다. 데이비스에 의하면 이 씨앗이 바로 생성적인 사고이다.[24] 『이야기식 설교구성』(The Homiletical Plot, 1980)이란 책에서 로우리는 데이비스의 "생성적인 사고"에 주로 의지하고 있다. 하지만 나중에 저술한 책에서 그는 생성적인 사고의 착상에 대한 데이비스의 관점을 넘어서면서 설교 플롯의 종착점은 그 플롯의 시작 단계에서는 감추어져 있다고 주장한다. 로우리의 관점에서 볼 때 데이비스가 제안했던 생성적인 사고의 씨앗은 긴장과 모호함 또는 불균형과 같은 것으로서 설교의 플롯이 시작될 수 있는 출발점을 제공한다는 것이다. 그리고 내러티브 형식은 의도적으로 조합된 구도라기보다는 설교자의 마음속에서 뿌리로부터 시작되어 점점 커가는 설교적인 씨앗의 개화와 같은 것이다.

그래서 로우리는 미리 파악된 메시지나 설교의 중심사상 혹은 핵심 사상의 진술문을 확보하고 있는 설교자에게 의존하지 않는 설교 형식을 제안하였다. 브라우니는 설교자가 모든 설교의 의미를 한 가지 단순한 문장으로 정리해야 한다는 주장에 대해서 이의를 제기하면서 이렇게 질문한다. "그렇다면 성탄절 설교를 명확한 한 문장으로 어떻게 압축시킬 수 있을까?"

---

24) 캐더린 패터슨(Katherine Paterson)은 소설 작품을 창작하는 과정을 "어둠 속에서 서서히 자라다가 어느 날 바라보면 아름다운 꽃으로 피어나는 화초로 자라가는 씨앗에 비유한다"(1981, 26). 설교 준비 과정에 대한 그레디 데이비스(Grady Davis)의 설명은 패터슨의 설명에 비하여 좀 더 설교자의 의도적인 통제 과정을 잘 보여준다. 데이비스는 '설교를 구상하는 것'을 '그 속에 본래 잠재되어 있는 완전한 형태로 자라가는 식물을 키우는 과정'과 비교한다(1958, 21).

(1958, 28). 그는 계속해서 이렇게 설명한다. "만일 설교나 시가 표현한 모든 것을 한 문장으로 요약해낼 수 있다면, 거꾸로 설교를 만들거나 시를 작문하는데 어떤 한 가지 요점이나 문장이 반드시 있어야만 하는 것일까?"(28). 유진 로우리는 설교에 어떤 한 가지 중심 사상이나 핵심 문장이 없더라도 통일성과 일관성을 유지할 수 있는 설교 형식을 제안하였다. 플롯은 시나 단편 소설에서도 그러하듯이 내러티브 설교에 통일성과 일관성을 부여한다.[25] 그러한 설교에서 회중이 반드시 설교자가 미리 의도했던 메시지에 그대로 동의하거나 설교자가 의도했던 특정한 사건을 경험하는 결과가 일어나야 할 필요가 없다. 그보다 내러티브 설교는 잠재적으로 회중 가운데 다양한 경험과 해석을 끌어내고자 한다.

귀납적인 설교 형식과 내러티브 설교 형식은 의미를 발견했던 설교자의 의미 발견 과정을 '다시 단계적으로 제시함으로써'(recharting) 회중도 자기들만의 고유한 의미를 발견하도록 유도하는 설교 전략이다.[26] 설교자는 자신의 변화를 가져왔었던 의미 탐구의 과정을 설교에서 그대로 밟아가는 방식을 선택할 수도 있다. 하지만 이 두 설교에서 의도하는 목적은 회중이 설교자와 동일한 변화를 경험하도록 하는 것이 아니다. 대화 설교의 형식을 따

---

25) 패터슨의 주장에 의하면 이야기의 핵심은 사상이 아니라 경험이라고 한다: 만일 여러분이 나에게 내 작품들 중에 하나가 무엇에 관한 것인지를 묻는다면 나는 이렇게 소리칠 것이다. "그 이야기가 무엇에 관한 것인지를 한 문장으로 말할 수 있다면, 그렇게 간단히 한 문장으로 말해버리고 말지 왜 거의 3년 동안 250 페이지나 되는 작품에 시간을 허비했겠는가?" 작가의 마음 속에 있는 이야기는 그렇게 한 문장으로 압축하거나 간단히 설명하거나 줄일 수 있는 것이 결코 아니다. 플래너리 오코너(Flannery O`connor)가 말하기를 "어떤 사람들은 이야기를 읽어본 다음에 그 내용을 어떤 한 가지 의미로 압축할 수 있다는 생각을 갖고 있는데, 소설 작가의 입장에서 보자면 전체 이야기 전부가 다 의미이다. 왜냐하면 그 이야기는 일종의 경험이지 추상적인 개념이 아니기 때문이다" (Paterson 1989, 134, citing Flannery O'connor, "The Nature and Aim of Fiction," *Mystery and Manners*, ed. Sally and Robert Fitzgerald [New York: Farrar, Straus, & Giroux, 1969], 73).

26) 나는 여기에서 '다시 단계적으로 제시하다'(recharting)라는 단어를 조심스럽게 사용하고자 한다. 왜냐하면 다시 단계적으로 제시하더라도 원래의 의미탐구 과정이 설교에서 그대로 복제되거나 완벽하게 되풀이되지 않기 때문이다. 그보다는 설교에서 다시 단계적으로 소개되는 본래의 의미 탐구 과정은 본래 해석자에게 해당됐던 의미와 해석자의 기억 속에 남아 있는 그 의미의 적용점들을 통해서 이후 청중들의 의미 탐구 과정을 위한 기초 자료로 제공된다. 하지만 각각의 과정은 사실 설교자와 회중 모두에게는 새로운 탐구 과정이다.

르는 설교자들은 되도록이면 회중 각자의 경험의 독특성을 인정하면서 자신이 경험하고 깨달았던 경험이나 의미와 동일하지는 않더라도 좀 더 커다란 하나님 나라 가족인 회중과 이 세상을 통해서 드러나는 여러 경험과 확신의 다양성을 반영하고 성찰해보려는 목적으로 설교한다.

대화 설교를 촉진시키고 강화하는 두 번째 설교 형식은 이야기가 그 고유한 의미를 만들어내도록 유도하는 이야기 설교 형식이다. 이 이야기 설교는 명백하게든 또는 암시적으로든 그 어떤 도덕이나 자세한 설명을 동반하지 않는다. 이야기 설교의 가치를 존중하는 리차드 툴린(Richard Thulin)은 이야기 설교의 가치를 인정하는데 그 이유는 이 설교는 회중들이 직접 "자신들에게 어울리는 고유한 의미를 끌어낼 자유"를 허락하기 때문이다(1990, 12). 이야기 설교는 설교자가 자신만의 삶을 통해서 깨달은 일련의 의미를 초월하여 회중이 직접 의미를 끌어내도록 하는 잠재력을 가지고 있다.[27] 그런데 이야기 설교도 앞에서 살펴본 바와 같이 한 가지 형식은 종점에서 시작된다면 또 다른 형식은 시작점에서 그대로 시작된다.

귀납적인 형태의 이야기 설교는 이야기의 종결점에서부터 설교가 시작된다. 이와 관련하여 리차드 젠센(Richard Jensen)은 다음과 같이 조언한다.

이야기를 만들기 위해서 첫 번째로 해야 할 것은 이야기를 통해서 무엇이

---

[27] 캐더린 패터슨(Katherine Paterson)은 다양한 의미들을 만들어 내는 소설 작품의 위력을 실감나게 묘사하고 있다. 그녀에 의하면 이야기의 의미란 자신의 입장에서는 마치 "두루미 아내"와 같다고 한다. 두루미 아내의 이야기는 예술 작품이 어떻게 만들어지는지에 관한 이미지를 잘 보여준다(1989, 71). 그녀는 또 이 이야기를 듣게 된 두 살 짜리 소녀의 사례도 소개하고 있다. 어떤 한 여인이 두 살된 아이와 함께 서점을 방문해서 서점 주인에게 두 살짜리 아이의 입장에서 죽음의 의미를 이해하는 데 도움이 됨직한 이야기가 실린 책이 없는지를 물었다. 과연 그 아이가 읽고서 눈물을 흘리게 만들 만한 그런 책이 존재할까? 그래서 서점 주인은 무슨 이유 때문에 그러는지 물었다. 그러자 그 여인은 대답하기를 이 아이의 아빠가 최근에 아이 엄마를 총으로 쏜 다음에 자신도 총으로 쏴서 자살했다는 것이다. 3살 된 그 서점 주인의 아들이 '두루미 아내'의 이야기를 소개해 주었다. 그리고는 그 여인은 이 책을 구입했다. 결과를 알게 된 이 서점 주인은 패터슨에게 감사의 편지를 보냈다고 한다. '두루미 아내'의 이야기는 "눈물을 터트리게 해서 마음속 응어리를 가라앉히는 데 도움이 되었고 어린 아이들에게는 너무나 낯선 개념(죽음)을 이해하는 데 도움이 되었다"고 한다(70).

성취되기를 원하는지에 대한 목적을 분명히 생각해 두어야 한다. 그 목적에 대한 생각이 정리되면 그 다음에는 잠재적인 이야기의 개요(이 개요는 실제 집필 과정에서는 상당 부분이 바뀔 수 있다)를 짜고 이야기의 배경, 중요한 등장인물들, 그리고 해결이 필요한 문제들과 이야기 자체의 개략적인 에피소드와 결론들을 배치한다(1980, 149).

그런데 젠센에 의하면 일반적인 설교자는 비록 자기 설교의 결론을 미리 알지만 이야기 설교에서는 그 결론이 어떻게 끝날 것인지가 미리 결정되지 않은 개방형 종결(open ending)로 끝나야 한다고 주장한다. 그래서 설교자는 "오늘 이야기의 요점은 이것입니다"라는 식으로 말하면서 설교를 끝내려고 해서는 안 된다는 것이다(145). 설교자가 염두에 둔 개인적인 의미가 회중에게 그대로 강요되어서는 안 되며, 이야기 설교 전체가 한 가지 의미나 한 가지 적용점으로 국한되지 않도록 해야 한다. 이야기 설교의 개방형 종결에 대해서 젠센은 이렇게 주장한다: 이야기 설교에서 "설교자는 설교한 내용에 대한 최종의 통제권을 포기한다. 회중석에 앉아 있는 사람들이 설교자가 말한 이야기를 어떻게 끝내서 그 이야기를 각자의 삶 속에 적용할지 설교자는 알 수 없다. 그래서 이야기 설교는 일종의 신앙의 모험이다. 설교자는 자신이 포기한 그 지점에서 성령께서 역사해 주실 것을 믿어야 한다. 참으로 위험천만한 일이다"(147). 모든 설교는 어느 정도 이런 위험을 감수한다.[28] 계속해서 젠센은 이렇게 주장한다. "만일 설교를 듣는 모든 사람들이 설교의 교훈적인 요점이나 심지어 선포된 설교 메시지 전부를 그대로 받아들일 것으로 생각한다면 이는 어리석은 일이다"(145). 이런 이유 때문에 전통적인 설교학 이론이나 케리그마 설교학 이론에서 염두에 두는 이야기 설교는, 설교의 요점들 전부를 회중에게 가능한 정확하게 전달하려는 의도로 만들어

---

28) 월터 브루그만(Walter Brueggemann)도 모든 설교에는 설교 메시지에 대한 청중의 일방적인 수용성을 위한 통제권의 한계가 내재되어 있다고 주장한다. "어느 설교자도 더 이상 성경 본문에 대한 설교가 마치 있는 그대로를 공동체 구성원들이 전부 다 받아들일 것처럼 기대할 수 없다… 말씀을 청취하는 공동체는 설교를 듣는 여러 방식들 중의 하나를 자유롭게 선택함으로써 본문을 선택하고 분별하며 구현하는 건설 과정에 참여한다."(1988, 128).

진다. 하지만 대화 설교에서 이야기 설교 형식은 예배자들이 이야기의 의미에 대한 각자의 입장에서 설교 과정에 직접 동참하면서 회중에게 어울리는 의미를 자발적으로 찾아가도록 안내하려는 목적으로 만들어진다.

이야기 설교의 두 번째 형식은 내러티브로서 미래가 열려진 상태로부터 설교가 시작되는 형식을 띤다. 내러티브 형식에서 이야기는 먼저 불균형으로부터 시작된다. 이어서 이 불균형을 충분히 탐색하고 설교자만의 고유한 경험의 한계를 넘어서서 확장된 다음에 이야기 설교는 점차 잠정적인 새로운 균형 상태(또는 해결 상태)를 향하여 이동한다. 이 두 가지 형식의 이야기 설교는 직접적으로든 간접적으로든 어느 하나의 핵심 사상을 묘사하거나 그 핵심을 따라서 진행되는 것이 아니다. 이와 달리 대화 설교에서의 이야기 설교 형식은 의도적으로 다양한 의미를 끌어들이며 일관성이 있으면서도 다양한 층위로 짜여진 움직임을 따라서 시작점에서 종착점으로 그리고 긴장으로부터 잠정적인 해결지점으로 전개된다. 프랭크 맥널티(Frank J. McNulty)는 아서 밀러(Arthur Miller)의 연극을 관람한 다음 극작가는 "인생에 대해서 매우 중요한 어떤 것에 대해서 말했다. 그리고 그의 작품은 복잡난해한 구원 과정의 모든 것들에 대해서 성찰해보도록 자극하였기 때문에 그는 이 작품을 통해서 본래 기대했던 것 이상의 것을 해 냈다"고 평가한다(1985, 7). 도발적인 연극과 마찬가지로 이야기 설교도 회중의 마음에 "일련의 성찰"을 촉진시킬 수 있는 잠재력을 갖고 있다(ibid). 그리고 이러한 성찰의 과정은 그 자체로 끝나는 것이 아니라 다른 회중 구성원들과 그리고 더 커다란 전체 신앙 공동체의 중심에 자리하고 있는 더 큰 대화를 지탱하는 핵심적인 구성요소이다.

1) 요약

대화 설교를 촉진하는 두 가지 설교 형식은 의미를 찾아간 설교자 개인의 여정을 재구성한 형식과 이야기 형식이다. 두 형식 모두 대화 설교에서 의도하는 새로운 강조점을 잘 반영한다.

이 두 가지 설교 형식은, 각자의 고유한 경험과 신앙의 헌신을 소중히 여기며 성령과 함께 본문의 의미에 대해서 씨름하며 스스로 결정을 내리는 해석자들의 공동체인 교회를 양육하려는 의도를 가지고 있기 때문에 설교의 누적적인 효과의 가치를 소중히 여긴다. 그렇게 자주적으로 의미를 분별하며 서로를 교훈하고 스스로에 대해서 성찰하는 해석자들의 공동체는 단 하나의 설교로 유지 보존되기보다는 매 주일 그리고 매년 거듭되는 셀 수 없이 많은 설교를 통해서 가능하다.

이 두 가지 설교 형식은 또한 설교자와 회중이 함께 경외감과 겸손함 그리고 감사함으로 의미를 찾아가는 공동의 의미 탐색을 증진시켜 준다(Craddock 1974, 64). 이 두 가지 형식은 설교자와 회중이 함께 연합하여 "지금 이 상황에서 예수의 제자가 된다는 것은 이 교회에 그리고 나에게는 무슨 의미가 있는가?"와 같은 중요한 질문에 대한 시험적인 해답을 계속해서 함께 찾아가도록 안내한다(Tostengard 1989, 17).

마지막으로 두 가지 설교 형식 모두 설교자와 회중에게 발견적인 가치(heuristic value)가 있다. 이 설교 형식은 의미와 정체성, 내기, 가치들, 이 세상에서의 존재 방식 그리고 교회의 시급한 의제들을 확정하고 재구성하는 발견적인 가치들을 다시금 성찰해보도록 한다. 그래서 이런 설교 형식들은 사제 중심의 설교 스타일에 비해서 좀 더 다양하고도 교회 중심적인 형식을 계발하려는 세심한 시도들을 대변한다(Schussler Fiorenza 1983, 49).

이러한 설교 형식을 활용했을 때의 중요한 결과는 대화적인 설교를 전달하는 설교자들이 설교 메시지에 대한 회중의 수용성을 통제하는 것을 단념하게 된다는 것이다. 설교의 성공 여부는 회중이 설교자가 미리 의도했던 메시지를 그대로 받아들이거나 또는 세심하게 각색된 사건을 그대로 경험하는 것에 달려 있지 않다. 그보다 대화 설교 형식은 설교의 최종 의미가 성령과 자기 주도적인 해석자들의 공동체로서의 회중의 상호 작용 속에 놓여 있음을 인정한다.

6. 설교학의 대화 테이블에서의 새로운 목소리

한편으로 나의 제안은 그동안 출간된 설교학 관련 도서들의 주변 가장자리로부터 이미 언급되었던 여러 목소리들을 묶어 편집한 것이다. 설교학의 대화 테이블 주변에 모여든 이러한 변방의 목소리들은 이 대화 테이블에서 일종의 대안적인 입장을 구성하고 있다. 또 다른 한편으로 나의 제안은 설교단과 회중석에서 내가 경험했던 것들에 대한 성찰을 담고 있다. 이 제안은 시험적인 결론이며 앞으로 더 길게 이어질 개인적인 여정 중에 잠시 택한 잠정적인 안식처이다. 그리고 내 제안은 다른 이들의 설교에 대한 경험과 확신 그리고 이해와 동조하는 설교관을 더욱 명료하게 설명하려는 시도이다. 다른 이들도 설교하려고 일어설 때 우리가 기대하는 것과 유사한 것들을 희망하며 회중석에 앉아서 다른 이들이 설교하는 것을 들을 때 우리가 기대하는 것과 유사한 것들을 희망할 수 있기를 감히 바란다.

설교학의 대화 테이블에서 진행되는 학문적인 대화에 함께 참여하고자 하는 나의 제안은 설교학의 대화 테이블 안팎으로부터 제기되는 다른 이들의 다양한 대안과 확증, 지원 그리고 도전의 목소리들을 기대한다.

sharing the word

제 5 장

확장 중인 설교학의 대화

지금까지 나는 설교학에 관한 도서들에서 주로 지배적인 입장과 주변적인 입장의 목소리들만 귀 기울여 들어왔다. 이제 이 대화를 마감하는 단계에서 다음과 같은 질문을 던져본다. 만일 앞의 4장에서 서술한 대화 설교의 이론적인 내용들이 실제 설교 사역과 관계된다면, 설교학 분야 밖에 있는 사람들의 입장에서는 볼 때 대화 설교에 대해서 더 이상 무슨 조언을 줄 수 있을까? 대화 설교에 대해서 설교학 분야 밖에 있는 사람들은 대화 설교에 대한 우리의 성찰과 재진술 작업에 대해서 어떤 통찰을 제공할 수 있을까? 이 마지막 장에서는 설교가 주된 관심이 아닌 학자들로부터 대화 설교와 관련된 실마리들을 찾아보고자 한다.

대화 설교는 기존의 교회 실천사역을 고찰하고 이론을 정립하려고 애쓰는 분야인 반면에, 다른 전문 기술이나 방법론과 관련을 맺고 여타의 다른 분야에 도움을 줄 수 있는 그러한 기술이나 방법이 아니다. 대화 설교의 관건은 서로 연결된 대화 방식(connected ways of speaking)을 산출하는 서로 연결된 존재 방식(a connected way of being)에 있다. 그렇다고 이 단계에서 내가 그 방법을 정확하게 알고 있는 것은 아니다. 다만 포괄적인 형국과 기본적인 확신만을 파악하고 있다고 생각된다.

이번 마지막 장에서 설교학 분야 밖으로 진출하여 대화 설교의 중심부를 지탱하고 있다고 생각되는 다섯 가지 특징으로서의 공동체적이며 비교권적이고 인격적이고 포괄적이며 성경적인 특성들에 대해서 재평가해보려고 한다. 4장에서 이미 언급한 바와 같이 대화 설교에 대한 나의 제안과 진술은 모든 질문에 대한 철저한 답변보다는 또 다른 대안적인 논의를 유도하기 위한 하나의 제안의 성격이 강하다. 내가 잠정적으로 "대화 설교"(conversational preaching)라고 부르는 나의 제안을 점검하고 정리하는 과정에서 자신들의 제안과 논리 속에서 나의 제안들을 그대로 공명하고 있는 학자들의 통찰을 살펴볼 것이다.

1. 교회 공동체

첫째로 대화 설교는 예배를 위해서 함께 모인 이들의 공동체적인 정서로부터 자라나서 거대한 연대감을 증진시키는 공동체적인 설교(communal preaching)이다.

설교학 도서들에서 대화 설교가 논의되는 맥락은 만인대제사장의 원리이다. 그런데 설교학의 영역 밖에서 대화 설교와 관련된 이미지로 언급되는 것이 있다면 그것은 바로 교회 공동체이다. 교회 공동체의 이미지 속에는 신자들을 차별하지 않는 "제자도의 동질성"이나 "공동체의 친구들"이 포함된다.[1] 대화 설교는 "모든 사람들이 떡을 떼며 담화와 친절한 환대를 나누는 공동의 식탁으로 모인 가정"의 모습을 지향하는 신자들로부터 나타나기 때문이다(Russell 1993, 42).

---

1) 이런 이미지들의 출처는 다음을 참고하라: "discipleship of equals," Elisabeth Schussler Fiorenza, *In Memory of Her: A Feminist Theological Reconstruction of Christian Origins* (New York: Crossroad, 1984); a "community of friends," Sallie McFague, *Models of God: Theology for an Ecological, Nuclear Age* (Philadelphia: Fortress Press, 1987).

푸에르토리코 출신으로 뉴욕시 목회자가 된 로이다 마텔 오테로(Loida Martell Otero)는 교회를 가족의 이미지로 이해한다.[2] 그녀에 의하면 라틴 아메리카의 문화에서 가족 단위는 매우 중요하다고 한다(1994, 79). 라틴 아메리카 계열의 교회는 "그리스도 안에서 형제와 자매들이 함께 모이는 곳이다. 구약성경에서 이와 대칭되는 개념이 가족이나 씨족 또는 확장된 가족을 의미하는 미스팍하(mishpachah)이다. 교회는 '공동체 가족'(a community family)으로서 젊은이들과 노인, 부자와 가난한 자, 독신이나 결혼한 자들 그리고 이혼한 자들 모두가 하나님의 백성으로서 환영받으며 양육되고 돌봄받는 곳이다"(79). 가족 같은 교회 공동체에 함께 속해 있다는 소속감은 라틴 아메리카 계열의 개신교 교회에 뿌리내리고 있는 실체이다. 교회는 "우리가 속생각을 거리낌 없이 털어놓고 함께 공유하기 편안한 장소이다"(80). 또 교회에서 "우리는 속생각을 거리낌 없이 나누더라도 그것 때문에 우리를 놀리거나 배척하지 않을 것으로 확신한다. 또 하나님의 뜻을 구하며 서로의 삶에 대해서 이야기하면서 서로에게 질문을 던지고 또 질문을 받는 것에 대해서 전혀 거부감이 없는 곳이다"(82).

대화 설교는 "모두가 속 생각을 거리낌 없이 털어 놓고 함께 공유하는 것"을 허용하는 신뢰감과 안정감을 전제로 하는 공동체적인 설교이다(ibid). 그러한 공동체적인 정서 밖에서 설교자가 회중과 대결하거나 혹은 회중으로부터 고립된 적대적인 환경에서는 대화 설교는 결코 유지될 수 없다고 나는 확신한다. 설교자와 예배참가자 그리고 하나님의 집에서 모두가 그리스도 안에서 한 형제 자매로서 느끼는 소속감과 연대감을 고려한다면 대화 설교는 필연적이다. 바로 이러한 신앙 공동체의 강력한 연대감 때문에 대화 설

---

2) 교회를 가족이나 형제자매들의 공동체로 묘사하는 유사한 이미지들은 교회 리더십에 관한 논의 속에서도 발견된다. 그 출처로는 다음을 참고하라. Arthur Merrihew Adams, *Effective Leadership for Today's Church* (Philadelphia Westminster Press, 1978); Alvin J. Lindgren and Norman Shawchuck, *Let My People Go: Empowering Laity for Ministry* (Nashville: Abingdon Press, 1980); and *A Systems Model of the Church in Ministry and Mission: A General Diagnostic Model for Church Organizational Behavior: Applying a Congruence Perspective* (Chicago: The Center for Parish Development, 1989).

교는 다른 신앙 공동체와 아울러 낙심에 빠진 자들, 침묵하는 자들 그리고 배제된 자들과 같은 소외계층들과의 지속적인 대화의 중요성을 강조한다. 함께 모인 공동체는 비슷한 또래들끼리만 함께 모여 서식하는 군락지가 아니다. 그보다는 회중 내의 상호 연대감은 그 회중 밖의 다른 공동체들과의 연대감과 긴밀하게 결부되어 있다. 신학자 레티 러셀(Letty M. Russell)은 "기독교적인 실천에 대한 상호간의 평가와 교정"의 목적으로(94) 특정 지역의 신앙 공동체가 다른 신앙과 투쟁의 공동체와 지속적인 대화를 나누어야 할 것을 강조한다(1993, 36). 또한 그녀는 신앙 공동체는 바깥 사람들에 대한 역할 속에서 존재하는 주인(12)으로서 그 역시 무엇보다도 그리스도와(18) 연결되어 있어야 함을 강조한다(197, see 43). 공동체는 그리스도를 통하여 "교회와 사회 변방에 있는" 자들, 억압당한 자들과 서로 연결되어 있어야 한다는 것이다(134, see 18, 43). 신앙 공동체는 "서로 나뉘어진 종교와 문화, 인종, 계급, 성 그리고 성적 지향성의 경계선을 가로질러 연대감을 구축하여 교회와 세상이 하나의 친구들의 동아리로 이어질 수 있도록" 하는 친구들의 지역 동아리라는 것이다(19).

설교학계 영역 바깥의 도서들에서는 주로 연결과 연합의 관점에서 신앙 공동체를 내면적인 입장과 외면적인 시야로 서술하는 학자들을 통해서 대화 설교의 공동체적인 차원이 논의되고 있다.

2. 교권(敎權, hierarchy)의 부재

대화 설교의 두 번째 특징은 비교권적이라는 점이다.[3] 설교학 도서들 변

---

3) 어떤 기업체는 기존의 조직 구조를 재편성하여 기존의 위계적인 구조를 탈피하고 자율적인 통제 구조로 변경하고 있다. 이와 관련해서는 다음을 참고하라. Marvin R. Weisbord, *Productive Workplace: Organizing and Managing for Dignity, Meaning and Community* (San Francisco: Jossey-Bass, 1987); William C. Byham with Jeff Cox, *Zapp!: The Lightening of Empowerment: How to Improve Productivity, Quality and Employee Satisfaction* (Pittsburgh: Development Dimensions International Prss, 1989); and James A. Belasco and Ralph

방에서는 권력에 대한 비교권적인 관점들이 발견되곤 한다. 레티 러셀은 "회중으로부터 구별되지 않는 입장"을 선호하는 여성 목회자들의 실천 사역에 기초한 권력과 권위, 그리고 리더십에 대해서 설명한다. 이들 여성 목회자들이 비교권적인 리더십을 선호하는 이유는 세례와 헌신을 목회자와 함께 공유하는 사람들 속에서 인간관계를 발전시키고 있기 때문이다(1993, 52). 즉 이들의 권위는 공동체 안에서 함께 공유하는 권위이며 그렇게 권력을 함께 공유하는 리더십을 발휘한다는 것이다(57). 권력이란 더 이상 "서로 경쟁을 요구하며, 상대방을 이기기 위해서는 상대방의 것을 빼앗아야 하는 제로섬 게임이 아니다. 오히려 권력과 리더십의 은사는 다른 이들과 함께 공유하며 신앙 공동체 안의 더 많은 사람들이 그 파트너로 참여할 때 더욱 증식된다… 그래서 권력은 정점으로 올라갈수록 더욱 누적되어야 할 것이 아니라 다른 이들과 함께 공유하는 가운데 더욱 증식되어야 할 것으로 여겨져야 한다"(56-57).

공유된 리더십의 목표는 교회를 세우는 것이며(55, 64, 66), 그렇게 함으로써 사역에 헌신하기 위하여 세례를 받은 모든 구성원들이 각자의 사역을 감당하도록 자격이 구비될 수 있다(52). 그 결과 공동체의 모든 구성원들이 각자가 리더가 될 수 있으며 특히 자신들이 "상당한 인물"이라고 전혀 생각해 보지 못했던 변방의 소외된 사람들도 각자 리더가 될 수 있다는 것이다(57). 계속해서 러셀은 권위와 권력, 그리고 리더십에 대한 새로운 관점에 근거하여 "평신도와 목회자 사이의 구분을 반영하는 언어들의 사용 중지"를 선언하였다(64).

러셀은 점점 특정한 형태의 공유 리더십(shared leadership)이 서서히 등장

C. Stayer, *Flight of the Buffalo: Soaring to Excellence, Learning to Let Employees Lead* (New York: Warner Books, Dove Book, 1993). 이상의 자료를 소개해 준 내 처남이자, 존 로버트 데이 3세(John Robert Day III, 뉴욕 브루클린에 위치한 제약회사 화이자(Pfizer)의 공장장)에게 감사드린다. 『물소의 비상(飛上)』(*Flight of the Buffalo*)에 등장하는 핵심 이미지는 물소 떼처럼 무리의 우두머리만을 맹목적으로 뒤따르는 것이 아니라 함께 협력하여 대형을 갖추고 날아가는 거위들이다. 브라운 바(Browne Barr)도 이와 동일한 이미지를 교회 회중에게 적용시켜 사용하고 있다. Browne Barr, *High Flying Geese: Unexpected Reflections on the Church and Its Ministry* (New York: Seabury Press, 1983).

하고 있음을 시인한다(47,72). 나는 대화 설교가 바로 그렇게 서서히 등장하는 공유 리더십에 관한 한 가지 형태임을 주장한다. 그리고 점점 확산되는 공유 리더십 형태의 세부적인 모습들이 아직 불분명하다면, 그에 대한 개략적인 묘사만큼은 어느 정도 가능하다고 본다. 즉 비교권적인 리더십의 새로운 패러다임은 "권위의 근거로서 성직자 안수의 전통으로부터 이별을 고하면서 공동체 안에서 다른 이들과 함께 행사되는 권위를 강조한다"(73).

권력과 리더십 그리고 권위를 평신도들과 함께 공유하는 그러한 비교권적인 상황에서 대화 설교는, 전통적으로 볼 때 권력의 장소로 간주되었던 설교단을 에워싸고 있는 정서로서의 전체 설교 사역을 새로운 관점에서 진술한다. 설교에 대한 이러한 비교권적인 관점은 목회자로 안수 받은 사람들이 설교단을 독점하는 일을 거부하며 설교 사건을 책임지는 자신들의 역할을 재고하도록 한다. 또 이러한 정서는 신앙 공동체로 하여금 다른 이들, 특히 평신도들도 정기적으로 설교할 수 있도록 초청할 수 있는 여지를 제공한다. 그렇게 되면 설교자란 용어는 더 이상 안수 받은 이들에 대한 동의어이거나 또는 설교단에 대한 접근을 통제하는 목회자에 대한 동의어가 아니다. 그보다 설교자란 용어는 특정한 예배를 위하여 맡은 역할이 공동체의 지속적인 대화 속에서 변화를 가져오는 설교를 제시하는 사람을 가리킨다.

대화 설교의 비교권적인 차원은 앞에서 언급한 공동체적인 차원과 결부되어 있다. 비교권적인 인간관계는 서로가 그리스도 안에서 한 형제자매임을 지향하는 사람들에게서 형성되기 시작한다. 하나님의 집에서 지배와 복종은 연합과 동반자관계로 바뀌어야 한다. 성직자주의나 목회자와 평신도 사이의 위계적인 관계가 사라지고 공동체 내의 모든 이들이 교회의 중요한 의제를 다루는 자리에 함께 참여하며 교회의 사역을 함께 수행하고 특히 공동체 변두리로 밀려났던 사람들, 즉 그동안 목소리들이 배제되고 침묵을 강요당했던 사람들의 입장에 귀를 기울이고 그들의 가치를 존중하며 다시 생명을 회복하는 대화의 장으로 초대해야 한다.

3. 개인의 고유한 경험

대화 설교의 세번째 특징으로는 개인의 고유한 또는 자서전적인 (autobiographical) 특징을 지적할 수 있다. 한 가지 차원에서 볼 때 대화 설교는, 설교자가 설교 중에 "나"라는 인칭대명사를 사용하든 사용하지 않든 관계없이 개인의 고유한 간증과 흡사하다. 이 시점에서 나는 대화 설교의 내용은 개인의 고유한 내기이며 간증이고, 그 형태는 설교자가 먼저 본문과 씨름했던 이전의 경험을 반영해야 한다는 주장을 다시금 살펴보고자 한다.

세계적인 아동문학가인 캐더린 패터슨(Katherine Paterson)은 대화 설교를 위하여 참고할만한, 소설 집필에 대한 네 가지 이미지를 소개한다(1981, 1989). 각각의 이미지에는 개인의 고유한 또는 자서전적인 특징이 들어 있다.

첫째로 패터슨에 의하면, 소설을 창작하는 과정은 "마음속에서 울리는 소리"로부터 시작된다고 한다. 여기서 패터슨이 말하는 마음속의 소리라는 이미지는 아이디어(idea)를 뜻하는 일본의 표의문자에서 가져온 것이다(1989, 28, 45). 그녀는 이렇게 설명한다.

> 일본어에서 말은 소리를 나타내는 문자와 마음의 뜻을 나타내는 문자의 두 가지로 이루어져 있다. 그래서 (히브리어가 정서의 자리인 동시에 지성의 자리인 것과 마찬가지로) 일본어에서도 생각이나 아이디어는 마음속의 소리로 울려난다.
> 참으로 놀랍지 않은가? 여러분 내면 깊은 곳에는 예비 경보도 없이 어느 날 갑자기 마음을 뒤흔들어 깨울 어떤 것이 깃들어 있다(1989, 28).

패터슨이 소설을 창작하는 과정을 비유하는 두 번째 이미지는 모래알의 이미지이다. 그 모래알 위에 무언가를 덧칠하고 있음을 깨닫는 순간까지 계속해서 작가는 작은 모래알 하나를 이리저리 매만진다는 것이다. 이러한 이미지를 제시하면서 패터슨은 이렇게 적고 있다.

창작 과정은 어느 하나로 정해져 있지는 않지만, 어쨌든 나는 그 과정을 계속 밟아가야 한다는 사실만은 분명히 의식하고 있다. 글을 읽고 생각하고 말하고 자료를 살펴보고 다른 사람들의 이야기를 듣고 뿐만 아니라 글의 내용 속에서 증오하고 두려워하고 사랑하며 흐느끼면서 내 인생 모든 것이 그 모래알 주변으로 휘말려 들어가는 것 같다. 그렇게 하더라도 매번 완벽한 진주를 만들어내는 것은 아니다. 하지만 굴이라도 모두가 다 진주를 만들어내는 것도 아니다(1981, 26).

소설 창작에 비견되는 세 번째 이미지는 "자기 배에서 뽑아낸 실에 매달려 살아가는" 거미이다(1981, 60). 소설 창작과 거미는 "가느다란 실로 일정한 패턴을 짜낸다"는 공통점이 있다(1981, 61).

작가나 예술가에 비견되는 넷째 이미지는 "두루미 아내"(또는 학 아내)이다(1989, 71-72). 이 이야기에서 부상당한 두루미는 아리따운 여인이 되어 자기를 구해준 가난한 남자의 집에 다시 나타난다. 남편을 위하여 옷감을 지으려는 이 여인은 베틀을 돌리는 동안은 절대로 방 안을 들여다보지 말 것을 간청한 다음에 문을 닫고 옷감을 짠다(1989, 71). 그 여인이 지어낸 옷감은 너무나도 아름답지만, 옷감을 짤수록 그 여인은 점점 지쳐만 간다. 강렬한 호기심을 이기지 못한 이 남편은 결국 아내와의 약속을 어기고 그 문을 열고 만다. "문을 연 남편의 눈에 들어온 것은 아내가 아니라 한 마리의 학이었다. 자신의 깃털을 뽑아서 베틀에 집어넣어 옷감을 짜 내느라고 온 몸이 피투성이가 된 것이다."[4] 이 이야기가 예술가들에게 던지는 의미에 대해서 패터슨은 이렇게 적고 있다. "이것이 바로 예술가의 현실이다. 예술가는 자기 가슴에서 뽑아낸 깃털로 이야기라는 옷감을 짜낸다"(1989, 72).[5]

---

4) Paterson 1989, 72. 다음을 인용함. Sumiko Yagawa, *The Crane Wife*, trans. Katherine Paterson (New York: William Morrow, 1981), 25.
5) "두루미 아내" 이야기의 의미에 대한 패터슨의 계속된 논의는, 소설을 창작하는 과정은 최소한 그녀(패터슨)의 입장에서만큼은 무의식적인 과정이며 지성보다는 감성에 이끌려 내린 결정 속에서 이뤄진다는 사실을 보여준다. 패터슨은 두루미 아내가 몰래 베를 짜고 있는 방문을 열고 만 어리석은 남편 요헤이에 대해서 설명하면서 이렇게 말한다. "두루미 아내의 남편 요헤이 역시 내 자신과 다름없다…. 요헤이는 아내가 원하는 대로 일하도록

소설 창작에 관한 이상의 이미지들 중에 두 가지 가닥이 대화 설교의 자서전적인 특성과 긴밀하게 결부되어 있다. 그 한 가지 가닥은 소설 창작은 "내 삶을 뒤흔들어 놓는 어떤 것"(1989, 104), 즉 "마음 속에서 울려나는 소리"나 진주알이 되기 위하여 "상처를 계속 자극하는 모래알"(1981, 26)이나, "내 마음 속 한 가운데에서부터 울려나는 어떤 불편한 느낌"과 같다(1989, 92). 소설 창작을 비유적으로 보여주는 이러한 이미지들은 설교의 구조를 조직해 가는 과정을 유도하는 문제점이나 (유진 로우리가 강조하는) 불균형 혹은 모호함과 흡사하다.

대화 설교의 자서전적인 특징과 밀접하게 관련이 있는 소설 창작에 관한 이미지들의 둘째 가닥은 "이야기를 풀어가기 위하여 내가 가지고 있는 소재는 내 자신 속 깊숙한 곳에 자리하고 있다"는 점이다(1989, 137). 패터슨에 의하면, 우리 자신의 삶은 "모든 인간들의 경험들 속으로 들어가는 유일한 입구"라고 한다(1981, 107).

> 나는 내가 경험하지 않은 사실을 짐짓 가장할 수도 없다. 또 모든 진리를 혼자서 독점하겠다고 나서는 작가가 있다는 말도 들어보지 못했다. 나는 그저 먼저 나에게 주어진 경험의 창문을 통해서 다른 사람들의 경험을 볼 수 있을 뿐이다. 진리에 대해서 뭐라고 말하더라도, 나의 모든 죄와 한계에도 불구하고 내가 먼저 이해할 수 있는 한도 내에서 그리할 수 있을 뿐이다(1981, 107).

그러므로 작가는 "사소한 진리들"에도 만족할 줄 알아야 하며(1981, 18), "어떤 것이든 지금 당장 붙잡고 있는 비전"을 귀히 여길 수 있어야 하고 "가

내버려둬야만 했듯이 나 역시 내 안에 생각과 꿈의 실타래가 저절로 짜여 나오기를 믿고 기다려야 한다. 이성과 탐욕, 조급함, 호기심은 항상 억제되어야 한다. 그렇지 않으면 언젠가 나는 잠에서 깨어 일어나 보니 두루미 아내가 떠나버리고 말았음을 아쉬워하게 될 것이다."(1989, 72). 소설 작가들 뿐만 아니라 설교자들 중에도 설교 준비 과정을 시작하도록 돕는 것은 머리가 아니라 마음인 경우가 있을 것이며, 설교 내용과 언어 그리고 형식을 어떻게 만들어 갈 것인지에 대한 중요한 결정을 내리도록 돕는 것이 마음인 경우가 있을 것이다.

능한 자신에 대해서 정직해야" 한다(1989, 36). 바로 이런 점에서 대화 설교에 대한 나의 관점과 패터슨이 지적하는 소설 창작의 관점을 서로 연결하는 교차점이 바로 자서전적인 차원이다. 우리 모두에게 절대적인 진리란 접근 불가능하기 때문에 설교자로서 우리는 결국 부분적이고 개인적인 "사소한 진리들"에 만족할 수 있어야 한다(Paterson 1981, 18).

대화 설교는 소설 창작처럼 "자서전"과 불가분리의 관계에 있기 때문에(Paterson 1989, 8; see also 78), 마음 속에서 울리는 소리의 이미지, 진주알로 영글어가는 모래알, 거미 몸에서 쉴새 없이 나오는 거미줄 또는 자기 깃털을 뽑아서 아름다운 비단 옷을 짜는 두루미 아내와 같은 다양한 이미지들을 통해서 묘사되는 설교자 자신만의 고유한 "사소한 진리들"을 더욱 발전시키고 확장시키는 다양한 대화에 의존한다. 이 시점에서 나는 엘리자베스 쉬슬러 피오렌자의 주장을 다시금 언급하고자 한다. 그녀에 의하면 설교자의 경험과 이해는 결코 규범적이지도 않고 또 모두에게 해당될 정도로 보편적이지 않기 때문에, 하나님의 백성들의 다양한 경험들을 통해서 교정을 받아야 한다는 것이다(1983, 45,49,52). 설교를 준비하는 과정에서 설교자는 다른 사람들과의 대화를 통해서 자신의 개인적인 경험에 대한 성찰을 더욱 풍부하게 확대시키며 이를 재구성해야 한다. 이를 통해서 내가 희망하는 것이 있다면, 내 설교가 내 마음 속에서 울려오는 소리뿐만 아니라 예배 참가자들의 마음, 특히 그동안 자신들의 목소리가 무시당했거나 억눌려왔거나 짓밟혀왔던 사람들의 마음속에서 함께 울리는 소리들을 다시금 일깨우고 그 정당성을 인정하며 그들에게 용기를 불어 넣어서 그들의 목소리가 다시금 울려 퍼지도록 하는 것이다. 그렇게 함으로써 대화 설교는 비로소 개인적인 차원을 넘어서 공동체적인 차원까지 확보할 수 있을 것이다. 그동안 숨겨왔던 나만의 간절한 경험과 개인적인 확신들이 여러 사람들 앞에 그 모습을 드러내면서 그 정당성을 인정받을 때 비로소 나는 내 경험과 성찰 그리고 나만의 고유한 내기의 풍성함을 더욱 확신을 가지고 분명하게 선포할 수 있을 것이다. 또한 내 자신의 경험과 성찰에 대한 더욱 분명한 확신 속에서 생명을 주는 교회의 중심적인 대화에 더욱 당당하게 참여할 수 있을 것이다.

신학자인 레베카 촙(Rebecca S. Chopp, 1991) 역시 대화 설교의 개인적 혹은 자서전적인 차원에 관한 논의에 중요한 통찰을 제공한다. 레베카 촙의 논의는 주로 여성에 국한되는 것처럼 보이지만, 그녀의 통찰은 대화 설교에 포함시켜야 하는 남성과 여성 모두에게 적용될 수 있다고 본다. 레베카 촙은 "자신들의 삶을 기록"하고 또 "자신들의 다양성과 차이들, 그 속에서의 희노애락과 열망 그리고 위안에 대해서 말할 수 있는" 능력을 발휘함으로써 "새로운 담론"을 발전시키는 여성상을 추구한다.[6] 또 그녀는 여성들이 "자신들의 주체성을 당당하게 표현할 것"을 격려한다(154, 특히 25쪽을 보라). 레베카 촙은 주장하기를, 각각의 여성들에게는 "마음속에 들어 있는 간절한 열망과 소망, 현재 머물러 있는 자리와 살아가는 시간들 그리고 자신들이 마음속에서 믿는 하나님"을 있는 그대로 표현할 수 있는 자유를 허락해야 한다는 것이다(18). 여성들의 솔직한 고백들이 용납될 때, 비로소 설교단의 선포 속에는 진솔한 "자기 고백"이 포함될 수 있을 것이고, "궁극적인 실체와의 연관성 속에서 있는 그대로 우리가 보고 듣는 것"이 포함된 간증이 될 수 있을 것이다(61).[7] 또 그러한 선포야말로 "우리가 실제로 살아가는 삶"과 밀접하게 결합될 수 있을 것이다(61). 그런 의미에서 레베카 촙에게는 선포의 능력은 "우리 자신의 삶을 있는 그대로 말하는 것"에 뿌리 내리고 있다고 해도 과언이 아니다(62).

그래서 나는 바람직한 대화 설교는 우리가 살아가는 삶의 실상에 관한 "새로운 담론"에 참여하는 것이라고 제안하고자 한다. 왜냐하면 이러한 설교에는 우리 삶의 실제들, 즉 눈물과 희망, 두려움, 사랑, 열망, 고백 그리고 그 가운데에서 하나님에 대해서 언뜻 생각나는 것들이나 경험하는 것 그리

---

[6] 레베카 촙(Rebecca S. Chopp, 1991)은 Carolyn G. Heilburn으로부터 이런 관점들을 빌려 왔음을 밝히고 있다. Carolyn G. Heilburn, *Writing a Woman's Life* (New York: Ballantine Books, 1988).
[7] 레베카 촙에 의하면 하나님의 말씀은 항상 끝이 개방되어 있으며 선포는 "항상 부분적이기" 때문에 이런 선언에서 증언의 진리를 보증해주는 그 어떤 보증도 없다(1991, 99-100).

고 새롭게 깨닫게 된 것들이 있는 그대로 포함되기 때문이다. 그리고 설교를 향한 설교자의 열정도 그 설교자가 자신의 실제 삶을 사실적이고 깊이 있게 다루려는 열정과 그 깊이에 달려 있다고 본다.

필자가 패터슨과 레베카 춥의 관점을 통해서 지금까지 살펴본 대화 설교의 개인적인 삶의 차원 또는 대화 설교의 자서전적인 차원들은 현재 몇몇 교회에서 실제로 그대로 실행에 옮겨지고 있다. 예를 들어 여성 설교자가 목회하고 있는 일부 백인 주류 교회에서의 설교나 또는 히스패닉 계열의 개신교 교회에서의 간증식 설교(testimonios)로부터 바람직한 대화 설교의 발전을 위해서 좀 더 숙고해야 하는 중요한 참고자료들을 찾아볼 수 있다.

목회 신학자인 린 로데(Lynn N. Rhodes)는 상당수의 백인 주류 교회 내의 여성 목회자들이 설교 시간에 자신들의 개인적인 삶의 경험들을 솔직하게 끌어들이는 사례들을 소개하고 있다. 이런 사례들을 통해서 우리는 대화 설교의 자서전적인 차원 속에 들어 있는 긍정적인 잠재력을 실감할 수 있다.

> (이런 여성 목회자들은) 설교자 자신이 겪은 고유한 경험이 설교 메시지의 핵심이라는 사실을 설교 시간에 교인들에게 분명히 주지시키곤 한다. 이 점은 두 가지 이유에서 매우 중요하다. 첫째로, 이들 여성 설교자들은 경험의 다양성을 기꺼이 인정하기 때문이다. 한 여성 설교자는 이렇게 말한다: "나는 내가 겪은 경험을 참고하여 이 말씀을 준비했습니다. 이것은 내가 여러분들에게 전하려는 메시지이지만, 그렇다고 여러분이 내 생각에 무조건 순종해야 한다는 것이 아니라, 내 경험을 통해서 여러분 자신의 경험들을 솔직하게 성찰해 보실 수 있기를 바랍니다."

둘째로 이런 여성 설교자들에게는 메시지에 대한 권위의 근거가 한 사람의 실제 삶 속에 뿌리 내리고 있음을 사람들에게 각인시키는 것을 중요하게 여기기 때문이다. "내가 이 교회에 처음 부임해 와서 설교를 시작할 때 교인들은 내 설교가 지나치게 감성적이고 개인적이라고 불평했습니다." 이 여성 설교자는 계속 이렇게 말한다. "하지만 내가 이런 방식으로 계속 설교하자 교인들은 점점 내 설교를 통해서 설교자만을 의존하지 않고 자기 주관을 가지고 자신들만의 고유한 신앙의 경험들에 대해서 점차로 심각하게 성찰하는 권리를 행사하기 시작했습니다." 그때 이후로 이 교회 신자들은 자기 주관을 가지고 자신들의 고유한 신앙에 대해서 성찰하고 그것을 다른 신자들과 함께 나누기 시작했던 것이다. 그래서 그 교회에서는 대략 20명의 신자들이 설교 시간을 통해서 자신들의 신앙을 간증하는 일에 동참했다고 한다. 그런 경험은 모두에게 크나큰 유익이 되었다. 동료 신자들의 신앙 이야기를 듣는 가운데, 자기 내면의 고유한 신앙에 대해서도 자기 주관을 가지고 다시금 생각해보게 되면서 점차 사람들은 이렇게 공개적으로 자기 신앙을 다른 사람들에게 들려주면서 서로를 권면하고 도전하며 심지어 자신들 역시 설교자들처럼 다른 사람의 신앙의 성장에 기여할 수 있는 능력과 가능성을 깨닫게 되었다.... 그래서 이 목회자가 보기에 자기 교회 안에서 자기 혼자만이 아닌 다른 여러 "설교자들"이 숫적으로 함께 늘어나는 것은 결국 목회자 자신의 권위가 그만큼 깎이는 것이 아니라 반대로 자기 설교의 권위가 교회 안에서 강화되는 것을 보여주는 증거나 다름없었다(1987, 47-48).

이렇게 대화 설교는, 설교자의 개인적인 경험을 통해서 신자들이 자신들의 신앙을 성찰해 보도록 유도하고 또 지정된 설교자 뿐만 아니라 일반 신자들도 "자신의 신앙을 공개적으로 표현함"과 동시에 더 나아가 "다른 신자들에게도 권면하고 그들의 신앙에 도전"할 수 있는 기회를 허락하는 공동체적인 설교 또는 상호 협동의 설교와 그 맥을 같이 한다(ibid).

또 대화 설교는 마르텔 오테로(Martell Otero)가 "히스패닉 계열의 개신교 교회에서 진행되는 예배에서 핵심을 구성하는 요소"인 간증식 설교(testimonios)와도 그 맥을 같이 한다(1994, 82). 이들 교회에서 간증식 설교(testimonios)는 안수 받은 목회자가 전하는 설교가 아니라 "신앙 공동체에게 영적 통찰을 제시하는 일반 신자들의 공개적인 증언"을 말한다(82). 이러한 간증식 설교에는 물론 하나님의 말씀에 대한 선포도 포함될 뿐만 아니라 성도들 간에 서로 영적인 덕담을 주고받는 관습과도 연결되어 있으며, 특히 간증을 위해서 앞에 나선 사람들은 신앙 공동체 내에서 그럴만한 자격이 있고 신뢰할만한 인물들로 인정받는다고 한다(82). 그런데 마르텔 오테로에 의하면 히스패닉 계열의 개신교 교회 내에서 "이러한 간증식 설교가 가능한 이유는, 이 설교가 바로 신앙 공동체(la familia, la iglasia)라는 맥락 안에서 이뤄지기 때문"이라고 한다(82).

4. 대화 설교의 포용성

대화 설교의 개인적인 차원에 관한 이상의 논의는 설교에서의 의도적인 포괄성(an intentional inclusiveness)이라는 넷째 특성과도 밀접하게 결부되어 있다. 필자는 이 책의 앞부분 4장에서 설교가 회중들이 겪는 경험의 다양성을 충분히 반영할 수 있어야 한다는 점을 강조하였다. 그리고 이 대목에서 나는 설교자 혼자 경험한 개인적인 경험은 다른 모든 신자들에게도 그대로 적용되어야 할 만큼 그렇게 규범적인 경험이 아니기 때문에 설교자 혼자만의 경험이 공동체 설교에서 활용되려면 그 경험이 더욱 확대되어야 하고 다른 이들의 경험과도 융합되어야 한다는 쉬슬러 피오렌자의 주장에 대해서 살펴보았다. 이제 필자는 대화 설교의 개인적인 차원과 포괄적인 차원을 서로 연결시키는 세 가지 또 다른 연결고리에 대해서 제안하고자 한다.

첫째, 대화 설교는 설교자 개인의 고유하고 구체적인 차원을 강조함으로써 동시에 다른 신자들의 개인적인 경험을 이끌어내는 데 집중한다. 설교자가 강단에서 자기 개인의 고유한 삶과 마음속 내면세계를 깊이 탐구해 들어갈 때, 그 설교를 듣는 신자들 역시 설교자의 내면세계가 아닌 자신들의 고유한 삶의 세계를 사실적으로 탐구해 들어가는 일이 발생한다. 이와 비슷한 이유로 패터슨은 자기가 쓴 글을 읽는 독자들을 가리켜서 "독서 과정에 자신들의 삶을 함께 끌어들여 또 다른 글을 써가는 공동 저자들(coauthors)"이라고 부른다(1989, 37). 그래서 "14세 미만의 청소년들을 위한"(85) 소설을 저술할 때 패터슨이 기대하는 것은 이런 독자들에게 "적당히 조합된 해답들"

을 일방적으로 주입하는 것도 아니고(35), "철 모르는 개구쟁이들에게 올바른 생각을 주입하는 것"도 아니라(1984, 124), "독자 자신들의 마음속에서 울려나는 소리에 귀를 기울이도록" 그들을 안내하는 것이라고 한다(1985, 35). 그 소리에 귀를 기울일 때 비로소 독자들은 자기들만의 고유한 "정서적이고 상상력이 샘솟는 내면세계"로 첨벙 뛰어들어 그 속에서 "저자가 전혀 기대하지 못했던 연결고리를" 찾아내어 이를 자신들의 실제 삶으로 연결시킬 수 있을 것이다(69). 패터슨은 이렇게 적고 있다. "내가 책에서 말하고자 했던 것들을 독자들이 그대로 깨달았다고 할 때는 나 역시 참으로 보람을 느낀다. 그러나 독자들이 반드시 그러해야 한다는 법칙은 없다. 솔직히 말하자면 독자들이 내가 쓴 책에서 그때까지 나도 몰랐던 것을 발견했다고 할 때에는 훨씬 더 전율이 느껴진다"(1981, 24; 1989, 15, 68도 보라).

이와 비슷한 맥락에서 대화 설교 역시 설교자 개인의 삶과 깊은 내면세계로부터 생겨난 경험들에 기초하고 있지만, 그런 내용들이 강단에서 회중에게 전달될 때 설교자 개인의 삶에 관한 대화 설교를 통해서 회중들 역시 자신들의 신앙생활에 대한 생생한 깨달음을 경험할 수 있다. 공적인 담론의 자리에서 이렇게 개인적인 경험들이 솔직하게 다뤄질 때 예배 참가자들도 자기 마음속에서 들려오는 솔직한 목소리들에 더욱 적극적으로 귀를 기울일 수 있으며 심지어 고통과 학대로 인하여 숨겨두고 억눌려 있던 기억들과 아픔의 메아리들까지도 하나님의 말씀의 빛 아래 새롭게 조명하며 정리할 수 있을 것이다. 그래서 개인적인 차원이 포함된 대화 설교는 설교자 한 사람에게 국한된 폐쇄적인 설교라기보다는, 오히려 설교자 개인의 경험을 통해서 신앙 공동체 안에서 다른 신자들의 개인적인 경험을 더욱 적극적으로 촉발시킨다는 의미에서 매우 포용성이 강한 설교다.

신학자인 레베카 촙(Rebecca S. Chopp, 1991) 역시 대화 설교의 개인적 혹은 자서전적인 차원에 관한 논의에 중요한 통찰을 제공하고 있다. 그녀의 중심 주제는 여성에 관한 것이지만 그녀의 통찰은 남성과 여성 모두에게 포괄적으로 적용될 수 있다고 본다. 왜냐하면 남성과 여성 모두를 포함하는 설교자의 다양한 경험은 결국 대화를 통해서 회중 가운데 증진되는 개인적인 경험들의 폭과 깊이를 더욱 확장시켜줄 것이기 때문이다.

대화 설교의 개인적인 차원과 공동체적 차원을 연결시키는 두 번째 연결고리를 지적할 수 있다. 그것은 대화 설교에서는 "우리"라는 인칭대명사를 주의 깊게 사용함으로써 그리고 인간적이고 보편타당한 것이 무엇인지에 관한 독단적인 주장을 거부함으로써 삶의 다양한 경험들을 깊이 있게 성찰하려고 노력한다는 점이다.

대화 설교에서는 설교가 삶의 다양한 경험들을 깊이 있게 성찰하는 것이 매우 중요하다는 점을 잘 인식하고 있다. 그럼에도 불구하고 일반적인 논의에서는 대화 설교에 관한 본인의 주장과 정반대되는 입장들이 다뤄지곤 한다.

상당수의 설교학 관련 도서들에서는 설교자와 회중 양측을 서로 유사한 존재로 묘사하고 있다. 말하자면 양자 모두에게서 발견되는 독특성과 다양성의 저변에는 "공통의 인간 경험"이나 "공통의 인간 본성"이 자리하고 있기 때문에 양자 모두로부터 차이점보다는 유사성을 더 강하게 느낄 수 있다는 것이다. 다만 설교자와 회중이 다르다면 그것은 설교자는 진리나 복음, 성경 해석, 신앙적인 경험에 대한 해석에 대해서 회중보다 더 우월한 입장에 있기 때문이며, 회중에게 전달되어야 할 것은 설교자가 가지고 있는 이러한 내용들이 회중에 비해서 좀 더 성경적이며 신학적으로 평가하더라도 설교자의 입장이 더 타당하거나 또는 더 신뢰할만하기 때문이라는 것이다.

하지만 대화 설교는 이러한 주장을 뒤엎는다. 신앙 공동체 안에서의 믿음과 헌신의 관점에서 볼 때 설교자와 예배 참가자 사이의 유사성은 미미할 뿐이다. 오히려 양자 사이에 차이점을 찾아볼 수 있으며, 그 차이점은 삶에 대한 다양한 경험에서 찾아볼 수 있으며 이러한 다양한 경험으로부터 다양한 해석과 다양한 주장들이 나오는 것이다. 그렇다고 해서 신앙과 실천의 문제와 관련하여 회중 가운데 일치점을 찾아볼 수 없다는 주장을 하려는 것은 아니다. 여기에서 본인이 지적하고자 하는 것은 어느 특정한 공동체든 "실체를 이해하고 해석함에 있어서 함께 공유하는 나름의 방식"과 "적법

한 권위를 구성하는 공통의 패러다임이나 해석의 기반"을 가지고 있다는 것이다(Russell 1993, 39). 그리고 일정한 수준에서 함께 공유하는 믿음과 헌신을 통해서 예배 참가자들에게 하나님의 집이나 혹은 가족처럼 친밀한 공동체에 참여하고 있다는 인식을 불러일으키는 예배 공동체 안에서 대화 설교가 가능하다는 것이다. 이렇게 믿음과 헌신을 함께 공유하는 공동체 안에서 자연히 대화 설교는 신자들의 다양한 경험과 해석 그리고 특히 권력도 없고 사회적 지위도 일천하고 그동안 제 목소리를 내지 못했던 사람들의 다양한 입장들을 이해하고 존중하려고 노력할 것이다.

바람직한 대화 설교를 위해서는 "공통의 인간 경험"과 "공통의 인간 본성"에 관한 주장들 속에 내재한 위험을 세심하게 다룰 수 있어야 한다. 그러한 위험 중에는 서로 다르고 대립적인 경험들을 분별하지 못하여 독특하고도 제한적인 것들을 "공통의 것"이라거나 또는 "인간 본성의 차원에 해당하는 것"이라고 명명하는 독단에 빠지는 것이다. 물론 모든 인간에게 공통으로 해당되는 경험들도 있을 것이다. 하지만 "공통의 인간 경험"에 관한 주장들은 서로 상반되는 입장들을 무시하거나 거절할 수 있으며, "공통의 인간 본성"에 관한 사실들이란 것도 보편적이지 않고 그저 단편(a segment)에 불과한 것 그리고 특정 시대나 사회 속에서 지배적인 영향력을 행사하는 단편만을 강조할 우려가 있다. 그렇게 주장하는 단편들이나 사실들이 실은 얼마나 독특하고 제한적인지를 맨 처음 깨닫는 사람들은 바로 그러한 기준에서 밀려난 소외 계층 사람들이나 외부인들이다.

여성해방론자들(feminists)은 "공통의 인간 경험"이나 "공통의 인간 본성"에 관한 주장들 속에 깔려 있는 남성 중심적인 편견을 폭로함으로써 이런 주장들의 타당성을 무너뜨렸다. 그리고 논의의 관심 역시 "공통의 인간 경험"으로부터 "여성의 경험"으로 바꾸었다. 하지만 이러한 새로운 논의 작업 역시 편파적이긴 마찬가지이다. 이들 역시 자신들의 경험이 보편적이라고 주장하기 때문이다. 흑인 여성학자이자 윤리학자인 재클린 그랜트(Jacquelyn Grant)는 백인 여성해방론자들의 인종적인 편견을 비판한다. 이들 역시 여성의 고유한 경험을 말하면서도 결국은 백인 여성들의 경험과 아프리카계 백인 여성들의 경험의 차이점을 무시하기 때문이다(1989). 백인 여성해방론자들은 자신들이 속한 중산 계층의 전유물(204)과 특권(200)을 마치 "모든 여성들 공통의 경험"(198. 199)인 것처럼 주장한다. 그렇게 함으로써 이들은 "규칙을 일방적으로 정한 다음에 다른 사람들도 경기에 함께 참여하라고 졸라대는"(200) 이전의 모든 압제자들의 길을 그대로 뒤따르고 있다는 것이다. 그래서 이들은 여성 해방 운동에서 "규정과 통제의 권한"을 여전히 행사하려고 든다는 것이다(199-200).

여성해방론자들의 연구에 큰 빚을 지고 있으며 특히 그랜트의 비판을 귀담아 들어야 할 나로서는 그랜트가 지적한 바와 같이 "규정과 통제의 권한"을 집착하는 특권층의 문화에 어느 정도 참여하고 있음을 인정하지 않을 수 없다. 그와 동시에 그랜트의 통찰은 "공통의 인간 경험과 보편적 가치"를 주장하는 모든 주장들을 비평적으로 성찰하는 데 큰 힘이 되었다. 그동안 나는 설교자들이 "우리"가 무엇을 느끼고 어떻게 행동해야 하는지에 대해서 역설하는 설교들을 종종 듣곤 했다. 하지만 그러한 진술들은 나의 입장을 반영하기 보다는 설교자 자신의 입장을 담고 있을 때가 적지 않았다. 그래서 설교자가 말하는 "우리" 속에서 "나"는 제외되곤 하였다.

하지만 올바른 대화 설교를 위해서는 다른 이들의 경험의 독특성과 다양성 모두를 그대로 인정해야 하며, 무엇이 보편적이고 무엇이 인간 공통의 것인지에 관한 일방적인 주장을 넘어서야 한다. 대화 설교는 인간 설교자의 고유한 경험에 기초하고 있는 까닭에, 다른 이들의 경험의 정당성 역시 존중해 주어야 한다. 그리고 개인적인 경험은 그 개인의 해석적인 관점이나 신앙적인 주장과 불가분리의 관계에 있음을 인정해야 한다. 그래서 대화 설교에서 설교자가 자신의 개인적인 경험과 주장들을 언급할 때 "우리"라는 표현을 사용하는 데 주의하고, "나"라는 겸손한 표현을 사용하도록 해야 하며, 다른 이들의 경험을 수용할 수 있는 포용력을 갖추어야 하며, 특히 이미 알려진 실상의 가장자리 불확실한 영역에서 방황하는 자들의 경험을 이해하고 수용할 수 있는 아량을 지녀야 한다. 대화 설교에서 배려해야 할 인간 경험의 특이성과 잘 어울리는 것이 바로 이렇게 하나님의 백성들을 포함하여 모든 사람들의 경험의 다양성을 존중하는 자세이다.

대화 설교의 개인적이며 포용적인 특성과 긴밀히 결부되어 있는 셋째 연결고리가 있다. 대화 설교에서는 모든 설교에 대한 회중 각자의 개인적인 반응의 다양성을 있는 그대로 환영한다. 상당수의 신앙 공동체에서 예배 중간이나 예배가 끝난 이후에 설교에 대한 성도 개개인의 반응을 함께 나누는 기회를 갖는다. 이러한 공동체들은 해당 공동체 내에서 진행되는 지속적인 대화에서 매우 중요한 요소로서의 회중 개개인의 고유한 경험과 해석적인 관점 그리고 확신의 다양성의 정당성을 인정할 수 있는 모델을 제시한다.

쉬슬러 피오렌자는 설교가 전해진 다음에는 회중과 함께 설교에 대해서 토의할 수 있는 시간이 뒤따라야 한다고 주장한다. 그 이유는 "교수의 강의 후에 학생들의 질문이 뒤따르며, 기자회견 다음에도 기자들의 질문이 뒤따르기" 때문이다(1983, 49). 설교가 끝난 다음에 예배 참가자들이 그 설교와 관련하여 정기적으로 질문을 하거나, 설교 메시지에 대한 자신의 경험이나 생각을 표현하거나 또는 대조적인 해석 관점을 제시하거나, 특히 그동안 소외 계층으로 있었거나 침묵해온 사람들의 입장에서 질문을 할 수 있는 기회가 허락된다면 이런 기회를 통해서 공동체 안에 이들의 입장이나 목소리가 새롭게 존중되고 격려 받으면서 더 견고한 대화의 장으로 발전되어갈 수 있을 것이다. 이렇게 설교에 대한 회중의 응답과 반응을 통해서 설교, 즉 대체적으로 한 사람에 의해서 전해지기 마련인 설교가 그 한 개인보다 더 커다란 교회 전체의 대화와 효과적으로 조화될 수 있을 것이다.

설교가 끝난 다음 시간을 따로 마련하여 설교에 대하여 응답하는 관습은 17세기 초엽 뉴잉글랜드 지역의 많은 교회들이 따르던 관습이다(Adams 1981). 설교가 끝나고 설교자가 의자에 앉으면, 회중 가운데 몇몇 신자들, 주로 남성 신자들이 설교자에게 질문을 던지거나 "사람들에게 권면의 말"을 하였다.[8] 또 어떤 마을의 교회에서는 여성 신자들은 권면을 하되 질문하는 것은 금지된 경우도 있었고, 또 다른 교회에서는 공 예배 시간에는 이 두 가지가 모두 금지된 경우도 있었다. 공예배 시간에 이렇게 설교자 이외의 다른 신자들이 공예배 시간에 설교와 관련하여 질문하거나 권면하는 관습은 특히 미국 동부 식민지 지역에 광범위하게 퍼져 있었다. 그런 사실은 "당시의 이러한 관습을 조정하려는 의도가 담긴 설교와 회중의 대응에 대한 기록들을 통해서 알 수 있다"(29). 이러한 관습에 담긴 명백한 성차별적 요소는 회중 상호 간의 신뢰와 안전을 훼손하기 때문에 이에 대해서는 결코 찬성할 수 없지만, 그럼에도 불구하고 예배 중간이든 혹은 예배 직후이든 예배 참가자들이 설교에 대한 각자의 반응을 표명할 수 있는 적절한 기회로서의 공식적인 토론 시간을 갖는 것은 매우 바람직하다.

대화 설교와 관련하여 두 가지 주의가 필요하다. 먼저는 본인이 대화 설교를 강조하더라도 설교자가 자신의 개인적인 이야기만을 설교해야 한다거나 "우리"라는 강압적인 표현 대신에 "나"라는 겸손한 인칭대명사만을 반복적으로 사용해야 한다는 뜻이 아니다. 대화 설교의 핵심은 설교자의 고유한 자서전적인 경험과 깨달음이지만 이러한 경험과 깨달음은 더욱 확장되고 재구성되면서 다른 이들의 경험과 함께 결합될 수 있어야 한다. 그렇게 함으로써 설교자의 특징을 나타내준 것이 다른 이들의 특징을 나타내는 것과 하나가 될 수 있어야 한다. 둘째로 본인이 한 개인의 고유한 경험을 중시하는 대화 설교를 강조하더라도 개개인의 모든 경험이나 주장이 모든 신앙 공동체 안에서 전부다 용납될 수 있어야 한다는 뜻도 아니다. 신앙 공동체는 어느 한 개인의 독특한 경험이나 이해에 머무를 것이 아니라, 하나님과 인간 사이의 대화를 포함하여 다양한 대화들을 통하여 공동체 자신의 기준을 끊임없이 확립하고 재구성해나아가야 한다.

---

8) Adams 1981, 28. 다음을 인용함. John Cotton, *The True Constitution of a Particular Visible Church Proved by Scripture* (London: n.p., 1642), 6.

5. 성경과의 대화

이제 대화 설교에서 다섯 번째이자 마지막 요소인 성경에 대해서 살펴보자. 나는 내 자신의 고유한 경험 뿐만 아니라 타인의 경험도 중요하게 받아들이기 때문에, 하나님에 대해서 그리고 하나님의 백성으로서 살아가는 것이 무엇을 의미하는지에 대해서 고민했던 조상들의 경험의 기록으로서의 성경 역시 중요하게 취급한다. 또 인간과 인간 사이의 대화를 진지하게 받아들이는 만큼 성경 본문을 포함하여 하나님과 인간 사이의 대화 역시 진지하게 받아들여야 한다. 이러한 대화에서 성경 본문은 우리에게 익숙하고 용납할만한 것뿐만 아니라 도전적이고 기준에 부합하지 않은 것을 포함하여 절대 타자인 것까지도 제시한다. 그리고 이러한 대화에 초대받은 우리는 그런 목소리를 들어야 할 뿐만 아니라 우리의 목소리를 표명하며 질문하고 증명도 해야 한다.

본문의 목소리를 듣는 것은 설교학의 대화에서 다뤄지는 매우 중요한 주제이다. 설교학의 대화 테이블에서 종종 간과되는 것 중에 하나는 하나님의 메시지를 수신하는 수신자로서나 또는 암호화된 말씀을 해독하는 분별자 이상의 독특한 가치를 가진 독자의 역할이다. 독자의 고유한 목소리가 본문 해석 속에 파묻히면서 그들의 고유한 삶과 경험 역시 간과되기 일쑤다. 게다가 전통적인 설교학과 케리그마 설교학은 성경 본문의 증언의 신비한 난해함과 절대적 타자성을 일정한 공식과 같은 케리그마나 알려진 진리 몇 마디로 축소하려는 경향이 있다.

하지만 최소한 두 명의 파트너가 없이는 대화 자체가 불가능하다. 각각의 파트너는 "각자 고유한 관심과 독특한 경험과 질문을 대화 속으로 가지고 온다"(Browning 1994, 131). 바람직한 대화 설교는 하나님과 인간 그리고 세상 사이의 관계처럼 가장 중요한 문제에 관한 해답을 듣기 위한 노력의 일환으로 신앙 공동체와 성경 본문 사이에 진행되는 대화인 성경 읽기를 증진시킨다. 바로 이 상호관계의 회복을 위하여 그리스도께서 죽으셨으며 바로 이 회복을 위한 하나님의 샬롬의 약속이 그 속에 깃들어 있기 때문이다.

레베카 촙은 신앙 공동체와 성경 사이의 상호관계를 일종의 상호간의 해석(mutual interpretation)으로 설명한다(1991). 성경 본문은 마치 독자가 이미 알고 있는 이야기를 보여주는 반사경처럼 읽혀져서는 안 된다(64). 촙에 의하면 성경 해석은 본문과 독자 사이에 진행되는 대화의 일종으로서 이 대화 과정에서 각자는 타자의 역사성(historicity)을 존중해야 한다(8). 그리고 본문과 (독자의) 경험 중에서 어느 한 쪽의 입장을 일방적으로 강요하지 않도록 해야 한다(46). 이 과정에서 중요한 것은 우리와 마주 대항하여 서 있는 본문의 절대적인 타자성 앞에서 그리고 본문과 전혀 대조적인 우리의 경험 안에서 본문과 우리 사이를 오가는 지속적인 움직임이다(58). 이러한 해석학적인 움직임을 통해서 달성하고자 하는 해석의 궁극적인 목표는 "지속적인 대화를 통해서, 즉 양자 사이의 개방적인 대화를 통해서 서로를 더욱 풍부하게 하는 것"이다(46). "성경과 독자/선포자 사이를 오가는 해석학적인 움직임"(58)은 "포용적인 공동체(93) 또는 대화적인 공동체(95)" 안에서 일어난다. 그러한 공동체는 "서로를 향하여 질문을 던지며 그 해답을 지속적으로 실행하는 데 헌신하는 방법을 체득한 공동체"이다(92). 그러한 공동체에서는 지속적인 논의와 대화를 통해서 서로의 의견을 나눌 수 있는 자유가 계속 촉진되고 강화되기 마련이다(95).

이제 우리는 대화 설교의 온전한 윤곽에 도달하게 되었다. 그동안 계속 강조해온 바와 같이 대화 설교의 핵심에는 대화 참가자들의 상호 연관성에 대한 경험과 공동체 소속감과 상호 의존성에 대한 경험이 자리하고 있다. 이러한 경험을 통해서 모든 대화 참가자들은 자신의 고유한 경험과 해석 그리고 주장을 말할 수 있는 것이다.

본인은 그동안 설교학에 관한 여러 도서들 안팎에서 대화 설교에 관한 쟁점들이나 연관되는 내용들을 폭 넓게 다뤄보려고 노력하였다. 하지만 이제 이 책을 마무리하는 단계에서 추가적인 논의가 필요한 몇 가지 질문들이 남는다. 본인이 지금까지 대화 설교에 대해서 설명했지만 그렇다고 전혀 새로운 것을 설명한 것이 아니라면 이미 기존의 교회에서 찾아볼 수 있는 대화 설교는 과연 무엇인가? 이런 방식으로 설교하면서 기존의 설교 방법과 다른 대안을 모색하는 사람은 누구인가? 이 책에서 본인이 제안한 나의 잠정적인 견해는 그 자체로 최종적인 견해가 아니라 다른 이들의 해석을 기다린다. 나의 제안은 다른 이들의 동조나 대안적인 제안을 기다리고자 한다. 그리고 여기에서 제시한 것들은 본인이 생각하는 주장이기 때문에 의심의 여지가 없이 제한적이고 부분적일 수밖에 없고 이를 더 확장시키거나 발전시켜줄 다른 이들의 통찰에 의존할 수밖에 없다.

참고문헌

Achtemeier, Elizabeth R. 1980. *Creative preaching: Finding the words* (Abingdon Preacher's Library). Edited by William D. Thompson. Nashville: Abingdon Press.

Adams, Doug. 1981. *Meeting house to camp meeting: Toward a history of American free church worship from 1620 to 1835*. Saratoga: Modern Liturgy-Resourse Publications.

Allen, Ronald J. 1983. Shaping sermons by the language of the text. In *Preaching biblically*, edited by Don M. Wardlaw, 29–59. Philadelphia: Westminster Press.

Austin, J. L. 1975. *How to do things with words*. Edited by J. O. Urmson and Marina Sbisà. 2d ed. Cambridge: Harvard University Press.

Barth, Karl. 1963a. *The doctrine of the Word of God: Prolegomena to church dogmatics*. Translated by G. T. Thomson and Harold Knight. Vol. 1:2, *Church dogmatics*, edited by G. W. Bromiley and T. F. Torrance. Edinburgh: T. & T. Clark.

———. 1963b. *The preaching of the Gospel*. Translated by B. E. Hooke. Philadelphia: Westminster Press.

Bartlett, Gene E. 1962. *The audacity of preaching*. New York: Harper & Bros.

Bartow, Charles L. 1980. *The preaching moment: A guide to sermon delivery* (Abingdon Preacher's Library). Edited by William D. Thompson. Nashville: Abingdon Press.

Beardslee, William A. and others. 1989. *Biblical preaching on the death of Jesus*. Nashville: Abingdon Press.

Belenky, Mary Field and others. 1986. *Women's ways of knowing: The development of self, voice, and mind*. Harper Collins, Basic Books.

Best, Ernest. 1988. *From text to sermon: Responsible use of the New Testament in preaching*. 2d ed. Edinburgh: T. & T. Clark.

The Bishops' Committee on Priestly Life and Ministry, National Conference of Catholic Bishops. 1982. *Fulfilled in your hearing: The homily in the Sunday assembly*. Washington, D.C.: Office of Publishing Services, U.S. Catholic Conference.

Bohren, Rudolf. 1965. *Preaching and community*. Translated by David E. Green. Richmond: John Knox Press.

Broadus, John A. 1944. *On the preparation and delivery of sermons.* Revised edition by Jesse Burton Weatherspoon. New York: Harper & Bros.

Brokhoff, John R. 1985. A theology of preaching. In *Heralds to a new age,* edited by Don M. Aycock, 19–29. Elgin, Ill.: Brethren Press.

Brown, H. C., Jr., H. Gordon Clinard, and Jesse J. Northcutt. 1963. *Steps to the sermon: A plan for sermon preparation.* Nashville: Broadman Press.

Brown, Raymond E. 1983. Preaching in the acts of the apostles. In *A new look at preaching,* edited by John Burke, 59–73. Good News Studies, vol. 7. Wilmington, Del.: Michael Glazier.

Browne, Robert E. C. 1958. *The ministry of the Word.* London: SCM Press.

Browning, Don S. 1994. Transcendence and immanence in pastoral care and preaching. In *The treasure of earthen vessels: Explorations in theological anthropology: In honor of James N. Lapsley,* edited by Brian H. Childs and David W. Waanders, 123–36. Louisville: Westminster/John Knox Press.

Brueggemann, Walter. 1988. The social nature of the biblical text for preaching. In *Preaching as a social act: Theology and practice,* edited by Arthur Van Seters, 127–65. Nashville: Abingdon Press.

———. 1989. *Finally comes the poet: Daring speech for proclamation.* Minneapolis: Fortress Press.

Buechner, Frederick. 1977. *Telling the truth: The Gospel as tragedy, comedy, and fairy tale.* San Francisco: Harper & Row.

Burghardt, Walter J. 1983. From study to proclamation. In *A new look at preaching,* edited by John Burke, 25–42. Good News Studies, vol. 7. Wilmington, Del.: Michael Glazier.

Buttrick, David G. 1987. *Homiletic: Moves and structures.* Philadelphia: Fortress Press.

Carroll, Maureen P. 1983. A response. In *Preaching and the non-ordained: An interdisciplinary study,* edited by Nadine Foley, 40–47. Collegeville, Minn.: Liturgical Press.

Chatfield, Donald F. 1984. Textbooks used by teachers of preaching. *Homiletic* 9, no. 2:1–5.

Chopp, Rebecca S. 1991. *The power to speak: Feminism, language, God.* New York: Crossroad.

Clarke, James W. 1960. *Dynamic preaching.* Westwood, N.J.: Fleming H. Revell Co.

Claypool, John. 1980. *The preaching event.* Waco, Tex.: Word Books.

Cleland, James T. 1965. *Preaching to be understood.* Nashville: Abingdon Press.

Cox, James William. 1985. *Preaching.* San Francisco: Harper & Row.

Craddock, Fred B. 1974. *As one without authority: Essays on inductive preaching.* Rev. ed. Enid, Okla.: Phillips University Press.

Crum, Milton, Jr. 1977. *Manual on preaching.* Valley Forge, Pa.: Judson Press.

Daane, James. 1980. *Preaching with confidence: A theological essay on the power of the pulpit.* Grand Rapids: William B. Eerdmans.

Davis, H. Grady. 1958. *Design for preaching.* Philadelphia: Fortress Press.

Dewailly. L.-M. 1964. The silence of the Word. In *The Word: Readings in theology,* compiled at the Canisianum, Innsbruck, 286–97. New York: P. J. Kenedy & Sons.

Dodd, C. H. 1937. *The apostolic preaching and its developments: Three lectures.* With an Introduction by Ernest F. Scott. Chicago: Willett, Clark & Co.

Doyle, Stephen C. 1982. *The Gospel in Word and power: The biblical liturgical homily.* Wilmington, Del.: Michael Glazier.

Duke, Robert W. 1980. *The sermon as God's Word* (Abingdon Preacher's Library). Edited by William D. Thompson. Nashville: Abingdon Press.

Ebeling, Gerhard. 1963. *Word and faith.* Translated by James W. Leitch. London: SCM Press.

Eslinger, Richard L. 1987. *A new hearing: Living options in homiletic methods.* Nashville: Abingdon Press.

Fichtner, Joseph. 1981. *To stand and speak for Christ: A theology of preaching.* New York: Alba House.

Ford, D. W. Cleverley. 1979. *The ministry of the Word.* Grand Rapids: William B. Eerdmans.

Freeman, Harold. 1987. *Variety in biblical preaching: Innovative techniques and fresh forms.* Waco, Tex.: Word Books.

Gilligan, Carol. 1982. *In a different voice: Psychological theory and women's development.* Cambridge: Harvard University Press.

González, Justo L., and Catherine Gunsalus González. 1980. *Liberation preaching: The pulpit and the oppressed* (Abingdon's Preacher's Library). Edited by William D. Thompson. Nashville: Abingdon Press.

Grant, Jacquelyn. 1989. *White women's Christ and Black women's Jesus: Feminist Christology and womanist response* (American Academy of Religion Academy Series). Edited by Susan Thistlethwaite, no. 64. Atlanta: Scholars Press.

Grasso, Domenico. 1964. Kerygma and preaching. In *The Word: Readings in theology,* compiled at the Canisianum, Innsbruck, 220–48. New York: P. J. Kenedy & Sons.

———. 1965. *Proclaiming God's message: A study in the theology of preaching.* Vol. 8, Liturgical studies. Notre Dame: University of Notre Dame Press.

Halkes, Catharina. 1980. Feminist theology: An interim assessment. In *Women in a men's church,* edited by Virgil Elizondo and Norbert Greinacher; English language edited by Marcus Lefébure, 110–23. Vol. 134, no. 4, *Concilium: Religion in the eighties.* New York: Seabury Press.

Hall, Thor. 1971. *The future shape of preaching.* Philadelphia: Fortress Press.

Halvorson, Arndt L. 1982. *Authentic preaching.* Minneapolis: Augsburg.

Hill, William J. 1983. What is preaching? One heuristic model from theology. In *A new look at preaching,* edited by John Burke, 113–25. Good News Studies, vol. 7. Wilmington, Del.: Michael Glazier.

Horne, Chevis F. 1983. *Dynamic preaching: How to make your preaching life-changing and powerful.* Nashville: Broadman Press.

Ireson, Gordon W. 1958. *Who shall they hear?* London: SPCK.

Jabusch, Willard Francis. 1980. *The person in the pulpit: Preaching as caring* (Abingdon Preacher's Library). Edited by William D. Thompson. Nashville: Abingdon Press.

Jensen, Richard A. 1980. *Telling the story: Variety and imagination in preaching.* Minneapolis: Augsburg Publishing House.

Keir, Thomas H. 1962. *The Word in worship*. London: Oxford University Press.

Killinger, John. 1969. *The centrality of preaching in the total task of the ministry*. Waco, Tex.: Word Books.

Lewis, Ralph Loren, and Gregg A. Lewis. 1983. *Inductive preaching: Helping people listen*. Westchester, Ill.: Crossway Books, Good News Publishers.

Lischer, Richard. 1981. *A theology of preaching: The dynamics of the Gospel* (Abingdon Preachers Library). Edited by William D. Thompson. Nashville: Abingdon Press.

Long, Thomas G. 1989a. *Preaching and the literary forms of the Bible*. Philadelphia: Fortress Press.

————. 1989b. *The witness of preaching*. Louisville: Westminster/John Knox Press.

Lowry, Eugene L. 1980. *The homiletical plot: The sermon as narrative art form*. Atlanta: John Knox Press.

————. 1985. *Doing time in the pulpit: The relationship between narrative and preaching*. Nashville: Abingdon Press.

————. 1989. *How to preach a parable: Designs for narrative sermons* (Abingdon Preacher's Library). Edited by William D. Thompson. Nashville: Abingdon Press.

————. 1990. The narrative quality of experience as a bridge to preaching. In *Journeys toward narrative preaching*, edited by Wayne Bradley Robinson, 67–77. New York: Pilgrim Press.

Lyotard, Jean-François. 1984. *The postmodern condition: A report on knowledge*. Translated by Geoff Bennington and Brian Massumi. With a Foreword by Fredric Jameson. Vol. 10, *Theory and history of literature*, edited by Wald Godzich and Jochen Schulte-Sasse. Minneapolis: University of Minnesota Press.

Malcomson, William L. 1968. *The preaching event*. Philadelphia: Westminster Press.

Markquart, Edward F. 1985. *Quest for better preaching: Resources for renewal in the pulpit*. Minneapolis: Augsburg Publishing House.

Martell Otero, Loida. 1994. Women doing theology: Una perspectiva evangélica. *Apuntes* 14 (Fall): 75.

McClure, John S. 1995. *The roundtable pulpit: Where leadership and preaching meet*. Nashville: Abingdon Press.

McElvaney, William K. 1989. *Preaching from camelot to covenant: Announcing God's action in the world*. Nashville: Abingdon Press.

McNeil, Jesse Jai. 1961. *The preacher-prophet in mass society*. Grand Rapids: William B. Eerdmans.

McNulty, Frank J. 1985. Introduction: The good eye. In *Preaching better*. Ramsey, N.J.: Paulist Press.

Mitchell, Henry H. 1977. *The recovery of preaching*. New York: Harper & Row.

————. 1979. *Black preaching*. New York: Harper & Row; first published J. P. Lippincott, 1970.

Morris, Colin, 1975. *The Word and the words*. Nashville: Abingdon Press.

Mounce, Robert H. 1960. *The essential nature of New Testament preaching*. Grand Rapids: William B. Eerdmans.

Muehl, William. 1986. *Why preach? Why listen?* Philadelphia: Fortress Press.

Nichols, J. Randall. 1987. *The restoring Word: Preaching as pastoral communica-

참고문헌 259

tion. San Francisco: Harper & Row.
Paterson, Katherine. 1981. *Gates of excellence: On reading and writing books for children*. New York: Elsevier/Nelson Books.
———. 1989. *The spying heart: More thoughts on reading and writing books for children*. New York: Lodestar Books, E. P. Dutton.
Pearson, Roy Messer. 1954. *The ministry of preaching*. New York: Harper & Bros.
———. 1962. *The preacher: His purpose and practice*. Philadelphia: Westminster Press.
Pittenger, W. Norman. 1962. *Proclaiming Christ today*. Greenwich, Conn.: Seabury Press.
Porteous, Alvin J. 1979. *Preaching to suburban captives*. Valley Forge, Pa.: Judson Press.
Rahner, Karl. 1964. The priesthood: A sermon. In *The Word: Readings in theology*, compiled at the Canisianum, Innsbruck, 249–52. New York: P. J. Kenedy & Sons.
———. 1968. Demythologization and the sermon. Translated by Theodore L. Westow. In *The renewal of preaching: Theory and practice*, edited by Karl Rahner, 20–38. Vol. 33, *Concilium: Theology in the age of renewal: Pastoral theology*. Paramus, N.J.: Paulist Press.
Randolph, David James. 1969. *The renewal of preaching*. Philadelphia: Fortress Press.
Read, David H. C. 1988. *Preaching about the needs of real people* (Preaching About . . . Series). Philadelphia: Westminster Press.
Reid, Clyde H. 1967. *The empty pulpit: A study in preaching as communication*. New York: Harper & Row.
Rhodes, Lynn N. 1987. *Co-creating: A feminist vision of ministry*. Philadelphia: Westminster Press.
Rice, Charles L. 1970. *Interpretation and imagination: The preacher and contemporary literature*. Philadelphia: Fortress Press.
———. 1983. Shaping sermons by the interplay of text and metaphor. In *Preaching biblically*, edited by Don M. Wardlaw, 101–20. Philadelphia: Fortress Press.
Riegert, Eduard R. 1990. *Imaginative shock: Preaching and metaphor*. Burlington, Ont.: Trinity Press.
Ritschl, Dietrich. 1960. *A theology of proclamation*. Richmond: John Knox Press.
Russell, Letty M. 1993. *Church in the round: Feminist interpretation of the church*. Louisville: Westminster/John Knox Press.
Salmon, Bruce C. 1988. *Storytelling in preaching: A guide to the theory and practice*. Nashville: Broadman Press.
Scherer, Paul. 1965. *The word God sent*. New York: Harper & Row.
Schillebeeckx, Edward. 1964. Revelation in word and deed. In *The Word: Readings in theology*, compiled at the Canisianum, Innsbruck, 255–72. New York: P. J. Kenedy & Sons.
Schmaus, Michael. 1966. *Preaching as a saving encounter*. Translated by J. Holland Smith. Staten Island, N.Y.: St. Paul, Alba House.
Schüssler Fiorenza, Elisabeth. 1983. Response. In *A new look at preaching*, edited by John Burke, 43–55. Good News Studies, vol. 7. Wilmington, Del.: Michael Glazier.

Scott, Bernard Brandon. 1985. *The Word of God in words: Reading and preaching* (Fortress Resources for Preaching). Philadelphia: Fortress Press.

Semmelroth, Otto. 1965. *The preaching Word: On the theology of proclamation.* Translated by John Jay Hughes. New York: Herder & Herder.

Sider, Ronald J., and Michael A. King. 1987. *Preaching about life in a threatening world* (Preaching About . . . Series). Philadelphia: Westminster Press.

Sittler, Joseph. 1966. *The anguish of preaching.* Philadelphia: Fortress Press.

Sleeth, Ronald E. 1964. *Proclaiming the Word.* Nashville: Abingdon Press.

―――. 1986. *God's Word and our words: Basic homiletics.* With a Foreword by Thomas G. Long. Atlanta: John Knox Press.

Smith, Christine M. 1989. *Weaving the sermon: Preaching in a feminist perspective.* Louisville: Westminster/John Knox Press.

Swank, George W. 1981. *Dialogic style in preaching.* Valley Forge, Pa.: Judson Press.

Taylor, Gardner. 1983. Shaping sermons by the shape of text and preacher. In *Preaching biblically,* edited by Don M. Wardlaw, 137–52. Philadelphia: Westminster Press.

Thielicke, Helmut. 1965. *The trouble with the church.* Edited and translated by John W. Doberstein. New York: Harper & Row.

Thompson, Claude H. 1962. *Theology of the kerygma: A study in primitive preaching.* Englewood Cliffs, N.J.: Prentice-Hall.

Thompson, William D. 1981. *Preaching biblically: Exegesis and interpretation* (Abingdon Preacher's Library). Edited by William D. Thompson. Nashville: Abingdon Press.

Thulin, Richard L. 1990. Retelling biblical narratives as the foundation for preaching. In *Journeys toward narrative preaching,* edited by Wayne Bradley Robinson, 7–18. New York: Pilgrim Press.

Tizard, Leslie James. 1958. *Preaching: The act of communication.* New York: Oxford University Press.

Tostengard, Sheldon A. 1989. *The spoken Word* (Fortress Resources for Preaching). Philadelphia: Fortress Press.

Tracy, David. 1987. *Plurality and ambiguity: Hermeneutics, religion, hope.* San Francisco: Harper & Row.

Troeger, Thomas H. 1982. *Creating fresh images for preaching: New rungs for Jacob's ladder* (More Effective Preaching Series). Valley Forge, Pa.: Judson Press.

―――. 1983. Shaping sermons by the encounter of text with preacher. In *Preaching biblically,* edited by Don. M. Wardlaw, 153–73. Philadelphia: Westminster Press.

von Allmen, Jean-Jacques. 1962. *Preaching and congregation.* Translated by B. L. Nicholas. Ecumenical Studies in Worship, no. 10. Richmond: John Knox Press.

Ward, Ronald A. 1958. *Royal sacrament: The preacher and his message.* London: Marshall, Morgan & Scott.

Wardlaw, Don M. 1983. Introduction: The need for new shapes. In *Preaching biblically,* edited by Don M. Wardlaw, 11–25. Philadelphia: Westminster Press.

Wardlaw, Don M., ed. 1989. *Learning preaching: Understanding and participating in the process.* Lincoln, Ill.: The Academy of Homiletics, Lincoln Christian College and Seminary Press.

참고문헌 261

Welsh, Clement. 1974. *Preaching in a new key: Studies in the psychology of thinking and listening*. Philadelphia: United Church Press, Pilgrim Press.

West, Robin. 1988. Jurisprudence and gender. *The University of Chicago Law Review* 55 (Winter):1–72.

White, Hugh C. 1988. Introduction: Speech act theory and literary criticism. *Semeia: An Experimental Journal for Biblical Criticism* 41:1–24.

Wilson, Paul S. 1988. *Imagination of the heart: New understandings in preaching*. Nashville: Abingdon Press.

Wilson-Kastner, Patricia. 1989. *Imagery for preaching*. Minneapolis: Fortress Press.

Wright, James. 1958. *A preacher's questionnaire*. Edinburgh: St. Andrew's Press.

Young, Robert D. 1979. *Religious imagination: God's gift to prophets and preachers*. Philadelphia: Westminster Press.

저자 색인

ㄱ

가다머, 한스-게오르그(Gadamer, Hans-Georg)
34, 218

곤잘레스, 주스토(Gonzalez, Justo L.)
114, 203

곤잘레스, 캐서린 군살루스
(Gonzalez, Catherine Gunsalus)
114, 203

그라쏘, 도메니코(Grasso, Domenico)
128, 202

그랜트, 재클린(Grant, Jacquelyn)
247-248, 261

길리건, 캐롤(Gilligan, Carol)
60-65, 67, 72

ㄴ

니덴달, 모리스(Niedenthal, Morris J.) 121

니콜스, 랜달(Nichols, J. Randall) 169

ㄷ

다드, C. H.(Dodd, C. H.)
83-85, 89-91, 93, 97-98, 110, 201

다안, 제임스(Daane, James)
78-79, 95-96, 103-104

데이비스, 그레디(Davis, H. Grady)
31-33, 103, 121, 131-132, 148-151, 220-221, 223

도일, 스테판(Doyle, Stephen C.) 101, 118

듀크, 로버트 (Duke, Robert W.) 134
드베일리,L. M. (Dewailly, L. M.) 198-200

리츨, 디트리히(Ritschl, Dietrich)
　179-182, 205

ㄹ

라너, 칼(Rahner, Karl) 118-119
라이스, 찰스(Rice, Charles L.)
　121, 124, 129, 140, 143-144
랜돌프, 데이비드 제임스
(Randolph, David James)
　145-147
러셀, 레티(Russell, Letty M.)
　10, 214, 234-235
로데, 린(Rhodes, Lynn N.) 242
로우리, 유진(Lowry, Eugene L.)
　9, 29, 121, 148-150, 152-156, 218-219,
　220-224, 239
롱, 토마스(Long, Thomas G.)
　139, 147, 158, 161, 206, 211
루이스, 그렉(Lewis, Gregg A.) 46, 55-56
루이스, 랄프(Lewis, Ralph L.) 46, 55-56
리거트, 에드워드 R.(Riegert, Eduard R.)
　157, 168-169
리드, 클라이드(Reid, Clyde H.) 88, 168-169
리셔, 리차드(Lischer, Richard) 160-161

ㅁ

마운스, 로버트(Mounce, Robert H.)
　84-85, 90-91, 97-100
마쿼트, 에드워드(Markquar, tEdward F.)
　103-104, 108-109
마텔 오테로, 로이다(Martell Otero, Loida)
　233
말콤슨, 윌리엄(Malcomson, William) 143
맥닐, 제시(McNeil, Jesse Jai) 100-101, 118
맥엘바니, 윌리엄(McElvaney, William) 217
맥클루어, 존(McClure, John)
　18, 180, 188, 190
모리스, 콜린(Morris, Colin) 93, 121
뮐, 윌리엄(Muehl, William) 217
미첼, 헨리(Mitchell, Henry H.)
　85-87, 99-100, 102, 104, 183, 206
미키, 토마스(Mickey, Thomas) 189

ㅂ

바르트, 칼(Barth, Karl)
  83-90, 93, 96, 102, 110-111
바토우, 찰스(Bartow, Charles L.)
  121, 124, 125, 129, 142
바틀렛, 진(Bartlett, Gene E.)
  88, 107, 116, 182, 217-218
버가트, 월터(Burghardt, Walter) 218
버트릭, 데이빗(Buttrick, David G.) 160, 190
베스트, 어니스트(Best, Ernest) 115, 119
벨렌키, 마리 필드(Belenky, Mary Field)
  35, 60, 69
보렌, 루돌프(Bohren, Rudolf) 111-112, 182
뷔크너, 프레드릭(Buechner, Frederick)
  75, 121, 132
브라우니, 로버트(Browne, Robert E. C.)
  164-166, 170, 174-178, 183, 192-194, 224
브라우닝, 돈(Browning, Don) 34-35
브로더스, 존(Broadus, John A.)
  6, 30-33, 40, 43, 46-54, 74, 79, 83
브루그만, 월터(Brueggemann, Walter)
  160-161, 187-188, 194, 197, 226
비어즐리, 윌리엄(Beardslee, William A.)
  185

ㅅ

샐먼, 브루스(Salmon, Bruce C.) 123, 157
쉬러, 폴(Scherer, Paul) 116, 123, 128, 131, 144-145
쉬슬러 피오렌자, 엘리자베스
(Schussler Fiorenza, Elisabeth)
  10, 158-162, 184-185, 189, 240, 244, 249
쉴레벡스, 에드워즈(Schillebeeckx, Edward)
  196-197, 200
슈마우스, 마이클(Schmaus, Michael)
  187, 205
스미스, 크리스틴(Smith, Christine M.)
  10, 59, 185, 189
스웽크, 조지(Swank, George W.)
  10, 183-184
스캇, 버나드 브랜든(Scott, Bernard Brandon)
  211, 218-219
스테임믈, 에드먼드(Steimle, Edmund) 121
슬리스, 로널드(Sleeth, Ronald E.)
  102, 108-109
시틀러, 조셉(Sittler, Joseph)
  10, 116-117, 165-167, 174-176, 209-210

ㅇ

악트마이어, 엘리자베스
(Achtemeier, Elizabeth R.)
121, 127, 132, 137

알랜, 로널드(Allen, Ronald J.) 145, 147, 185

에릭슨, 에릭(Erikson, Erik) 61-62, 65

에벨링, 게하르드(Ebeling, Gerhard) 139

에슐링거, 리차드(Eslinger, Richard) 76-77

오스틴(Austin, J. L.) 138, 141

와들로우, 돈(Wardlaw, Don M.) 140, 143

와즈넥, 로버트(Waznak, Robert) 121

웨스트, 로빈(West, Robin) 60, 65-68

웰쉬, 클레멘트(Welsh, Clement)
87, 116, 163-164, 177

위더스푼, 제시 버튼
(Weatherspoon, Jesse Burton)
31, 43, 46-54, 74, 79

윌슨, 폴(Wilson, Paul S.) 121-122, 126

ㅈ

제멜롯, 오토(Semmelroth, Otto) 95, 111-112

제부쉬, 윌러드 프란시스
(Jabusch, Willard Francis) 93

젠센, 리차드(Jensen, Richard) 226-227

ㅊ

촙, 레베카(Chopp, Rebecca S.)
58, 241-242, 245, 252

ㅋ

캐롤, 마우린(Carroll, Maureen P.) 199, 200

케어, 토마스(Keir, Thomas H.)
135, 140-142, 145

콕스, 제임스(Cox, James W.)
45, 47-48, 50, 52, 70, 74, 80

크래독, 프레드(Craddock, Fred B.)
7, 9, 121, 125-127, 130, 137-138, 143,
148-152, 155, 162, 211-213, 220-223

크럼, 밀턴(Crum, Milton) 127

클라크, 제임스(Clarke, James W.) 101

클러랜드, 제임스(Cleland, James T)
113-114

클레이풀, 존(Claypool, John) 116

킬링거, 존(Killinger, John) 134, 218

ㅌ

테일러, 가드너(Taylor, Gardner) 161
토스텐가드, 셀던(Tostengard, Sheldon A.) 217
톰슨, 클라우드(Thompson, Claude H.) 93, 201
트레이시, 데이빗(Tracy, David) 35-37
트로이거, 토마스(Troeger, Thomas H.) 134
틸리케, 헬무트(Theilicke, Helmut) 78, 196, 202, 210-211

ㅍ

패터슨, 캐더린(Paterson, Katherine) 164, 222-225, 237-240, 242, 244-245
포르테우스, 앨빈(Porteous, Alvin J.) 113-114, 183
폰 알멘, 장-자크(von Allmen, Jean-Jacques) 102
프리먼, 해럴드(Freeman, Harold) 45, 54-56
피어슨, 로이(Pearson, Roy) 45-46
피츠너, 조셉(Fichtner, Joseph) 91-92, 181-182, 189
피텐거, 노만(Pittenger, W. Norman) 93, 98-100

ㅎ

할버슨, 아른트(Halvorson, Arndt L.) 127, 145
할케스, 캐서린(Halkes, Catherina) 23, 37
홀, 토르(Hall, Thor) 133-134, 208-210
힐, 윌리엄(Hill, William J.) 115, 134

주제 색인

ㄱ

간격(gap) 45, 58-59, 65-66, 74, 86-88, 105-107, 115, 157-158, 161-162, 173, 178-181, 191

간증(testimony) 205, 237, 241-244

간증식 설교(testimonios) 242, 243-244

강해 설교(expository preaching) 53-54

계시(revelation) 14, 28, 35, 47-48, 89-92, 94-96, 100-101, 108, 124, 127, 129-134, 141, 155, 176, 192-193, 196-198, 200-201, 203-205, 207

공감대(consensus) 33, 81

권력(power) 18, 33, 73, 114, 159, 190, 235-236, 247

귀납적 설교(inductive sermon) 29, 51, 148, 151, 162

ㄴ

내러티브 설교(narrative sermon) 29, 54-57, 148, 150, 152-156, 221-224

ㄷ

대화 6, 14, 17-18, 22-30, 34-40, 42, 44-45, 55, 65, 72, 81, 83-84, 88, 96, 101, 105-106, 108, 126, 156, 163, 171, 179, 181-184, 186-188, 190-191, 194, 196-200, 204, 206-208, 213, 215-216, 227, 229, 231, 234-237, 240, 246, 249-252

대화설교(conversational preaching) 6, 10, 12, 14, 18, 20, 22, 24-30, 32-34, 36, 58,

183, 186-188, 190-191, 196-197, 200-202, 204, 206-208, 210-222, 224-225, 227-229, 231-234, 236-253

도박(혹은 내기, wager) 27

ㅁ

만인대제사장(priesthood of all believers) 58, 87, 179, 181, 186, 232

말(words) 25, 36, 45, 85-86, 95-96, 108, 109, 119, 134, 138, 140-141, 143, 226, 239, 249

말씀(Word) 13-14, 24-26, 28, 41, 43-44, 47-48, 68, 83-85, 89-92, 94-96, 101, 108-113, 115, 125-127, 129-139, 148, 160-161, 165, 168, 179-183, 186-188, 190-192, 197-199, 203-205, 207, 241, 243, 245

ㅂ

바람직한 종착점(proper ending) 222

변혁적인 설교학(transformational homiletics), "설교학" 항목 참고. 14, 84, 86, 121-125, 127-145, 156-157, 162-163, 170, 190-191, 216

복음(gospel) 26-28, 48, 58, 75, 83-84, 86, 88-89, 93-94, 96-97, 99-100, 102, 105-106, 112-115, 118-119, 123, 125-126, 128, 132, 135, 151-154, 157, 168-169, 173-174, 181, 184, 191-193, 200, 207-208, 213, 220, 246

분리(separation) 44, 58-68, 72, 74, 78-79, 85, 97, 111, 126, 157, 162, 171-174, 180, 204, 211-212

ㅅ

설교학 이론(theory)

-케리그마 설교학 이론(kerygmatic theory) 89, 94-97, 101-102, 104-107, 110, 112, 117-118, 130, 133, 156, 183, 227

-전통적인 설교학 이론(traditional theory) 21-22, 40-43, 45-48, 50-52, 54, 56-57, 59, 65, 68-70, 74-75, 77-81, 83, 89, 94-95, 97, 102-106, 122, 227

-변혁적인 설교학 이론(transformational theory) 14-15, 84, 86, 121-125, 127-138,

140, 142, 144-145, 156-157, 162-163, 168, 170, 190-191, 216

설교학, "학자" 와 "이론" 항목도 참고.

-케리그마 설교학 14-15, 83-107, 109-112, 117-118, 121-136, 146, 156, 168, 181, 183, 191, 216, 227, 251

-전통적인 설교학 95, 97, 102-107, 122, 127-128, 130, 132-133, 136, 139, 150, 157, 168, 190, 216, 227, 251

-변혁적인 설교학 14-15, 84, 86, 121-125, 127-138, 140, 142, 144-145, 156-157, 162-163, 168, 170, 190-191, 216

설교학자들(scholars)

-케리그마 설교학자들(kerygmatic scholars) 87, 89, 94-95, 102-103, 106, 109-110, 146, 150

-전통적인 설교학자들(traditional scholars) 51, 53-55, 132, 150, 216

-변혁적인 설교학자들(transformational scholars) 130, 132, 136, 140, 145, 157, 163, 216

설득(persuasion) 18, 36, 43, 53, 57, 75, 105, 173, 213

성경 본문(biblical text) 24, 27-28, 47-48, 54, 80, 100, 103-104, 119, 135, 139, 145-148, 151, 158, 160-161, 191-192, 194, 200, 206-207, 221-222, 226, 251-252

신해석학(new hermeneutics) 136-137, 139

실체(reality) 48, 59, 64-65, 78-79, 93, 95, 97, 99, 101, 115-118, 124, 127-128, 136-137, 139, 141-142, 160, 163, 165-167, 169, 174-177, 194, 196, 198-199, 202-203, 207, 209-211, 213, 215, 233, 241, 246

ㅇ

애착(attachment) 61-67

언어(language) 14, 21, 23, 26, 28-29, 39, 42, 49-50, 71, 77-81, 84-85, 94-102, 108, 115, 117-119, 122, 124, 127, 136-145, 151, 162168, 172, 174-176, 192-193, 199, 208-215, 235, 239

언어 행위 이론(speech act theory) 136-138

언어의 상대성(linguistic relativity) 163-164

역할, 설교자와 회중의 [roles,(preacher and congregation)] 6, 19, 44-45, 52-53, 59, 69-70, 73, 80, 88, 91, 93, 96, 98, 106, 125, 159, 168, 173-174, 177-178, 187, 189, 236, 251

연관성(connectedness) 23, 59-60, 84, 144, 158, 163, 173, 201, 211, 241, 252

예술(art) 71, 104, 217-219, 225, 238
은유(metaphor) 29, 49-50, 79-80, 99, 101, 137-140, 142
이미지(image) 5-6, 28-30, 34, 36, 43, 46, 58, 75, 77, 93, 100-101, 105, 108, 118, 121-122, 128, 134-135, 137, 140-142, 146, 149, 156, 158, 173, 178-180, 183, 186, 199, 209, 211-213, 220, 225, 232-235, 237-240
이야기 설교(story preaching) 29, 54-55, 104, 150-152, 225-227
인식론(episteomology) 69-73, 127, 132, 135-136, 139-14

ㅈ

저자의 의도(intention of authors) 145, 160
전송(transmission) 43-46, 75, 157-158, 176
전통적인 설교학(traditional homiletics), "설교학" 항목 참고.
진리(truth) 26, 28, 34-36, 43-57, 59, 69, 71-72, 75, 80, 84, 86-87, 89, 91-92, 97, 99, 103-104, 113, 116, 119, 127, 129, 131-135, 138, 140-141, 143, 163-164, 169, 175, 186, 190, 192-196, 199-204, 206-207, 211, 216-219, 239-241, 246, 251

ㅋ

케리그마(kerygma) 14-15, 44, 47-48, 83-99, 101-107, 109-115, 117-119, 121-136, 144, 146, 149-150, 156, 168-169, 176, 181-183, 191-192, 196, 200-201, 204, 206-207, 213, 216, 218, 227, 251
케리그마 설교학(kerygmatic homiletics), "설교, 케리그마" 항목을 참고하라
평가, 설교에 대한 [evaluation(of sermons)] 17-18, 20-23, 31, 38, 40, 44, 48, 57-58, 76-77, 91, 100, 105, 133, 140, 146, 150, 156-157, 165, 168, 208, 214, 227, 234, 246

ㅍ

플롯(plot) 51, 152-154, 221-224

ㅎ

해석학(hermeneutics) 100, 127, 132, 135-137, 139-140, 180, 196, 214, 252

핵심 사상(central idea) 52, 76, 123, 130, 140, 216, 223, 227

환언(또는 번역, translation) 97-101, 115, 118-119

하나님 말씀과 대화 설교
Sharing the Word: Preaching in the Roundtable Church

2010년 5월 20일 초판 발행

지은이 | 루시 앳킨슨 로즈

옮긴이 | 이 승 진

펴낸곳 | 사)기독교문서선교회
등록 | 제16~25호(1980. 1. 18)
주소 | 서울시 서초구 방배동 983-2
전화 | 02) 586-8761~3(본사) 031) 923-8762~3(영업부)
팩스 | 02) 523-0131(본사) 031) 923-8761(영업부)
홈페이지 | www.clcbook.com
이메일 | clckor@gmail.com
온라인 | 기업은행 073-000308-04-020, 국민은행 043-01-0379-646
　　　　예금주: 사)기독교문서선교회

ISBN 978-89-341-1079-8 (93230)

* 낙장·파본은 교환해 드립니다.